Die Evangelische Kirche und das Saarland

60 Jahre Evangelisches Büro Saarland im Dienst der Menschen

Herausgegeben von Frank-Matthias Hofmann

Die Evangelische Kirche und das Saarland

60 Jahre Evangelisches Büro Saarland im Dienst der Menschen

Herausgegeben von Frank-Matthias Hofmann

GeistkirchVerlag

www.geistkirch.de

ISBN 978-3-949983-08-5

1. Auflage 2023

Verlag: Geistkirch Verlag, Saarbrücken
Titelgestaltung: Harald Hoos, Landau
Titelfoto: Maurice Jelinski
Satz und Layout: Harald Hoos, Landau
Printed in EU

Inhalt

EXKURS

BLUMEN FÜR DAS EVANGELISCHE BÜRO

Vorwort

Oberkirchenrätin Karin Kessel und Vizepräsident Dr. Johann Weusmann

In diesem Jahr feiert das Evangelische Büro im Saarland sein 60. Jubiläum.

Seit August 1962 ist es als Verbindungsstelle der Evangelischen Kirche der Pfalz und der Evangelischen Kirche im Rheinland zu Staat und Gesellschaft im Saarland tätig. Der Beauftragte der Evangelischen Kirchen für das Saarland pflegt den Kontakt mit der Landesregierung und den dazugehörigen Ministerien, mit den Abgeordneten des Landtags, mit den politischen Parteien und mit Vereinigungen und Verbänden auf Landesebene. Er fördert den gegenseitigen Austausch und die Vernetzung von Kirche, Staat und Gesellschaft, indem er kirchliche Positionen in den öffentlichen und politischen Diskurs einbringt und umgekehrt die Landeskirchen über politische und gesellschaftliche Diskussionen und Sichtweisen informiert. Er unterstützt die Kirchen dabei, ihre öffentliche Verantwortung wahrzunehmen und Impulse für die Gestaltung der gesellschaftlichen Verhältnisse zu geben. Nicht zuletzt ist er Seelsorger für die Politikerinnen und Politiker und prägt das geistliche Leben im Landtag mit.

Wie gut und ertragreich dies seit 1962 gelingt, findet in der vorliegenden Festschrift Ausdruck und Würdigung. Wir freuen uns, dass so viele Menschen mit ihren Beiträgen zu dieser Festschrift daran mitgewirkt haben, dass ein facettenreiches und lebendiges Bild der Arbeit des Evangelischen Büros entstanden ist.

Insbesondere sei namentlich Professor Dr. Joachim Conrad gedankt. Seine ausführliche, detailreiche und mit großer Sachkunde geschriebene Darstellung der Geschichte des Evangelischen Büros und der Beauftragten bildet das Kernstück dieser Festschrift.

Foto: privat

Auch allen weiteren Autorinnen und Autoren danken wir für ihre Beiträge sehr herzlich. Repräsentantinnen und Repräsentanten aus Politik, Kirche und Gesellschaft kommen in dieser Festschrift zu Wort, ehemalige und aktuelle Wegbegleiterinnen und -begleiter, Gesprächs- und Verhandlungspartnerinnen und -partner des Evangelischen Büros. Ihre Gruß- und Geleitworte und die Schilderungen ihrer persönlichen Erinnerungen und Erlebnisse sind Würdigung und in ihrer Vielzahl und Vielfalt zugleich beredtes Zeugnis der Wichtigkeit und Wirkung der Arbeit des Evangelischen Büros.

Wir gratulieren dem Evangelischen Büro im Saarland zum 60. Jubiläum und danken allen, die im Laufe dieser 60 Jahre dort gewirkt und zu seiner Erfolgsgeschichte beigetragen haben. Dem gegenwärtigen Beauftragten Kirchenrat Frank-Matthias Hofmann danken wir persönlich für unsere gute Zusammenarbeit in den letzten siebzehn Jahren und sein großes Engagement. Es ist nicht zuletzt sein Verdienst, dass Sie diese Festschrift in Händen halten.

Wir wünschen viel Freude beim Lesen!

»Im Dienst der Menschen« – Zur Konzeption dieser Festschrift. Eine Navigationshilfe

Von Frank-Matthias Hofmann (Hg.)

Vor sechzig Jahren im August 1962 wurde das Amt des Beauftragten bei der Landesregierung des Saarlandes wieder- bzw. neu eingerichtet. Das Büro des Beauftragten der Evangelischen Kirchen für das Saarland (oder kurz: Evangelisches Büro Saarland) stellt die diplomatische Vertretung für das jüngste der alten Bundesländer dar: Es ist die ständige Ansprechpartnerin der beiden auf dem Gebiet des Saarlandes vertretenen evangelischen Landeskirchen, der Evangelischen Kirche der Pfalz (Protestantische Landeskirche) mit Sitz der Kirchenleitung in Speyer und der Evangelischen Kirche im Rheinland mit Sitz der Kirchenleitung in Düsseldorf.

Mit dem Beauftragten (bisher waren es immer nur Männer) gibt es einen einheitlichen Ansprechpartner für Landesparlament, Regierung und Staatskanzlei, die politischen Parteien und Landtagsfraktionen und alle Organisationen, die auf Landesebene tätig sind.

Das Büro nimmt zu Gesetzen und Verordnungen Stellung, organisiert Gespräche zwischen den politischen Verantwortlichen und Kirchenleitungen und bringt auf diese Weise das protestantische Profil in gesellschaftliche Prozesse im Saarland ein.

Dieses Arbeitsfeld auf der Schnittstelle von Kirche, Gesellschaft und Staat ist noch nie in größerem Rahmen vorgestellt geschweige denn die Geschichte dieses Büros wissenschaftlich erarbeitet worden. In dieser Festschrift wird die Geschichte des Evangelischen Büros und seine Bedeutung aus der Sicht von Landeskirchen und Religionsgemeinschaf-

Foto: privat

ten sowie Staat, Gesellschaft und Kultur dargestellt. Oftmals kennen sogar langjährig ehren- oder hauptamtlich Tätige in den Kirchengemeinden die Arbeit des Büros nicht, da sie sich oftmals im Stillen vollzieht. Auch von daher legt es sich nahe, anlässlich des Jubiläums einmal eine Tiefenbohrung zu machen und dieser Festschrift eine weite Verbreitung zu wünschen. Das Spektrum der Arbeit wird eingehend beschrieben.

Dass dieses Jubiläum wahrnehmbar wird, ist zwei glücklichen Umständen zu verdanken: Zum einen wurde das Katholische Büro Saarland, mit dem das evangelische eng zusammenarbeitet, im Herbst 2021 fünfzig Jahre alt und feierte dies am 12.Mai 2022 in der Kongresshalle Saarbrücken mit einem beeindruckenden Festakt. Zum anderen erschien 2021 die Geschichte der Evangelischen Akademie des Saarlandes, die fünfzig Jahre alt wurde[1]. Diese Geschichte schrieb der mit der saarländischen Kirchengeschichte bestens vertraute Pfarrer an der Martinkirche Püttlingen, Pfarrer Prof. Dr. Joachim Conrad. Beide Anlässe ließen mich nach der eigenen Geschichte fragen. Kirchenrat Dr. Stefan Flesch, Direktor des Archivs der Evangelischen Kirche im Rheinland, wies in einer Mail vom 4. Juni 2021 an den Verfasser auf das sechzigjährige Jubiläum der Wieder- bzw. Neueinrichtung des Büros hin.

Deutschlandweit hat es eine solche ausführliche Geschichte eines Evangelischen Büros noch nie gegeben. Freilich gab es 2011 zum fünfzigjährigen Bestehen des Evangelischen Büros Nordrhein-Westfalen eine 72-seitige Publikation, die von einem beauftragten Medienbüro erstellt wurde[2]. 2016 erschien eine Schrift »25 Jahre Evangelisches Büro Thüringen«, die der damalige Beauftragte, Pfarrer Christhard Wagner, in Erfurt 44-seitig herausgegeben hatte. Professor Conrad war dankenswerterweise gleich bereit, auch die Geschichte des Evangelischen Büros wissenschaftlich zu bearbeiten und archivarisch von den Quellen her zu erschließen. Da er bereits die Schriftenreihe »Beiträge zur evangelischen Kirchengeschichte der Saargegend« beim Geistkirch-Verlag in Saarbrücken initiierte, legte es sich nahe, diese Festschrift auch in dieser Reihe erscheinen zu lassen. Die Formulierung »Wiedereinrichtung« ließ aufhorchen, denn auch davor gab es in verschiedenen Formen evangelische Vertretungen gegenüber den jeweils vorhandenen staatlichen Organen: Von der Völkerbundszeit nach dem verlorenen Ersten Weltkrieg über die Zeit des Nationalsozialismus und die französische Zeit bis hin zur Bundesrepublik gab es immer prägende evangelische Vertreter, die die Beziehungen zu den staatlichen Organen im Auftrag der Landeskirchen pflegten. In Sonderheit gab es in der Saarstaat-Zeit den »Bevollmächtigten der Evangelischen Kirche im Rheinland« bei der Regierung des Saarlandes, also eine unmittelbare Vorgängereinrichtung zum Amt des Beauftragten. Angesichts dieser spannenden und einmaligen Sondergeschichte des Beauftragtenwesen und des Büros legte es sich nahe, auch die Vorgeschichte des Büros in den Blick zu nehmen. So schaut Professor Conrad im historischen Teil, dem Herzstück dieser Festschrift, auf hundert Jahre des Verhältnisses von evangelischer Kirche und Staat zurück.

Weg des Gedenkens am 9. November 2018.
Foto: Becker & Bredel Saarbrücken

In den Teilen vor dem historischen Beitrag erhalten zunächst die beiden kirchenleitenden Personen das Wort, in deren Zuständigkeitsbereich die Arbeit des Evangelischen Büros fällt, nämlich die für die juristischen Ressorts in den Landeskirchen Zuständigen, Oberkirchenrätin Karin Kessel von der Evangelischen Kirche der Pfalz (EKP), und Vizepräsident Dr. Johann Weusmann von der Evangelischen Kirche im Rheinland (EKiR). Beiden ist zu danken, dass sie die Idee einer Festschrift und des Begehens dieses Jubiläums in der digitalen Sitzung des sog. »Kleinen Verbindungsausschusses« am 3. März 2021 positiv aufgegriffen und die Finanzierung sichergestellt haben.

Sodann folgen die Geleitworte der beiden obersten Repräsentanten beider Kirchen, Kirchenpräsidentin Dorothee Wüst von der EKP und Präses Dr. Thorsten Latzel von der EKiR. Es freut mich auch, dass die enge Verbundenheit mit den französischen Geschwistern deutlich wird aus der Grußbotschaft des elsässisch-lothringischen Kirchenpräsidenten Christian Albecker, mit dem uns ein enges Verhältnis, auch über die Konferenz der Kirchen am Rhein, deren Präsident er ist, verbindet. Erfreulich ist auch, dass zwei enge Kooperationspartnerinnen des Evangelischen Büros Gedanken zum Jubiläum beisteuern, dies ist uns sehr wichtig: Für das Katholische Büro ergreift Ordinariatsdirektorin Katja Göbel das Wort und für die Synagogengemeinde Ricarda Kunger.

Es folgen dann die Grußworte der staatlichen Repräsentanten: Mit Frau Heike Becker ist 2022 erstmals eine Frau in das Amt einer Landtagspräsidentin gewählt worden, die auch der evangelischen Kirche verbunden ist. Ministerpräsidentin Anke Rehlinger pflegt von der Staatskanzlei aus gute Beziehungen »über den (Ludwigs-) Platz« zum Evangelischen Büro und grüßt ebenso herzlich wie die dritte Gewalt im Staate mit dem Präsidenten des Verfassungsgerichtes des Saarlands, Professor Dr. Roland Rixecker. Für seine ehrenamtliche Tätigkeit als Beauftragter für jüdisches Leben und gegen Antisemitismus wurde ihm am Reformationstag 2022 in der Ludwigskirche der erstmals vergebene «Evangelischen Freiheitspreis Saar« verliehen. Die gute Nachbarschaft mit dem Nachbarland stellt der Generalkonsul der Rèpublique française, Sébastien Girard, erneut unter Beweis mit seinem Geleitwort: Französisches Konsulat und Evangelisches Büro wohnen Wand an Wand am Ludwigsplatz und pflegen einvernehmliche Kontakte.

Nun folgt das Herzstück dieser Festschrift, die Darstellung der Geschichte des Beauftragtenwesens und des Evangelischen Büros Saarland durch Professor Dr. Joachim Conrad. Dass Joachim Conrad seine Geschichtsschreibung an den einzelnen handelnden Personen, den Beauftragten festmacht, hat guten Grund: Es sind nicht nur die Positionen ganz andersartig, die die Landeskirchlichen Beauftragten im Gefüge ihrer Landeskirchen einnehmen, wie meine mittlerweile emeritierte Kollegin Elisabeth Chowaniec als ehemalige Beauftragte beim Hamburger Senat und der Bürgerschaft darstellt. Sie schreibt: Es erweise sich, »in welch hohem Maße es von der Person des oder der Landeskirchlichen Beauftragten abhängt, wie er oder sie ihre Schwerpunkte zu setzen wünscht.«[3.] Von daher ist es gewiss zu großen Teilen so, dass dieses Amt die Person teilweise mitprägt, ist es doch ein diplomatischer Dienst, aber die Person prägt vice versa eben auch das Amt: Dies wird in der Darstellung von J. Conrad mehr als deutlich, haben wir es doch in diesem Amt mit ganz unterschiedlichen Persönlichkeiten zu tun, die neben dem, was getan werden muss, eben auch eigene Schwerpunkte zu setzen vermochten. So waren beispielsweise die Schwerpunkte Otto Wehrs die Schularbeit, die Diakonie und die Rundfunkarbeit, bei Joachim Brandt der Kampf um den Erhalt der Theologischen Fachrichtungen an der Universität, die Kirchenasylvereinbarung und die grenzüberschreitende Zusammenarbeit im Saar-Lor-Lux-Raum und bei mir die Armutsbekämpfung, allgemeine Bildungs- und Finanzfragen, der Sonntagsschutz und die Erinnerungsarbeit.

Resümieren kann man, dass es den jeweiligen Beauftragten gelungen ist, in den für die Kirchen (manchmal überlebens-) wichtigen politischen Fragen und relevanten Bereichen die landeskirchlichen Interessen intern gebündelt zu haben und für die Transponierung der landeskirchlichen Strukturen in die jeweiligen politischen Strukturen des Saargebietes bzw. Saarlandes – trotz manchmal widrigster äußerer Umstände- extern zu sorgen.

Nach dem historischen Teil hat erfreulicherweise Professor Dr. Meinrad Maria Grewenig einen besonderen Beitrag für diese Festschrift erarbeitet: In einem exklusiven Beitrag beschreibt er, wie es zu dem Kunstwerk »Die Zwangsarbeiter. Erinnerungsort in der Völklinger Hütte« im Weltkulturerbe kam und wie er einen weltberühmten Künstler für dieses Projekt gewinnen konnte. Dieser Beitrag ist dem oben bereits erwähnten Umstand geschuldet, dass der Schwerpunkt des derzeitigen Amtsinhabers die Erinnerungsarbeit ist und von daher bestehen gute Beziehungen auch zur Kunst- und zur Kulturszene, die in diesem Bereich tätig sind. Erstmals plaudert M. Grewenig aus dem Nähkästchen und lässt uns teilhaben an den Überlegungen, die zu der Realisierung des Kunstwerks von Christian Boltanski führten. Es war mir eine große Ehre, dass ich neben M. Grewenig als Generaldirektor des Weltkulturerbes; dem damaligen Kulturminister Ulrich Commerçon und Herrn Boltanski selbst als Sprecher der Landesarbeitsgemeinschaft Erinnerungsarbeit bei der Eröffnung der Dauerausstellung ein Grußwort sprechen durfte, beim dem ich auf meine eigenen Forschungen zu dem Thema zurückgreifen konnte.[4]

Schließlich werden «Blumen für das Evangelische Büro«[5], ein bunter Blumenstrauß der Jubilarin gereicht: Menschen aus den unterschiedlichsten kirchlichen und gesellschaftlichen Bereichen, die mit den Beauftragten und dem Büro in Vergangenheit und Gegenwart zu tun hatten bzw. haben, berichten von individuellen Erlebnissen, persönlichen Erfahrungen und politischen Verhandlungen mit den jeweiligen Vertretern der Evangelischen Kirchen im Saarland. Dadurch entsteht ein Panoptikum, das die Historie des Büros auf noch einmal ganz andere, sehr persönliche Art und Weise aufleben lässt – durch subjektive oral history ergänzt. Jeweils in alphabetischer Reihenfolge ist dieser Blumenstrauß strukturiert nach ehemaligen und derzeitigen kirchlichen Repräsentanten, ehemaligen und derzeitigen politisch Verantwortlichen, Beiträgen aus kirchlichen und diakonischen Arbeitsbereichen, Gedanken aus Wirtschafts- und Arbeitsleben, Beiträgen aus politischen und gesellschaftlichen Arbeitsfeldern und schließlich Blumen aus den Bereichen Kunst, Kultur und Soziales. Dass so viele unserer Bitte um einen Beitrag entsprochen haben, ehrt und freut das Evangelische Büro. Es ist eine beeindruckende Sammlung zustandegekommen.

Nun noch ein Wort zu den besonders hervorgehobenen Seiten: Entweder sind dies noch einmal – auf besondere – Weise gestaltete Beiträge, oder es handelt sich um Aufnahmen von den Kunstwerken im Ev. Büro, die diese zieren. Vor allem auch mein Vorgänger Joachim Brandt hat für eine ästhetisch ansprechende und repräsentive Gestaltung der Räumlichkeiten im Haus Am Ludwigsplatz 11, im Eigentum der Ev. Kirchengemeinde Altsaarbrücken, gesorgt. Ich habe dies dann auch weitergeführt, dankenswerterweise unter tatkräftiger Unterstützung durch den Galeristen und Kunstfreund Herrn Gernot Neuheisel in St. Johann.

Auf Seite 20 ist die Siebdruck-Arbeit »Labyrinth« von Professor Heinz Mack abgebildet, die im Arbeitszimmer des Beauftragten hängt. H. Mack ist zusammen mit Otto Piene Gründer der Gruppe »Zero«. Diese Künstler warfen traditionelle Verfahrensweisen der europäischen Malerei über Bord. An die Stelle des Bildes traten Bewegung und Licht. Die Kunst wurde aus den starren Grenzen der Kunstinstitutionen gelöst.

In einem Brief vom 8. November 2021 schrieb er an Joachim Brandt, mit dem er verwandt ist: »Das ›Hohelied Salomos‹ hat mich dazu angeregt, eine Suite von Siebdrucken diesem Thema zu widmen; das ist lange her. Die Suite und das Buch[6] sind vergriffen, aber das Buch ist vielleicht im antiquarischen Verlag noch erhältlich. Mit freundlicher Empfehlung an Deinen Nachfolger.« In einer »Nachbemerkung« zu dem Buch formuliert er: »Die Idee, das Hohelied, das ›Lied der Lieder‹, mit farbigen Bildern zu begleiten, war nicht meine Idee, sondern die meines Freundes Julius H. Schoeps[7]. Er hat mich nachhaltig zu etwas animiert, was ohne ihn nicht begonnen worden [...] wäre. Es ist also eine künstlerische und geistige Herausforderung, die am Anfang steht. Gänzlich unvorbereitet habe ich mich diesem Abenteuer gestellt. Es hat mich zwei Jahre lang beunruhigt, und es gab oft genug Momente des Scheiterns, des Zweifelns [...].«[8]. Am 15. September 1998 hat seine Frau Ute Mack an J. Brandt geschrieben: »Wir freuen uns, daß Du für eine so wichtige Ecke Deines Büros an einen ›Mack‹ gedacht hast und wenn dann jeder dort vielleicht das findet, was er gesucht hat, – also dann ist damit viel erreicht [...].[9] J. Brandt erzählte, dass er, wenn er auf das Bild schaue, an die verschlungenen Pfade zwischen Kirche und Staat denken müsse. Gewiss auch eine zulässige Assoziation, denn bekanntlich liegt die Kunst im Auge des Betrachters.

Auf Seite 43 ist eine original Farblithografie von Marc Chagall (1887–1985) unter dem Titel »Vision de Paris« von 1960 abgebildet.[10] Das Bild passt gut in das Sitzungszimmer des Evang. Büros, da es Wand an Wand mit dem Büro des französischen Generalkonsulats liegt. Die Frankreichstrategie des Saarlandes und die schnelle ICE/TGV-Bahnverbindung zwischen Saarbrücken und Paris ließen die Anschaffung angeraten sein. Zu sehen sind u.a.der Eiffelturm, Montmartre und die Seine.

Auf Seite 48 ist ein Gemälde von Mark Rothko (1903 – 1970) «Yellow and Gold« (1956, Kunstdruck) abgebildet. Rothko ist ein berühmter US-amerikanischer Maler des Abstrakten Expressionismus und Wegbereiter der Farbfeldmalerei. Er wurde im russischen Dwinks als Sohn eines jüdischen Apothekers geboren, musste aber wegen der antisemitischen Pogrome im Zarenreich in die USA auswandern. Im Flur des Evang. Büros kann sein zentrales Anliegen seiner Werke erlebt werden, wenn man sich in eine intensive Betrachter-Bild-Beziehung hineinbegibt, die durch eine rein auf die Wirkung der Farbe ausgerichtete, nicht figurative Malerei estimiert wird. 1947 äußerte er: »Ein Bild lebt in Gemeinschaft, indem es sich in den Augen des einfühlsamen Betrachters entfaltet und dadurch in ihm auflebt. Es stirbt, wenn die Gemeinschaft fehlt. Deshalb ist es ein gewagtes [...] Unterfangen, ein Bild in die Welt zu entsenden.«[11] Und: »Bilder müssen geheimnisvoll sein.«[12]

Auf Seite 209 ist das Kreuz abgebildet, das ebenfalls den Flur schmückt. Der ehemalige Dozent der am Ludwigsplatz benachbart liegenden Hochschule für Bildende Künste, Nika Bakhia, hat es gestaltet. Als katholischer Christ aus Georgien hat er sich intensiv mit dem Kreuzzeichen als »Strahl in die Neue Welt« beschäftigt. Er schrieb in einer Mail vom 11. Februar 2022 an den Verfasser: »Ich wollte das Missionarische, das Verkündende in diesem Zeichen zum Vorschein bringen. Wissen Sie, wieviele Kreuze [...] ich an Geh- und Fahrwegen im Saarland studiert habe? Ich untersuchte das Kreuzzeichen als Konstruktionselement in den architektonischen Konstanten, und als etwas Kosmisches, das nicht nur die Maße, sondern das Weltall nach sich ordnet. Ich spiele häufig mit dem Würfel als geschlossenes und aufgefaltetes Kreuz. Häufig zu einer Dekoration verdammt, trachtete ich danach, dass meine Kreuzarbeiten dieses Schicksal niemals teilen sollten. Daher habe ich zunächst die Situation und die Gegebenheiten in Ihrem Büro studiert. So versuchte ich, ein Kreuzobjekt zu gestalten, das sich beim Vorbeigehen oder dem Betrachten von den Ecken des Raumes her sich durch eine Lichtreflektion bemerkbar macht. Dann lädt es ein zum näheren Betrachten, erst dabei lässt es sich voll entdecken. Durch den Wechsel der Lichtverhältnisse im Raum wird das Kreuz verschiedenst wahrgenommen, mal strahlend, mal ruhig, mal düster. Das Kreuz selbst als Gegenstand soll nie nur ein Gesicht haben, sondern immer wieder aufs neue wahrgenommen werden. Dies war zumindest meine Intention, als ich das Blech wie ein Papierblatt gefaltet und dann mit schimmerndem Gold auf weißem Untergrund überzogen habe.« Ich interpretiere das Kreuz so, dass über all den Irrnissen und Wirrnissen dieser Welt (die weißen Pinselstriche changieren bei Lichteinfall) dieselbe dennoch von einem einheitlichen, göttlichen Grund (Gold ist in der Orthodoxie die Farbe des Göttlichen) getragen ist, der uns im Leben zu vertrauen hilft.

Auf Seite 226 ist die bekannte Lithografie von Pablo Picasso (1881–1973) abgebildet: Die Illustration vom 5. Dezember 1950 VIII zeigt ein Gesicht, das von einer Friedenstaube und einem Olivenzweig gerahmt wird. Dass die Friedenstaube, die zweifelsohne zu den bekanntesten Symbolen der Welt gehört, von Picasso erfunden wurde, ist nur wenigen bekannt. Picasso war Pazifist und schuf viele Werke, in denen sich die Schrecken des Krieges widerspiegeln. Seine Kunst wurde von den Nationalsozialisten als »entartet« eingestuft. Die Lithografie im Ev. Büro sticht durch ihre Größe direkt ins Auge und wirkt raumprägend im Besprechungsraum. In der AG Frieden, die oftmals im Evang. Büro tagt, versucht auch das Ev. Büro seinen Beitrag zur Friedensarbeit der christlichen Kirchen beizutragen, gerade in den Zeiten des Ukrainekrieges eine dringliche Aufgabe. Picasso selbst benannte sein Anliegen so: »Ich bin nicht auf der Suche nach etwas. Es geht mir nur darum, so viel Menschlichkeit wie möglich in meinen Bildern unterzubringen.«[13]

Auf Seite 241 sind die Bilder von Calvin und Luther abgebildet, die sich rechts und links im Besprechungsraum neben dem Glasschrank befinden. Beide schauen sich von der zugewandten Kopfbewegung her über den Schrank hinweg an, obwohl sie einander in Wirklichkeit nie begegnet sind. Die Gemälde weisen auf die Gründungsväter des Protestantismus hin, lutherische und reformierte Prägungen der Unionskirchen. Sie erinnern uns daran, die biblischen Wahrheiten im Gespräch mit der Heiligen Schrift durch eigene Lektüre zu erschließen. Martin Luther wurde von Dürer gemalt, wer das Porträt von Calvin gemalt hat, dessen Original im Landeskirchenrat zu Speyer hängt, ist nicht bekannt.

Auf Seite 258 ist die Farblithografie »La bouteille« von Pablo Picasso abgebildet. Die Lithografie stammt aus der Folge »Dans l´Atelier de Picasso« 1957, Auflage 69/250 Expl. auf Bütten, Druck und Verlag Mourlet, Paris. Es wurde 2001 für das Büro über die Galerie Neuheisel, Saarbrücken, angeschafft und hängt im Bürozimmer des Beauftragten.

Die letzte Abbildung von Gemälden im Evang. Büro schließlich zeigt ein Gemälde der Saarbrücker Künstlerin Julia Keller, «Marokko«. Über eine enge Partnerschaft des rheinischen evang. Kirchenkreises Jülich wird über die Situation von Flüchtlingen aus Marokko und über die Situation der kleinen, evangelischen Diasporakirche in Marokko immer wieder auf der Landessynode der EKiR bereichtet. Von daher legte es sich der Erwerb nahe. Auf einer Ausstellungsvernissage am 17. Oktober 2020 in der Galerie Neuheisel wurde das Bild unter Mitberatung von Frau Keller selbst ausgewählt. In einer Mail vom 14. Januar 2022 schrieb J. Keller an den Verfasser: »Es freut mich sehr, dass mein Bild ›Marokko‹ von Ihnen und Ihrem Umfeld positiv aufgenommen wurde. Es ist 2015 entstanden, ein Jahr nach einer Reise durch Marokko [...]. Das Fernweh hatte uns wieder gepackt mit dem Wunsch, fremde Ländern und Kulturen kennenzulernen; auf dieser Rundreise konnten wir Einblick nehmen in die andersartigen Sitten dort, deren Totenkult, das quirlige Leben in den Medinas, die beeindruckende, vom Islam geprägte Kultur, die Musik mit ihren Halbtönen, aber auch die bezaubernden Interieurs mit den kunstvollen Holzdecken in den Kasbahs [...], aber auch den Zauber der Landschaften, der Hochebene, der Dünen und der Zedernwälder im hohen Atlas [...]. Alle diese schönen Eindrücke und Erlebnisse hatten sich in mir verdichtet und suchten dann später im Impuls zu Bildern den Ausbruch aus dieser Verdichtung. Es waren also Gedanken aus dem See der Erinnerung, die so ihren Ausdruck fanden. Zum 60. Jubiläum Ihres Evangelischen Büros gratuliere ich Ihnen herzlich und wünsche Ihnen und Ihrem Team ein gutes Gelingen.« Am 4. September 2022 verstarb Julia Keller in Saarbrücken.

Im Nachwort schaue ich auf die Beiträge zurück, natürlich gilt es an dieser Stelle dann auch Dank zu sagen. Und nun viel Entdeckerfreude und Erkenntnisgewinn bei der Lektüre!

Anmerkungen

1 Joachim Conrad, Bildung durch Begegnung. 50 Jahre Evangelische Akademie im Saarland (= Beiträge zur evangelischen Kirchengeschichte der Saargegend Bd. 4), Saarbrücken 2021.

2 www.ekir.de/www/mobile/service/politik-14527.php

3 Elisabeth Chowaniec, Die Zersplitterung der EKD und der Föderalismus, in: Im Dienste der Sache. Liber amicorum für Joachim Gaertner, hg. von Ricarda Dill/Stephan Reimers/Christoph Thiele, Sonderdruck 2003 Peter Lang, Europäischer Verlag der Wissenschaften, Privatarchiv F. M. Hofmann.

4 Frank-Matthias Hofmann, Zwangsarbeit in Kirche und Diakonie, in: Christoph Picker/Gabriele Stüber/Klaus Bümlein/Frank-Matthias Hofmann, Protestanten ohne Protest, Die evangelische Kirche der Pfalz im Nationalsozialismus, Band 1. Sachbeiträge, Speyer/Leipzig 2016, S. 386ff.

5 Bei diesem Titel habe ich mich anregen lassen von dem schönen Buch von Heinrich Albertz, Blumen für Stukenbrock. Biographisches, Stuttgart 1981.

6 Das Lied der Lieder. Bilder von Heinz Mack. Herausgegeben vom Jüdischen Museum der Stadt, Wien 1993

7 Julius Hans Schoeps, geboren am 1. Juni 1942 in Djursholm/Schweden, ist ein deutscher Historiker und Politikwissenschaftler. Er ist Gründungsdirektor des Moses-Mendelssohn-Zentrums für europäisch-jüdische Studien an der Universität Potsdam und Vorstandsvorsitzender der Moses-Mendelssohn-Stiftung. Schoeps war der erste Direktor und Mitgründer des Salomon Ludwig Steinheim-Institutes in Duisburg.

8 Ebd. S. 136. Im Jahr 2021 hat das Museum Kunstpalast in Düsseldorf eine Ausstelllug zum 90. Geburtstag gestaltet. Seine Bedeutung liegt in seinen Impulsen für den Neustart der deutschen Kunst nach dem Zweiten Weltkrieg und in seinem Verhältnis zur Musik als Inspirationsquelle. So übertrug Mack die serielle Reihung von Tönen in der modernen Musik auf die Bildende Kunst.

9 Privatarchiv Joachim Brandt.

10 Mourlot, Werkverzeichnis, Nummer 287, 24x32 cm, Editeur: André Sauret, Monte Carlo. Offizin: Fernand Mourlot, Paris. Rahmung: Galerie am Staden, G. W. Neuheisel.

11 Zitiert nach: Art. Mark Rothko; Wikipedia, abgerufen am 4. November 2022.

12 Ebd. Dort auch die englische Originalversion der Sätze im Zusammenhang, u.a. »The most important tool the artist fashions through constant practice is the faith in his ability to produce miracles when they are needed.«

13 Pablo Picasso, in: Arts de France Nr.6 (1947).

Heinz Mack

Labyrinth

GELEITWORTE

Mitverantwortung für die Gestaltung der Demokratie

Foto: Pressefoto Dominik Asbach

Geleitwort

Dr. Thorsten Latzel

Präses der Evangelischen Kirche im Rheinland

Die freiheitlich-demokratische Grundordnung ist eine kulturelle Errungenschaft, die es zu bewahren und fortzuentwickeln gilt, damit wir gemeinsam ein Leben in Freiheit und Gerechtigkeit führen können. Dass demokratische Grundwerte und eine ihnen entsprechende politische Kultur auch dem protestantischen Verständnis des christlichen Glaubens entsprechen, hat die evangelische Kirche zwar erst spät verstanden. Doch sie weiß sich heute – Gott sei Dank – mitverantwortlich für die Gestaltung der Demokratie und einer sie tragenden, offenen Gesellschaft. Der lange Weg der evangelischen Kirchen zur Demokratie war ein Lernprozess. An deren Ende standen unterschiedliche Einsichten. Eine dieser Einsichten war die, dass es eines geregelten, stetigen und professionalisierten Austausches mit dem politischen System bedarf. Aus diesem Grund etablierte man früh nach dem Zweiten Weltkrieg das Amt des oder der Bevollmächtigten des Rates der EKD bei der Bundesregierung, dem auf der Ebene der Landeskirchen bzw. den Bundesländern bald entsprechende Gründungen folgten. Das Amt des oder der Bevollmächtigten und der Beauftragten ist eine von mehreren Ausdrucksformen des Verhältnisses von Staat und Kirche in unserer Demokratie. Dabei sind die Aufgaben der Büros besonders anspruchsvoll, denn in ihnen verdichten sich mehrere Anliegen und Logiken: Sie vertreten wie andere auch die Interessen einer bestimmten Organisation, nämlich der Kirche. Zugleich treten sie anwaltschaftlich für die Schwächsten in unserer Gesellschaft ein. Doch vielleicht am wichtigsten ist gerade heute die seelsorgerliche und vertrauensbildende Funktion der Büros: In Zeiten, in denen sich Politikerinnen und Politiker Anfeindungen und sogar Todesdrohungen gegenübersehen, sind sie verlässliche Ansprechpartner, die den politischen Betrieb kennen und ein offenes Ohr für die Nöte und Anliegen von Abgeordneten, Ministerialbeamtinnen und -beamten und Angestellten im staatlichen Betrieb haben. Diesen Balanceakt leistet das Evangelische Büro im Saarland seit nunmehr 60

Geleitwort — *Dr. Thorsten Latzel*

Jahren in einem Wirkungsfeld, das in vielerlei Hinsicht etwas Besonderes ist: eine Region, die wie wenig andere Regionen im Herzen der europäischen Einigung liegt und in der die deutsch-französische Freundschaft eine gelebte Wirklichkeit ist; eine Region, in der ›man sich kennt‹, in der die Wege kurz sind und in der deshalb der Umgang oft herzlich und vertraut ist. Der Dank der Evangelischen Kirche im Rheinland gilt den Menschen, die sich dafür eingesetzt haben, dass die evangelische Stimme an dieser Stelle deutlich und klar, menschenfreundlich und gottoffen zu Gehör gebracht wurde und wird. Die hier vorgelegte Festschrift hält die Erinnerung an das Geleistete wach und bietet einen multiperspektivischen Blick auf einen Arbeitsschwerpunkt der Kirchen, der für Außenstehende oft wenig sichtbar und trotzdem umso wichtiger ist. Ich wünsche eine angeregte Lektüre und bin gespannt auf die Arbeit der kommenden Jahrzehnte, in denen wir uns weiter vertrauensvoll im Miteinander für den Erhalt der Demokratie, für Gerechtigkeit und Freiheit in unserer Gesellschaft einsetzen werden. Gott segne die Arbeit des Evangelischen Büros und alle Menschen, die dort ein- und ausgehen. Möge es auch weiter dem Wohl der Gesellschaft, besonders der Schwächsten, und der Ehre Gottes dienen.

Evangelische Kirche als Lobbyistin für den Wärmestrom in der Gesellschaft

Geleitwort

Dorothee Wüst

Kirchenpräsidentin der Evangelischen Kirche der Pfalz (Protestantische Landeskirche)

»Die Nächstenliebe ist das wirklich notwendige soziale Medium. Sie hält Menschen auch in großen Nöten und Ängsten zusammen. Und sie stärkt den Wärmestrom in der Gesellschaft.« Mit diesen Worten wies Bundespräsident Frank-Walter Steinmeier beim Johannis-Empfang der EKD im Juni 2022 auf die bleibende und nachhaltige Bedeutung der Kirchen für die Gesellschaft hin. Damit ist Kirche nicht Kirche, wenn sie nur bei sich selbst bleibt, nur um sich selbst kreist, nur auf sich selbst bezogen ist.

Als Christen und Christinnen sind wir Teil der Gesellschaft, tragen Mitverantwortung für ihre Gestaltung. Wer die Erfüllung christlichen Glaubens nur in einer exotischen Nische für Eingeweihte sieht, hat wenig verstanden vom Evangelium Jesu Christi. Das steht für eine frohe Botschaft mit Werten wie Freiheit, Frieden und Gerechtigkeit, die »allem Volke widerfahren wird«, wie die Engel in der Weihnachtsgeschichte beim Evangelisten Lukas verheißen. Und hier treffen sich die Interessen von Kirche und Politik. Dort, wo es um die Menschen geht.

Deren Wohl, deren Sehnsucht nach gelingendem Leben, deren Recht auf Entfaltung ihrer jeweiligen Persönlichkeit ist die Schnittmenge für Landesparlamente und Kirchensynoden, für Landesregierung und Kirchenleitung. Der Jugendliche mit Migrationshintergrund, die Seniorin in Altersarmut, der arbeitslose Mittvierziger, die alleinerziehende Mutter. Für sie wissen wir als Christen und Christinnen um unsere Verantwortung und tragen sie gerne gemeinsam mit all denen, die bereit sind, Gesellschaft zu gestalten. Auch und gerade in der Politik. Als Lobbyisten für den »Wärmestrom in der Gesellschaft«.

Geleitwort — *Dorothee Wüst*

Deshalb ist es so wichtig, nicht nebeneinander oder gar gegeneinander zu agieren, sondern miteinander. Dafür braucht es Vernetzungsorte wie das Evangelische Büro mit seinem Beauftragten. Der etwas von Kirche und von Politik versteht und Kommunikation gewährleistet. Dessen Gesicht und Stimme sowohl bei Landesorganen wie Landeskirchen bekannt sind, gleichzeitig ansprechend und ansprechbar. Der sich als diplomatischer Christ mit klarer Position und christlicher Diplomat mit Fähigkeit zum Kompromiss erweist. Das Evangelische Büro ist Instanz zwischen den Institutionen, Grenzgänger und Brückenbauer – und das seit 60 Jahren. Glückwunsch!

Mit Glückwünschen zu runden Geburtstagen geht der Blick nicht nur mit Dank zurück, sondern auch mit Hoffnung nach vorne. Die Aufgaben und Herausforderungen in Politik und Kirche werden nicht weniger. Gerade im Saarland mit seiner einzigartigen Geschichte und Lage weitet sich der Blick über nationalstaatliche Grenzen hinaus und eröffnet den Horizont einer echten und gelebten Gemeinschaft der europäischen Völker. Nicht erst der Krieg in der Ukraine zeigt, wie lebens- und überlebensnotwendig es ist, um der gemeinsamen Ziele willen Partikularinteressen hintan zu stellen und die demokratischen Kräfte zu stärken. Um der Freiheit, des Friedens und der Gerechtigkeit willen.

Klima, Corona, Krieg benennen drei der Krisen, die uns zunehmend lehren, wie zerbrechlich die Selbstverständlichkeit des Alltags ist, wie fragil die Grundlagen sind, auf denen wir unser Leben aufbauen. In einer Atmosphäre wachsender Angst und Sorge braucht es den sachlichen Blick für die Realität und gleichzeitig ein Gespür für die Kraft von Visionen. Kluge Entscheidungen speisen sich aus der Fähigkeit zu sehen, wie es ist, und zu glauben, wie es sein könnte. Ohne Visionen werden Menschen zynisch, ohne

Realitätssinn naiv. Beides können wir uns nicht leisten. Weder in der Kirche noch in der Politik.

Wenn wir Krisen bestehen und Widerfahrnisse bewältigen wollen, tun wir gut daran, einander im Blick zu haben und miteinander im Gespräch zu sein. Möge das Evangelische Büro im Saarland auch in den kommenden Jahren und Jahrzehnten Garant für ein gutes Miteinander sein. Um des »Wärmestroms in der Gesellschaft« willen. Für Freiheit, Frieden und Gerechtigkeit. Den Menschen zum Wohl und Gott zur Ehre.

Partnerin, die das öffentliche Leben ernst nimmt

Geleitwort

Christian Albecker

Kirchenpräsident, Vorsitzender der UEPAL (Union Protestantischer Kirchen von Elsass und Lothringen) und der KKR (Konferenz der Kirchen am Rhein)

In vielerlei Hinsichten hat das Saarland eine Geschichte, die es mit Elsass-Mosel verbindet: Als Grenzregion zwischen zwei lange Zeit verfeindeten Staaten wurde es von beiden Ländern beansprucht: Von 1797 bis 1814 war das Saarland ein französisches Departement, von 1947 bis 1957 stand es unter französischem Protektorat und wurde zu diesem Zeitpunkt Teil der Bundesrepublik Deutschland. Seine europäische Berufung, die sich im Referendum von 1955 in der Verleihung eines europäischen Statuts hätte ausdrücken können, spiegelt die des Elsass wider, das 1949 den neu gegründeten Europarat beherbergte. Aus einer schmerzhaften Geschichte ist in unseren Nachbarregionen ein starkes europäisches Bewusstsein und ein Bekenntnis zu Frieden und Zusammenarbeit zwischen Ländern mit unterschiedlichen Kulturen, die jedoch gemeinsame Werte wie Demokratie und Freiheit vertreten, entstanden.

Auch die protestantischen Kirchen unserer Nachbarregionen wollten mit der Gründung der Konferenz der Kirchen am Rhein (KKR) im Jahr 1961 zum Frieden und zur Versöhnung zwischen Frankreich und Deutschland beitragen. Auf Initiative meines fernen Vorgängers, Präsident Etienne Jung, trafen sich die Bischöfe und Präsidenten der wichtigsten protestantischen Kirchen am Rhein im Elsass auf dem Liebfrauenberg: 60 Jahre später sind es 15 protestantische Kirchen in 6 Ländern, die etwa 8 Millionen Protestanten vertreten, die im Rahmen der KKR zusammenarbeiten, der ich die Freude und Ehre habe, vorzusitzen: Von Österreich bis zum Rheinland, über die Schweiz, Frankreich und Luxemburg, nicht zu vergessen die Pfalz, Baden und Württemberg, teilen wir gemeinsame Fragen und Zukunftsprojekte für unsere Kirchen und die Gesellschaften, in denen sie leben. Um nur ein Beispiel zu nennen: Die KKR hat die »Liebfrauenberg-Erklärung« mit dem Titel »Migration und Asyl: eine Herausforderung für Europa« initiiert, die zum ge-

Foto: UEPAL

meinsamen Referenztext der protestantischen Kirchen in ganz Europa wurde, die in der Gemeinschaft Evangelischer Kirchen in Europa mit Sitz in Wien vereint sind.

Die Union der Protestantischen Kirchen im Elsass und in Lothringen (UEPAL) hat aus ihrer bewegten, um nicht zu sagen dramatischen Geschichte einen besonderen Status geerbt, der sie an den Staat bindet: Das von Napoleon 1801 eingeführte Konkordat wurde durch das Organisationsgesetz von 1802 ergänzt, das den französischen Protestanten zum ersten Mal in ihrer Geschichte eine legale Existenz und eine anerkannte kirchliche Organisation verschaffte. So ernannte und besoldete der Staat die Pfarrer und den Präsidenten der lutherischen Kirche. Diese Gesetzgebung ist in Elsass-Mosel immer noch in Kraft, da das Gesetz der Trennung von Kirche und Staat im Jahr 1905 erlassen wurde, als unsere Region deutsch war. Nach 1870 führte das Deutsche Reich die napoleonische Gesetzgebung fort, wie es auch die Französische Republik tat, als Elsass-Mosel 1918 zu Frankreich zurückkehrte. Aus diesem Grund bestehen zwischen der katholischen und der protestantischen Kirche im Elsass-Mosel und der jüdischen Gemeinschaft besondere Beziehungen zum Staat, die wir gerne als »Laizität des Vertrags« bezeichnen, im Unterschied zu der im übrigen Frankreich vorherrschenden »Laizität der Trennung«.

Die Existenz eines von den Regierungen des Saarlandes und von Rheinland-Pfalz anerkannten protestantischen Büros im Saarland ist für uns exemplarisch für die Art der Beziehungen, die wir mit den Vertretern des Staates anstreben: keine Lobby-Macht oder ein ethischer oder politischer »Lehrmeister«, sondern ein Partner, der das öffentliche Leben ernst nimmt und den Standpunkt der protestantischen Kirchen zu den gesellschaftlichen Herausforderungen zum Ausdruck bringt. Anlässlich der Feierlichkeiten zum 500.

Geleitwort — *Christian Albecker*

Jahrestag der protestantischen Reformation bezeichnete Präsident Emmanuel Macron in einer wichtigen Rede im Pariser Rathaus die Protestanten als »Vigilien der Republik« und würdigte damit ihren Sinn, trotz ihrer sehr minoritären Situation (3 % der französischen Bevölkerung, 15 % der Bevölkerung in Elsass-Mosel) bei Themen wie der Aufnahme von Migranten oder der Klimagerechtigkeit zu appellieren und zu plädieren. Es ist diese Rolle des Wächters, die wir als Kirche in unserer sich rasch wandelnden Gesellschaft spielen müssen, die sozialen und politischen Spannungen ausgesetzt ist, die große Risiken tragen. Das Wiederaufkommen von Nationalismus und die Ablehnung von Fremden und Andersartigen sind nur die auffälligsten Beispiele dafür. Es besteht kein Zweifel daran, dass das Evangelische Büro Saarland sich bemüht, in diesem Sinne zu handeln! Seine Langlebigkeit ist ein klares Zeichen dafür, wie nützlich es für ein ausgewogenes Verhältnis zwischen der öffentlichen Behörde und der protestantischen Kirche ist. Ich kann dieser so nützlichen Einrichtung daher nur zu ihrem 60. Geburtstag gratulieren und ihr für ihre Arbeit des Dialogs und der Verständigung Segen und ein langes Leben wünschen.

Ludwigskirche von innen

Engagierte Begleitung des Landtags

Geleitwort

Heike Becker

Präsidentin des Landtags des Saarlandes

Wir feiern in diesem Jahr 60 Jahre Evangelisches Büro im Saarland und gleichzeitig 60 Jahre gute, vertrauensvolle Zusammenarbeit zwischen dem Saarländischen Landtag und dem Evangelischen Büro. Das Evangelische Büro vertritt die beiden evangelischen Landeskirchen im Saarland, und das tut es vorbildlich. Das Büro hat sich in den zurückliegenden Jahrzehnten ein beispielhaftes Netzwerk aufgebaut und pflegt enge Beziehungen nicht nur zum Landtag, sondern auch zur Synagogengemeinde Saar, zum Katholischen Büro, der Vertretung der Bistümer Trier und Speyer, sowie zu zahlreichen anderen Institutionen, Behörden und Vereinen. Eine besonders wichtige Rolle spielt das Evangelische Büro für den sehr gut funktionierenden interreligiösen Austausch im Saarland.

Seit 2006 leitet Herr Kirchenrat Frank-Matthias Hofmann das Büro. Er ist ein regelmäßiger und gern gesehener Gast in den Sitzungen des Saarländischen Landtags und auch in den Fraktionen, die er zu Gesprächen über wichtige gesellschaftliche Themen besucht. Einmal in jeder Legislaturperiode bereitet das Büro die Gespräche der evangelischen Kirchenleitungen mit den Fraktionen des Landtags vor. Herr Frank-Matthias Hofmann nimmt an den für die Kirchen relevanten Anhörungen teil und reicht schriftliche Stellungnahmen ein. Intensiver Kontakt wird zu den Ausschussvorsitzenden gepflegt. Auch bei allen anderen wichtigen Veranstaltungen und Ausstellungen ist das Evangelische Büro vertreten. Ich erinnere z. B. an die jährlichen Gedenkveranstaltungen zum Gedenken an die Opfer des Nationalsozialismus und an die Umwidmung des Sitzungssaals 5 im Landtagsgebäude, der nun zur Erinnerung an den saarländischen Widerstandskämpfer Willi Graf den Namen Willi-Graf-Saal trägt.

Foto: Landtag des Saarlandes

Einige sehr erfolgreiche Veranstaltungen gehen sogar auf Anregungen des Büros zurück. Erinnert sei hier an die Ausstellung »Zukunft will verantwortet werden«, die dem Mitglied der Bekennenden Kirche und Opfer der Nationalsozialisten, Dietrich Bonhoeffer, gewidmet war, sowie an die Vortragsveranstaltung im März 2020 zur Person des Gauleiters Josef Bürckel, der die erste Deportation von Juden aus dem Reichsgebiet in das Lager in Gurs durchgeführt hat. Die Erinnerung an diese Deportation stand auch im Mittelpunkt der Gedenkstunde für die Opfer des Nationalsozialismus am 27. Januar 2020.

Die Erinnerungskultur bildet einen bedeutenden Schwerpunkt der Arbeit des Evangelischen Büros. Herr Kirchenrat Hofmann engagiert sich auch persönlich stark als Sprecher der Landesarbeitsgemeinschaft Erinnerungsarbeit im Saarland.

Jede Legislaturperiode beginnt mit einem ökumenischen Gottesdienst vor der ersten Sitzung der neu gewählten Parlamentarierinnen und Parlamentarier. Dieser Gottesdienst wird gemeinsam vom Katholischen Büro und vom Evangelischen Büro vorbereitet. Damit endet aber die Seelsorge für die Abgeordneten nicht.

Die Arbeit von Politikerinnen und Politikern kann insbesondere in Krisen zu starken seelischen Belastungen führen. Der in der letzten Legislaturperiode eingerichtete monatliche Gebetskreis gibt Gelegenheit zum Innehalten, zur Besinnung auf unsere Werte und zu seelsorgerischen Gesprächen. Herr Kirchenrat Frank-Matthias Hofmann besucht kranke Abgeordnete und steht als Gesprächspartner bei persönlichen Problemen und politisch belastenden Situationen zur Verfügung.

Geleitwort — *Heike Becker*

Dem Evangelischen Büro und insbesondere Herrn Kirchenrat Frank-Matthias Hofmann danke ich für das Engagement und die Unterstützung unserer Arbeit im Landtag.

Ich wünsche mir, dass das Evangelische Büro seine erfolgreiche Arbeit fortsetzt und die Arbeit der Landtagsabgeordneten weiterhin so engagiert begleitet wie in den letzten 60 Jahren.

Impulsgeber und kritischer Begleiter von Politik und Zivilgesellschaft

Geleitwort

Anke Rehlinger

Ministerpräsidentin des Saarlandes

Wir leben in einem säkularen Staat, unsere Verfassung sieht aus gutem Grund vor, dass Staat und Kirche getrennt sind. Das heißt aber nicht, dass der Staat die Religion als geistige Kraft des gesellschaftlichen Lebens ignorieren muss. Ganz im Gegenteil. Anders als streng laizistische Staaten ermuntert unser Staat ausdrücklich die Religions- und Weltanschauungsgemeinschaften zur engen Kooperation mit dem Staat in vielen Bereichen.

In einer vielzitierten Formulierung des Staatsrechtlers und früheren Bundesverfassungsrichters Ernst-Wolfgang Böckenförde heißt es, dass »der freiheitliche, säkularisierte Staat […] von Voraussetzungen lebt, die er selbst nicht garantieren kann«. So ist jeder freiheitliche Staat auf einen Gemeinsinn seiner Bürgerinnen und Bürger angewiesen, den er selbst nicht erzwingen kann, sondern der sich aus anderen Quellen speist. Hierzu tragen die Kirchen in erheblichem Umfang bei. Und das nicht nur durch die Verkündung der christlichen Botschaft. In kirchlichen Gemeinschaften und Gemeinden werden Werte entwickelt, gelebt und weitergegeben. Durch die Erfahrung gemeinsam geteilter Werte werden zudem die Verbindlichkeit und die Identifikation mit dem Ganzen gefördert. Hinzu kommt, dass die christlichen Kirchen schon nach deren Selbstverständnis die christliche Botschaft nicht nur im Wort verbreiten wollen, sondern im konkreten Einsatz für den Nächsten und für die Gemeinschaft: Die Kirchen sehen ihren Auftrag und ihre Kompetenz vor allem darin, für das einzutreten, was dem solidarischen Ausgleich und zugleich dem Gemeinwohl dient.

Die beiden großen Kirchen sind mit ihren Werten auch ein wesentlicher Faktor für das ehrenamtliche Engagement, das sehr viele Menschen in unserem Land leisten und das

Foto: Staatskanzlei/Oliver Dietze

Geleitwort — *Anke Rehlinger*

unsere Gesellschaft lebenswert macht. Nächstenliebe und Barmherzigkeit sind dafür ganz sicher nicht die einzigen, aber reichhaltige Quellen. Durch das ehrenamtliche Engagement ihrer Mitglieder wirken die Kirchen in der Gesellschaft und für die Gesellschaft und schaffen Gemeinschaft und Zusammenhalt.

Für die Zusammenarbeit zwischen den staatlichen Stellen und den Kirchen kommt dem Katholischen Büro einerseits und dem Büro des Beauftragten der Evangelischen Kirchen andererseits eine Schlüsselrolle zu.

Das Evangelische Büro – in unmittelbarer Nachbarschaft zur Staatskanzlei – ist für die Landesregierung nicht nur ein geschätzter Ansprech- und Verhandlungspartner. Es ist auch Impulsgeber und kritischer Begleiter der Politik und der Zivilgesellschaft im Saarland. Dabei konzentriert sich der Beauftragte nicht nur auf kirchenbezogene Themen im engeren Sinn, bei denen es Berührungspunkte zwischen Staat und Kirchen gibt, etwa in der Bildungspolitik – beim Angebot von Religionsunterricht an staatlichen Schulen – oder dem Betrieb von kirchlichen Kindertagesstätten. Er setzt sich darüber hinaus auch als Mitbegründer der »Allianz für den freien Sonntag« für den gesetzlichen Schutz des Sonntags ein und für die Stärkung der Zivilgesellschaft. Eine wichtige Rolle spielte der Beauftragte der Evangelischen Kirchen bei der Erarbeitung und Fortentwicklung des »Reichtums- und Armutsberichts« im Saarland. Er ist an vorderster Stelle engagiert im interreligiösen Dialog und im Kampf gegen den Antisemitismus. Als Sprecher der Landesarbeitsgemeinschaft Erinnerungsarbeit wirkt er daran mit, dass die Erinnerung an die Verbrechen des Nationalsozialismus nachhaltig gestaltet wird. Und bei all diesem großen

Engagement bleibt immer auch noch Zeit, die Menschen, die bei ihm Rat suchen, seelsorgerlich zu betreuen.

Für dieses beachtliche Engagement, für die konstruktive Zusammenarbeit und die kritische Begleitung danke ich dem Evangelischen Büro und wünsche ihm für die Zukunft alles Gute.

Eine Stimme, die nicht verstummen darf

Geleitwort

Prof. Dr. Roland Rixecker

Präsident des Verfassungsgerichtshofs des Saarlandes

Traditioneller Kern der verfassungsrechtlichen Ordnung von Staat und Kirche in Deutschland ist der Grundsatz der weltanschaulich-religiösen Neutralität. In einem nicht laizistischen Land verbietet er ungeachtet der gebotenen »Freundlichkeit« von Distanz und Kooperation religiöse Haltungen und Verhaltensweisen zu bewerten oder sie gar zu bevorzugen. Vor diesem Hintergrund erstaunen Normen der Verfassung des Saarlandes als der, achtet und zählt man die Worte, »christlichsten« im föderalen System. Neben dem allen gewährten Grundrecht der Glaubens- und religiösen und weltanschaulichen Überzeugungsfreiheit (deren Selbstverständlichkeit in pandemischen Zeiten gewissen Prüfungen ausgesetzt war), finden sich nicht nur im Staatskirchenrecht (Art. 35 bis 42 der Verfassung des Saarlandes – SVerf), das die »Kirchen« als christliche Institutionen des Glaubens zumindest textlich hervorhebt, verschiedene Vorgaben: Eltern wird die Erziehung ihrer Kinder »auf der Grundlage des natürlichen und christlichen Sittengesetzes« gewährleistet (Art. 26 Abs. 1 S. 2 SVerf), Schülerinnen und Schüler sollen auf der Grundlage der »christlichen Nächstenliebe« unterrichtet werden (Art. 27 Abs. 4 SVerf) und auch die Jugend soll in diesem, nämlich christlichen, Geist gebildet werden (Art. 30 SVerf). Das erinnert nicht nur an den Versuch der (einen) Verfassungsmutter und der 20 Verfassungsväter, nach der moralischen Verwahrlosung des Nationalsozialismus ein Fundament für eine neue, Würde und Recht sichernde Ordnung zu finden, sondern stellt eine große gegenwärtige Herausforderung dar: Soll von Verfassungs wegen ein abendländisch-christliches Menschen- und Gesellschaftsbild die Zeit prägen? Wie soll dem Text und der historischen Idee der Verfassung in einer zunehmend inhomogenen, in ihren Werthaltungen, ihren kulturellen und zivilisatorischen Erfahrungen diversen Gesellschaft Gehorsam widerfahren? Wie soll ein Ausgleich in dem Konflikt zwischen dem individuellen Recht eines jeden Menschen, nach seiner Façon selig zu werden, und

Foto: Archiv VerfGH

der nicht zu leugnenden verfassungsgesetzlichen Hervorhebung von Christlichkeit und Kirche bewirkt werden?

Die Herausforderung mag darin bestehen, in den politischen und öffentlichen Diskurs einzubringen, was eigentlich heute das »christliche Sittengesetz«, die »christliche Nächstenliebe«, was »Kirche« im Rahmen einer Verfassungsordnung der Freiheit, der Unantastbarkeit der Menschenwürde, der Gleichheit in Verschiedenheit und der Friedlichkeit einer staatlichen und gesellschaftlichen Ordnung für die Verfassungsorgane, für die saarländische res publica, bedeuten sollen.

Sie zu bewältigen ist nicht zuletzt den Beauftragten der Kirchen als den kirchlich-politischen Botschaftern des Evangeliums und der Grundüberzeugungen der Kirchen anvertraut. In diesem Sinne hat das »Evangelische Büro« seine Stimme 60 Jahre behutsam aber nachdrücklich erhoben. Sie wird nicht und darf auch von Verfassungs wegen nicht in den kommenden Jahrzehnten verstummen. Herzlichen Glückwunsch.

Besondere Verantwortung bezüglich der europäischen Idee

Geleitwort

Sébastien Girard

Generalkonsul der Republik Frankreich in Saarbrücken

Es ist mir eine große Ehre und Freude zugleich, ein paar Worte in Ihrer Festschrift zum 60. Jubiläum schreiben zu dürfen.

Das Evangelische Büro Saarland und das Französische Generalkonsulat sind seit 2005 im wahrsten Sinne des Wortes direkte Nachbarn, »Wand an Wand« am Ludwigsplatz in Saarbrücken. Aber nicht nur das ist schon ein Grund, dass zwischen beiden eine besondere Freundschaft besteht. In der Tat müssen wir viel weiter zurückgreifen. Es gibt nämlich ganz viele Bereiche, in denen die evangelische Kirche eine wunderbare Verbindung und Kooperation mit Frankreich pflegt.

Seit 1946 ist der Begriff »Laizismus« in der Verfassung der Französischen Republik verankert, und das Gesetz zur Trennung von Kirche und Staat führte im Jahr 1905 den Laizismus in Frankreich ein. Dennoch ist die Kirche ein ganz wichtiger Bestandteil auch, was Versöhnung und Brückenbau zwischen den Völkern angeht, besonders in unserer Grenzregion nach den zwei Weltkriegen. Seit Jahrzehnten pflegen kirchliche Mitarbeiter enge partnerschaftliche Beziehungen zu Frankreich.

So entstand 1961 die »Konferenz der Kirchen am Rhein«. Darin ist Frankreich durch die »Union Protestantischer Kirchen in Elsass und Lothringen« vertreten. Seit 1954 ist die Deutsche Evangelische Gemeinde mit der Christuskirche, die ihren Sitz im 9. Arrondissement in Paris hat, vertraglich mit der Evangelischen Kirche in Deutschland verbunden. Sie ist ebenfalls assoziiertes Mitglied in der Fédération Protestante de France. 2019 hat sie ihr 125-jähriges Bestehen gefeiert. Die Christuskirche auf dem Rotenbühl, ihr

Foto: privat

Namens-Pendant in Saarbrücken, veranstaltete schon in den siebziger Jahren Faschings- und andere Feste, wo vor allem Kinder von der École française de Sarrebruck kamen.

Mit dem Élysée Vertrag 1963 wurde noch mal ein wichtiger Grundstein gelegt. Und es war auch vor allem den Kirchen zu verdanken, dass es zur Versöhnung zwischen Erzfeinden kam. Im Rahmen der Kulturhauptstadt Europas Luxemburg und Großregion wurde 2007 der Arbeitskreis »Saar-Lor-Lux evangelisch« gegründet, durch den zahlreiche deutsch-französische Veranstaltungen auf beiden Seiten der Grenze initiiert werden – bis zum heutigen Tage.

1992 rief Jacques Delors, der damals Kommissionspräsident war, dazu auf, der »Union eine Seele zu geben«. Er sah die Kirchen in einer besonderen Verantwortung bezüglich der europäischen Idee. Ethik, Solidarität, gemeinsames Handeln, Frieden und Menschlichkeit sind nur ein paar Stichworte, die ich hierzu anführen möchte.

Mit der Digitalisierung 2010 sollten nun auch die Sprachbarrieren noch besser überwunden werden. »Französisch nach Maß« war die Devise. Die Evangelische Akademie im Saarland und die Katholische Erwachsenenbildung Trier haben auf Initiative des Evangelischen Büros Saarland gemeinsam mit dem DFKI (Deutsches Forschungszentrum für künstliche Intelligenz) unter Schirmherrschaft des damaligen Generalkonsuls der Republik Frankreich in Saarbrücken, Herrn Philippe Cerf, dieses ökumenische Pilotprojekt ins Leben gerufen: »Grenzüberschreitendes e-Learning der französischen Sprache«.

Geleitwort — *Sébastien Girard*

Das fünfzigste Jubiläum des Élysée-Vertrages 2013 wurde von der saarländischen Landesregierung mit einem Frankreichjahr gewürdigt. Auch hier wurden die Ev. Akademie im Saarland und das Ev. Büro Saarland mit ihren deutsch-französischen Projekten sehr aktiv. Beispiele sind: Das grenzüberschreitende Chorfest 2013, die Führung durch das Ehrental im Deutsch Französischen Garten und den Ehrenfriedhof auf dem Hauptfriedhof in Saarbrücken, der Trialog der Religionen mit der Entwicklung eines Reiseführers, durch den man Orte im Saarland und in Lothringen kennenlernen konnte, die für die drei Religionen Judentum, Christentum und Islam wichtig sind, die Besichtigung der Erzgruben und Eisenhütten in der Grenzregion.

Und zum Schluss möchte ich noch die Partnerschaft evangelischer Kirchengemeinden im Saarland zu den Kirchen in Sarreguemines und Forbach erwähnen, wo zweisprachige Gottesdienste stattfinden. Es sind also unzählige, teils spektakuläre, teils ganz unauffällige Taten, die eine Beteiligung zur Versöhnung und zur deutsch-französischen Freundschaft darstellen. Das Evangelische Büro Saarland, unser direkter Nachbar, leistet dazu einen wertvollen, lebendigen Beitrag. Somit lebt die evangelische Kirche ein Stück Europa vor.

Vive l'amitié franco-allemande!

Marc Chagall

»Vision de Paris"

Fördernde Neutralität mit Leben füllen

Geleitwort

Ordinariatsdirektorin Katja Göbel

Leiterin des Katholischen Büros Saarland, Kommissariat der Bischöfe von Speyer und Trier

In Deutschland sind Staat und Kirche voneinander getrennt … und dennoch Partner. Historisch geht die Trennung von Staat und Kirche auf den sogenannten Kulturkampf in der zweiten Hälfte des 19. Jahrhunderts zurück, die durch die Weimarer Nationalversammlung 1919 neu geregelt wurde. Statt einer Staatskirche hat sich der deutsche Staat in seiner Verfassung dazu verpflichtet, Religionen und Weltanschauungen neutral zu begegnen. Er darf sich selbst mit keinem religiösen oder weltanschaulichen Bekenntnis identifizieren. »Neutral« bedeutet aber nicht, dass der Staat Religionen ablehnend oder gleichgültig gegenübersteht. Religionen tragen zum Zusammenhalt der Gesellschaft bei, und auch das Bundesverfassungsgericht hat in diesem Zusammenhang dem Staat eine »fördernde Neutralität« gegenüber den Religionsgemeinschaften nahegelegt. Das Grundrecht der Religionsfreiheit stellt auch die Kirchen unter einen besonderen Schutz. Die Kirchen übernehmen in Staat und Gesellschaft wichtige Funktionen. In vielen Aufgabenfeldern arbeiten Staat und Kirche auch gut und eng zusammen – dies sowohl auf Bundesebene aber vor allem auch auf Landesebene in den Bundesländern. Da im Bereich der beiden großen christlichen Kirchen die Territorien in der Regel nicht deckungsgleich mit den Bundesländern sind, es aber auf dieser Ebene viele Vereinbarungen und Absprachen der Länder mit den Kirchen und Religionsgemeinschaften gibt, braucht es gute und verlässliche Ansprechpartner, um diese »fördernde Neutralität« mit Leben zu füllen. Für die katholische und die evangelische Kirche übernehmen diese Aufgaben in den Bundesländern die Katholischen und Evangelischen Büros. Das Leben der Menschen im Saarland steht im Zentrum aller Aktivitäten des Evangelischen und Katholischen Büros. Die Kirchen unterhalten im Saarland eine Vielzahl von sozialen Einrichtungen wie z. B. Kindertagesstätten, Krankenhäuser, Seniorenhäuser, Beratungsstellen, Ausbildungsbetriebe und vieles mehr. Sie erteilen Religionsunterricht an öffentlichen Schulen, engagieren sich

Foto: Katholisches Büro Saarland

in der Jugend-, Bildungs-, Kultur- und Sozialarbeit und unterstützen die Regierung in vielen wichtigen Bereichen wie z. B. der Armutsbekämpfung oder der Erinnerungsarbeit. Kirche steht gleichzeitig für bestimmte Werte, für ein christliches Menschenbild. Sie steht für die Würde des Menschen vom ersten Augenblick an bis zum letzten Atemzug, sie steht für die großen Themen Gerechtigkeit, Frieden, Bewahrung der Schöpfung. Das engagierte Eintreten, eine Art Anwaltschaft der Kirche für diese Werte, ist ebenfalls ein wichtiges Aufgabenfeld des Evangelischen und Katholischen Büros im Saarland. In all diesen Bereichen arbeiten das Evangelische und das Katholische Büro Saarland in engem Austausch und Wissen voneinander gut und vertrauensvoll schon seit Jahrzehnten mit wechselnden Leitungen zusammen. Im Saarland wurde mit Wirkung zum 01.02.1971 das Katholische Büro Saarland errichtet, das – aufgrund der Corona-Pandemie – mit einem Jahr Verspätung im Mai 2022 sein 50-jähriges Jubiläum feierte. Selbstverständlich waren auch viele Vertreter der evangelischen Kirche bei diesem Festakt dabei. Ich freue mich daher sehr, dass ich nun die lieben Glückwünsche an dieser Stelle erwidern kann und gratuliere dem Beauftragten des Evangelischen Büros Saarland, Herrn Kirchenrat Frank-Matthias Hofmann, ganz herzlich zum Jubiläum des Evangelischen Büros im Saarland. Ich freue mich auf ein weiteres gutes Miteinander in ökumenischem Schulterschluss.

Wir haben einen Freund an unserer Seite

Geleitwort

Ricarda Kunger

Vorsitzende der Synagogengemeinde Saar

Vor 60 Jahren wurde das Evangelische Büro im Saarland wieder bzw. neu eingerichtet. Das Büro des Beauftragten für die Evangelischen Kirchen im Saarland stellt damit die diplomatische Vertretung dar und ist der ständige Ansprechpartner der beiden auf dem Gebiet des Saarlandes vertretenen evangelischen Landeskirchen, der Evangelischen Kirche der Pfalz und der Evangelischen Kirche im Rheinland.

Die Arbeit des Evangelischen Büros bzw. seines Beauftragten am Sitz von Landesregierung und Landtag hat als Verbindungsstelle zwischen Kirche und Staat eine immer wichtigere Aufgabe übernommen. Bei zahlreichen Berührungspunkten zwischen Staat und Kirche wie etwa Kindergärten, Schulwesen, Universitäten, Kulturdenkmälern und sozialen Einrichtungen wird es als selbstverständlicher Verhandlungspartner angesehen.

Ebenso wichtig wie die Beziehungen zwischen dem Evangelischen Büro und der staatlichen Seite sind die interreligiösen Beziehungen, der Austausch zwischen den Vertretern der verschiedenen Religionen.

Seit Jahren pflegt die Synagogengemeinde Saar über die Christlich-Jüdische Arbeitsgemeinschaft Saar hinaus einen sehr engen freundschaftlichen Kontakt mit dem Evangelischen Büro, was nicht zuletzt seinem Beauftragten geschuldet ist. Gerade jetzt, wo sich antisemitisches Gedankengut und Antisemitismus in unserer Gesellschaft wieder breit macht, sind wir dankbar für die Unterstützung und vor allem die Freundschaft des Evangelischen Büros. War doch der jetzige Beauftragte maßgeblich daran beteiligt, dass 2018 im Saarland die Stelle eines Beauftragten für jüdisches Leben und gegen Antisemitismus durch den Landtag des Saarlandes etabliert wurde. Mit großem Engagement setzt sich

Foto: Synagogengemeinde Saar

der amtierende Beauftragte des Evangelischen Büros auch für die Erinnerungskultur in unserem Lande ein. 2018 wurde er bei der Gründung der Landesarbeitsgemeinschaft Erinnerungsarbeit vom Sprecher*innenrat zu deren Sprecher gewählt und vertritt seit dieser Zeit die Interessen der LAGE. Gerade in einer Zeit, in der die vom NS-Regime begangenen Menschheitsverbrechen in öffentlichen Diskursen relativiert werden, benötigen wir mehr professionelle Erinnerungsarbeit mit gesellschaftlicher Breitenwirkung. Bald werden auch die letzten Zeitzeugen, die über die Gräueltaten aus der NS-Zeit berichten können, nicht mehr bei uns sein. Umso wichtiger ist es in unserer Zeit, diese Erinnerungen wachzuhalten und neu zu definieren. Begrüßenswert ist der Ausbau der Gedenkstätte Neue Bremm, die nicht zuletzt vom Beauftragten des Evangelischen Büros eingefordert wird. Es ist wichtig, im Saarland eine für Bildungs-, Ausstellungs- und Aufklärungsarbeit ausgebaute zentrale Gedenkstätte für die Opfer von NS-Verbrechen am ehemaligen Gestapolager Neue Bremm in Saarbrücken zu haben.

Die Synagogengemeinde Saar gratuliert dem Evangelischen Büro und dessen Beauftragten sehr herzlich zum Jubiläum. Wir wissen dessen Einsatz für jüdisches Leben an der Saar zu schätzen und sind glücklich, einen Freund an unserer Seite zu haben.

Mazal Tov und G"ttes Segen.

Mark Rothko

»Yellow and Gold"

GESCHICHTE

Ohr und Sprachrohr der evangelischen Kirchen – 60 Jahre Evangelisches Büro im Saarland

Von Joachim Conrad, Püttlingen

Vorbemerkung

Das Aufgabengebiet des Beauftragten der Kirchenleitungen der Evangelischen Kirche im Rheinland und der Evangelischen Kirche der Pfalz ist dadurch umrissen, dass er die Beziehungen zwischen diesen beiden Landeskirchen und dem Saarland pflegt, das heißt konkret, dass er Verbindung zu Landtag, Regierung und Ministerien hält, aber auch Kontakt zu den politischen Parteien, zu Vereinigungen und Verbänden auf Landesebene aufnimmt. So begleitet der Beauftragte kritisch Gesetzgebungsverfahren, beobachtet das Regierungshandeln und bringt kirchliche Themen, Fragestellungen und Ansichten zur Sprache. Die Zusammenarbeit mit dem Katholischen Büro, mit anderen Kirchen im Saarland und auch mit der Synagogengemeinde ist selbstverständlich, ebenso das Engagement im interreligiösen Dialog. Das Amt ist mit einer großen Verantwortung ausgezeichnet, weil der Beauftragte sowohl das Ohr als auch das Sprachrohr der evangelischen Kirchen ist, was eine hohe Sensibilität, eine gute Auffassungsgabe und die Fähigkeit, im unmissverständlicher Sprache zu kommunizieren, zur Bedingung hat.

Gleichzeitig ist es selbstverständlich, dass der jeweilige Beauftragte in seiner Arbeit eigene Akzente setzt, die unter anderem mit besonderen Gaben und Aufgaben verbunden sind. Die vorliegende Studie bemüht sich vor allem, die jeweiligen Schwerpunkte der verschiedenen Amtszeiten herauszustellen, die bisweilen durch den zeitgenössischen politischen Alltag vorgegeben, bisweilen aber den genannten Interessen der handelnden Personen geschuldet sind. Als Quellen dienten die einschlägigen Unterlagen der landeskirchlichen Archive in Düsseldorf und Speyer sowie die Registratur im Evangelischen Büro Saarbrücken. Und dass es innerhalb der Amtszeiten der verschiedenen Beauftragten zu einem Ungleichgewicht gekommen ist, erklärt sich durch den Umstand, dass nach der Amtszeit von Martin Ohly das Gros der Akten einer unerlaubten Kassation zum Opfer gefallen ist.

Dennoch ist die Darstellung der sechzigjährigen Geschichte des Evangelischen Büros – unter Berücksichtigung der Vorgeschichte in der Völkerbundszeit und im Saarstaat von Johannes Hoffmann – ein Beitrag zur kirchlichen Zeitgeschichte, die eine weitere Lücke der evangelischen Kirchengeschichte im Saarland schließt. Die Aufnahme in die Rote Reihe der Fachrichtung Ev. Theologie der Universität des Saarlandes im Geistkirchverlag Saarbrücken ist daher zu begrüßen.

Beauftragte in Saarbrücken waren:

15.11.1945–30.09.1957	Otto Wehr
09.08.1962–31.08.1964	Dr. Theodor Barner
10.12.1964–31.03.1982	Erich Werner Eisenbeiß
01.04.1982–16.01.1990	Wilhelm Kentmann
16.01.1990–26.05.1998	Martin Ohly
26.05.1998–06.09.2006	Joachim Brandt
seit 06.09.2006	Frank-Matthias Hofmann

1. Die Vorgeschichte 1920–1955

Das Ende des Ersten Weltkrieges brachte eine wesentliche Veränderung für das evangelische Kirchenwesen an der Saar. Das sog. Saargebiet wurde von Preußen bzw. von der bayerischen Rheinpfalz abgetrennt und unter die Verwaltung des Völkerbundes gestellt. Damit waren auch die evangelischen Kirchengemeinden von ihren Kirchenleitungen in Koblenz bzw. Düsseldorf und Speyer abgeschnitten. Ganz ohne Bevollmächtigung bzw. Beauftragung übernahm Superintendent Dr. Hubert Nold in Saarbrücken die Funktionen, die heute mit der Arbeit des Evangelischen Büros verglichen werden können. Letztlich waren es ja ähnliche Verhältnisse nach dem Zweiten Weltkrieg, als die evangelischen Kirchen im Saarstaat von ihren Landeskirchen getrennt waren, und Superintendent Otto Wehr zum Bevollmächtigten ernannt wurde.

So beschreibt das erste Kapitel die Verhältnisse im Saargebiet 1920 bis 1935 und im Saarstaat 1945 bis 1955, die eng mit den Namen Hubert Nold und Otto Wehr verbunden sind.

1.1 Das Saargebiet unter dem Mandat des Völkerbundes 1919–1935 – Dr. Hubert Nold

Die Frage der landeskirchlichen Zugehörigkeit

Die französische Besatzungsmacht nutzte die kurze Zwischenzeit vor Antritt der Regierungskommission, um im Saargebiet Fakten zu schaffen. So wurde etwa der Saarlouiser Pfarrer August de Haas am »8. April 1919 abends 10 ½«[1] von einem französischen Offizier, zwei Soldaten und einem Zivilisten verhaftet und mit zwei weiteren Personen in einer »Zelle 2 x 3 m« in einem Militärgefängnis untergebracht. Am Tag darauf wurden weitere vier Personen sowie dreihundert streikende Bergarbeiter festgesetzt und in einem Zug in ein Internierungslager nach Worms verbracht. So gestaltete sich der Auftakt zur Verselbstständigung des Saargebietes.

Am 21./22. Mai 1919 fand in Saarbrücken eine Zusammenkunft statt, an der folgende Personen teilnahmen: Major Richard, Adjutant des Generals Joseph Andlauer, die Militärpfarrer Maluski und Chabas für die Besatzungsmacht, die rheinischen Superintendenten Hubert Nold[2] (Saarbrücken) und Hugo Holthöfer (St. Johann) samt den Synodalrechnern Emil Hoenes und Ernst Redicker bzw. Pfarrer Julius Ebeling sowie ver-

Superintendent Dr. Hubert Nold (1861–1935). Foto: Ev. Stift St. Arnual

schiedene pfälzische Pfarrer unter Leitung des Dekans Karl Wilhelm d'Alleux von Homburg. Konsistorialrat Dr. Herbert du Mesnil[3] berichtete der Leitung der Rheinischen Kirchenprovinz in Koblenz: »Major Richard trat sehr kurz und entschieden auf und forderte die alsbaldige Ausarbeitung und Vorlegung eines Entwurfs für eine Kirchenverfassung des Saarstaates. Binnen 14 Tagen müsse die Angelegenheit erledigt sein, da bis dahin die Abtrennung des Saargebietes von Preußen bezw. der Pfalz vollzogen sein könne [...].«[4]

Der französische Wunsch ließ nichts an Deutlichkeit vermissen.[5] Die kirchlichen Vertreter betonten die Verbundenheit mit ihren Landeskirchen und legten den Akzent darauf, dass ohne Hilfe der Landeskirchen die evangelischen Kirchengemeinden an der Saar überhaupt nicht lebensfähig seien. Als Beispiel wurde u.a. die Ausbildung der Theologen angeführt. Doch die Franzosen sahen dies ganz anders: »Der französische Feldprediger Maluski führt zum ersten aus, daß die Errichtung einer Volluniversität Saarbrücken mit evangelischer und katholischer theologischer Fakultät in Aussicht genommen sei, an der der künftige Pfarrernachwuchs für den Saarstaat herangebildet werden könne.«[6] Sie stellten ihre Überlegungen vor, wie die Kirchen finanziert werden sollten und wiesen darauf hin, auf katholischer Seite habe Pius XI. bereits der Errichtung eines Saarbistums zugestimmt.[7] Superintendent Nold – in Kenntnis der grundsätzlichen Haltung des Trierer Bischofs Michael Felix Korum[8] – hielt das Vorgehen der Franzosen für Taktik, doch hatte er kaum Gelegenheit zu reagieren, weil die anwesenden Amtsbrüder das Gespräch in eine diplomatisch ungeschickte Richtung trieben.[9]

Der evangelischen Kirche war in dieser schwierigen Lage nur die Möglichkeit geblieben, durch eine Denkschrift den Nachweis zu führen, dass der Eingriff der Besatzungsmacht in innerkirchliche Angelegenheiten einen Übergriff darstellte. Dabei musste definiert werden, wieweit das untergegangene landesherrliche Kirchenregiment im Blick auf das Ius in Sacris eingeschränkt oder sogar wirkungslos war. Die 22-seitige Denkschrift »Die Wirkungen einer kirchlichen Trennung der Kreissynoden Saarbrücken, St. Johann und St. Wendel« vom 16. September 1919, die Herbert du Mesnil in deutscher Sprache verfasst hatte, wurde auf seinen Wunsch in französischer Sprache vorgelegt.[10] Zu Beginn zitierte du Mesnil Art. 49 des Versailler Vertrages, um deutlich zu machen, dass der Völkerbund und nicht die Republik Frankreich für die Verwaltung des Saargebietes zuständig sei: »Der Verzicht Deutschlands geschieht zugunsten des Völkerbundes, als Treuhänder, der die Regierung durch eine Kommission ausüben lässt und nach 15 Jahren eine Abstimmung der Bevölkerung darüber herbeiführt, unter welche Staatshoheit sie zu treten wünscht. Frankreich erhält das Eigentum an den Kohlegruben im Saarbecken. Es fragt sich nur, ob durch diese Regelung die Zugehörigkeit der evangelischen Gemeinden des Saargebietes zu ihrer Landeskirche berührt wird. Die Frage ist zu verneinen.«[11] Nachdem dann die Funktion des landesherrlichen Kirchenregimentes erläutert worden war, zitierte die Denkschrift Artikel 15 der Preußischen Verfassung vom 31. Januar 1850 über die Selbstverwaltung der Kirchen, woraus zu ersehen war, dass die Kirche nicht vom Staate aus regiert wurde.[12] Auf die Frage, wer nun in der Kirche die Leitung wahrnehme, sagte das Allgemeine Preußische Landrecht[13]: »Bei den Protestanten kommen die Rechte und Pflichten des Bischofs in Kirchensachen, der Regel nach, den Consistoriis zu.«[14]

Die Denkschrift ging ins Leere. Unter französischem Druck sollte eine Kirchenverfassungskommission gegründet werden, der Nold, Holthöfer und d'Alleux angehören sollten. Nold, der seit 1919 für die rheinische Kirchenleitung den Kontakt zum Völkerbund wahrnahm, war als Vorsitzender der Kirchenverfassungskommission vorgesehen. Hugo Holthöfer berief den St. Johanner Pfarrkonvent nach Neunkirchen ein, wo Pfarrer Robert Jüngst aus Malstatt Gelegenheit hatte, über den Stand der Beratungen zu referieren. Er »hielt die Schaffung einer selbständigen Saarkirche für unabwendbar«,[15] wie du Mesnil berichtete.[16] Die Abberufung des federführenden Generals Charles Mangin am 11. Oktober 1919 beendete diese erste Krise. Am 26. Januar 1920 teilte die Regierungskommission anlässlich ihrer Amtsübernahme mit, dass unter ihrer Aufsicht die Einwohner »ihre religiösen Freiheiten ausüben können«.[17]

Doch die Situation an der Saar spitzte sich für die evangelischen Gemeinden plötzlich wieder zu, als die rheinischen Gehaltszahlungen für die Pfarrerschaft ins Stocken kamen und sich durch den Währungsverfall der Mark wirtschaftliche Probleme ergaben.[18] Johann Freiherr von der Goltz meldete die Schwierigkeiten am 12. August 1921 an den Evangelischen Oberkirchenrat nach Berlin.[19] Die evangelischen Gemeinden an der Saar wurden gedrängt, die Gehaltszahlungen in Franken vorzunehmen, was jedoch als Zeichen der Separation von Deutschland verstanden werden musste. Superintendent Nold besprach sich in dieser Sache am 28. April 1922 mit Adam Carl Graf Moltke-Huitfeld und überlegte, ob eine eigene Kasse zur Auszahlung in Franken zu gründen sei. Es wurde berichtet, der Dechant von Saarlouis, Msgr. Alexander Subtil, habe bereits am 24. April für den katholischen Klerus im preußischen Teil des Saargebietes zugestimmt.[20] Superintendent Nold war verunsichert: »Unmittelbar nach der Besprechung mit dem Minister begaben wir [scil. Imig und Nold] uns zum katholischen Dechanten [Aloys] Echelmeyer. Ich erzählte, was da vorgehe und führte aus, da sei etwas geschehen gegen alle vorherigen Abmachungen, nach denen das Versprechen bestünde, die eine Konfession wolle nichts tun ohne vorherige Rücksprache mit der anderen Konfession. [...] Der Dechant schüttelte den Kopf und schien die Erklärung des Dechanten von Saarlouis nicht begreifen zu können.«[21]

Die Synoden von St. Johann und Saarbrücken traten in gemeinsame Verhandlungen. Am 13. September 1922 vermahnte der Evangelische Oberkirchenrat in Berlin, »bis aufs Äußerste bei der Ablehnung der Frankenwährung [zu] verharren.«[22] Karl Imig, Superintendent von St. Johann, formulierte das Problem anlässlich der Pensionierung von Pfarrer Otto Zimmer: »Man könnte vielleicht auch noch betonen, dass bezüglich der Pensionierung der Pfarrer des Saargebietes ein Ausnahmezustand so lange als gerechtfertigt erscheine, als wir uns bezüglich unserer Gehaltsverhältnisse den anderen Pfarrern der Landeskirche gegenüber in einem Ausnahmezustand befinden müssen.«[23] Der Ausnahmezustand sollte anhalten, denn die Gesetzgebung in Preußen wirkte sich beständig negativ für das Saargebiet aus. So liegt eine Gegenüberstellung der Pfarrbesoldungsbezüge nach saarländischer und gesamtkirchlicher Ordnung nach dem Stand vom 1. Juli 1932 vor, die Imig in einem Schreiben am 28. Juli 1932 kommentierte: »Ich bin mir durchaus darüber klar, welche Verminderung der Pfarrgehälter sich aus der Einführung des preußischen Pfarrbesoldungsgesetzes im Saargebiet ergeben würde.«[24] Die beiden Superintendenten protestierten in aller Form bei der Regierungskommission; Hubert Nold gab am 9. September 1932 den Sachstand an das Konsistorium weiter.[25]

Doch die Pfarrgehälter waren nicht das einzige Problem der Saargemeinden. Am 26. Januar 1923 wandte sich das Generalvikariat in Trier an den Freiherrn von der Goltz wegen der ungelösten Kirchensteuerfrage.[26] Der Geheime Konsistorialrat Ernst Hundt hatte sich vom 15. bis 18. Januar 1923 genau zu diesen beiden Fragen an der Saar aufgehalten und berichtete nach Koblenz.[27] Zu einer wirklichen Lösung kam es nicht.

Die Einrichtung des Evangelischen Jugend- und Wohlfahrtsamtes

Positiv entwickelte sich dagegen in dieser Zeit der Ausbau der Jugendseelsorge in den beiden Saarsynoden. Schon am 30. Januar 1922 hielt der EOK in Berlin fest: »Aus den mündlichen Darlegungen der in der kirchlichen Jugendpflege tätigen Pfarrer [Heinrich] Becker-Neunkirchen und [Richard] Wagner-Wiebelskirchen, die kürzlich bei uns waren, haben wir entnommen, dass im Saargebiet zwei Zentralen für die Jugendpflege geschaffen werden sollen, die eine für den Neunkircher, die andere für den Saarbrücker Bezirk.«[28] Es erschien die »Denkschrift über das Evangelische Jugend- und Wohlfahrtsamt verbunden mit dem Evangelischen Kulturamt für die preussischen Landesteile im Saargebiet«[29], worin der Umfang der Jugendpflege definiert wurde. Rasch war in Saarbrücken der Plan in die Tat umgesetzt: Der Malstatter Pfarrer Philipp Bleek gab in seiner Funktion als Vorsitzender des Kirchenausschusses für Jugendarbeit und als Synodaljugendpfarrer bereits am 20. Juni 1922 über die Einrichtung des evangelischen Jugend- und Wohlfahrtsamtes in Saarbrücken Auskunft.[30] Superintendent Imig von St. Johann drängte auf die zeitnahe Errichtung eines ähnlichen Werkes in Neunkirchen.[31]

Das eigentliche Jugendpfarramt für die Synoden Saarbrücken und St. Johann wurde bereits zu Ostern 1922 als vierte Pfarrstelle der Kirchengemeinde Saarbrücken installiert. Superintendent Nold erläuterte am 22. Juni 1922 dem Konsistorium: »Um die für Saarbrücken geplante Jugendpfarrstelle schaffen zu können, war es nach der gegenwärtigen kirchengesetzlichen Lage nötig, daß in Übereinstimmung mit den übrigen Gemeinden der Großstadt die Gemeinde Alt-Saarbrücken eine 4. Pfarrstelle gründete. Das ist geschehen mit der ausgesprochenen Absicht, den zu berufenden Pfarrer für die Arbeit des Jugend- und Wohlfahrtsamtes seitens der Gemeinde freizugeben. Die Arbeit des Jugend- und Wohlfahrtsamtes hätte zu geschehen in Zusammenhang mit den synodalen Ausschüssen für Jugend- und Wohlfahrtspflege, für Apologetik und Volksmission, an deren Spitze der Superintendent der Synode Saarbrücken steht. Durch einstimmigen Beschluß dieser Ausschüsse war Pfarrer Limberg aus Essen gebeten worden, schon jetzt diese Arbeit zu übernehmen. Derselbe steht seit Ostern hier in Arbeit, hat sich gut eingelebt und die verschiedenen Arbeitsgebiete bereits energisch aufgenommen. Mit dem Vertreter für evang. Kultus der Saarregierung ist die Sache eingehend besprochen und von ihm gut geheißen worden, so daß von Seiten der Regierung Schwierigkeiten nicht zu erwarten sind. Die Beihilfen der Saarregierung für die Pfarrstelle sind in Aussicht gestellt. Ich bitte ergebenst, den Antrag auf Genehmigung der Gründung der Pfarrstelle[32] nachdrücklichst unterstützen und diese notwendige Sache nach Möglichkeit beschleunigen zu wollen.«[33] Um die Pfarrstelle genehmigen zu können, war vor allem der Staatszuschuss zu klären. Im Januar 1923 setzte die Abteilung für Evangelischen Kultus der Regierungskommission die Rahmenbedingungen fest: »Unter der Voraussetzung, dass die in der Kirchengemeinde Saarbrücken zu errichtende vierte Pfarrstelle nach Inkrafttreten der neuen Kirchenverfassung in eine Pfarrstelle der Synode Saarbrücken umgewandelt wird (wie dies Herr Superintendent Dr. Nold auch bei der mündlichen Besprechung zugesagt hat), bin ich bereit, bei der Errichtung der Pfarrstelle vom 1. April 1923 an mitzuwirken und von gleichem Zeitpunkte ab für die Stelle das linksrheinische Staatsgehalt mit 800 M jährlich und für den Inhaber von Amtsantritt an die staatlichen Pfarrbesoldungsvorschüsse bereitzustellen.«[34]

Pfarrer Limberg, bisheriger Direktor des Ev. Preßverbandes für die Rheinprovinz, trat nun offiziell zum 1. April 1923 sein Amt als Jugendpfarrer an und nahm seinen Sitz im früheren Marthahaus in der Saarbrücker Gutenbergstraße 18. Er schied nach einigen Skandalen bereits 1925 wieder aus dem Dienst. Seither war die Stelle mit Pfr. Walter Wolff, dem Sohn des damaligen Präses, besetzt. Superintendent Nold setzte die Kreissynode Saarbrücken über den Vorgang in Kenntnis: »Aus unserem Jugendpfarramt ist der bisherige Pfarrer Limberg ausgetreten. Nachdem er das Jugendpfarramt organisiert und aufgebaut und dabei eine hervorragende Begabung bewiesen hatte, hat er im letzten Halbjahr seine Pflichten als Vorsteher dieses wichtigen Amtes und seine Würde als Pfarrer gröblich verletzt. Er hat auf unseren ausdrücklichen Wunsch seinen Posten verlassen und dann auf die Rechte des geistlichen Standes verzichtet. Das Amt war inzwischen durch die Pfarrer Ebeling und Bleek verwaltet worden und wir hoffen, in der Person des jungen Pfarrers Wolff aus Aachen die Persönlichkeit gefunden zu haben, die tapfer und treu und geschickt das Amt weiterführen wird.«[35] Aus dem Jugendpfarramt sollte sich nach dem Zweiten Weltkrieg das Evangelische Jugendwerk an der Saar entwickeln.

Auseinandersetzungen um die französische Domanialschule

Mochte der Ausbau der Jugendseelsorge ein Erfolg gewesen sein, so wog dies den parallel entbrannten »Schulkampf« nicht auf. Der Versailler Vertrag erlaubte es dem französischen Staat, im Saargebiet eigene Schulen zu unterhalten.[36] Diese sollten den Beschäftigten der französischen Grubenverwaltung offen stehen. Die saarländischen Gruben selbst unterstanden der Administration des mines domaniales françaises. Als die Grubenverwaltung einen Teil ihrer Schulen auch deutschen Volksschulkindern öffnete, schlugen die Wogen der Empörung hoch. Und obwohl nur höchstens 4,5 % aller Volksschüler die Domanialschule besuchten, wurde der Schulkampf neben dem Bergarbeiterstreik und der französischen Truppenbesetzung einer der Hauptkonflikte während der Völkerbundszeit.

Aus den beiden Saarkirchenkreisen traten am 16. Januar 1923 zuerst eine Pfarrer- und Presbyterkonferenz[37] und am 5. März die Kreissynoden zu gemeinsamer Tagung zusammen: »In ernster Sorge warnen wir alle evangelischen Väter und Mütter, ihre Kinder aus irgend welchen Gründen unseren bewährten evangelischen Volksschulen zu entziehen. Unsere Volksschulen sind dem Charakter der deutsch-protestantischen Vergangenheit und dem Aufbau unseres evangelischen Volkes angepaßt und für Gemeinde, Kirche und evangelisches Volkstum von der höchsten Bedeutung. Wir halten daran fest, daß das Kleinod unserer bewährten Volksschule nicht angetastet werden darf, aber durch die Errichtung der ganz anders gearteten französischen Schulen ernstlich gefährdet ist. Nicht nur unsere evangelischen Gemeinden und unser evangelisches Volkstum, sondern auch der Charakter unserer Kinder und ihr religiöses Heimatgefühl sind bedroht! Das legt Eltern, Gemeinden und Geistlichen schwere Verantwortung auf! Ein nebenbei erteilter religiöser Unterricht bietet keinen Ersatz für die durch die ganze Schule hindurch gehende religiöse Erziehung. Deshalb lehnen die evangelischen Geistlichen die Erteilung des Religionsunterrichts an die Kinder der französischen Schulen auch da, wo es bisher aus Not geschehen ist, fortan unbedingt ab und verweisen die Eltern auf den ordnungsmäßigen Unterricht in Volksschule und Kirche.«[38] Die Kirchenkreise sahen ihren Einfluss auf die Kindererziehung und damit auf die Eltern schwinden, und auch auf höchster Ebene sah man sich zu einer klaren Stellungnahme gezwungen.[39] »Die französische Bergwerksverwaltung im Saargebiet hat in letzter Zeit wieder in verstärktem Maße und mit aller, in ihrer rechtlichen Zulässigkeiten zweifelhaften, sittlich jedenfalls unzulässigen Mitteln die Werbung für die französischen Bergwerksschulen unter den von ihr anhängigen Bergarbeitern aufgenommen, namentlich auch im Warndtgebiet, welches auf dem Wege der Abstimmung für Frankreich zu gewinnen man sich in französischen Kreisen immer noch Hoffnung macht«[40], berichtete das Konsistorium an den EOK im März 1931.

Der Geheime Kommerzienrat und Großindustrielle Hermann Röchling konnte im Oktober 1934 Entwarnung geben, als er Superintendent Imig in seinem Bericht[41] über den Stand der Domanialschulen darüber informierte, dass die Schülerzahlen im Sinken begriffen waren. Imig gab dies dem Konsistorium weiter. Röchling als Exponent einer für die Rückkehr zum Reich agierenden Politik musste sich freilich am 7. Dezember 1933 vor dem Landgericht Saarbrücken und am 8. Februar 1934 vor dem Obersten Gerichtshof in Saarlouis verteidigen.

Im Zwielicht der Saarpropaganda

Während das Saargebiet unter der Obhut des Völkerbundes stand, bildeten sich im Deutschen Reich die Saarvereine.[42] Schon der Saargebietsschutz hatte in Erwägung gezogen, Theologen beider Konfessionen als Multiplikatoren der anlaufenden Saarpropaganda heranzuziehen. Es gab jedoch keine konkreten Absprachen, wie die Kooperation der Geschäftsstelle »Saar-Verein« mit der Pfarrerschaft hätte geregelt werden sollen. Daher wandte sich die Geschäftsstelle 1926 direkt an den Evangelischen Oberkirchenrat in Berlin mit der Bitte, die Arbeit des Bundes zu fördern. Zwei Modelle für eine Zusammenarbeit waren angedacht worden: Entweder sollten die Pfarrer von den Ortsgruppen des Bundes das notwendige Material für entsprechende Vorträge und Lichtbildervorführungen beziehen, oder es sollten Vertreter des Bundes der Saarvereine in von Pfarrern organisierten Zusammenkünften selbst ihre Vorträge halten.

Der Präsident des Evangelischen Oberkirchenrates in Berlin, Dr. Hermann Kapler, nahm das Anliegen der Geschäftsstelle »Saar-Verein« dankbar auf und ermutigte die preußischen Konsistorien, »wenn sie von des Saarvereins Stellen um ihre Unterstützung für die vorbezeichneten Bestrebungen angegangen werden, sich dieser nicht zu versagen.«[43]

Der Appell verhallte offenbar wirkungslos, denn er wird in den Vereinsberichten ebenso wenig erwähnt wie im Publikationsorgan »Saar-Freund«. Um dem »Saar-Freund« auf dem Weg über die Pfarrerschaft im Saargebiet eine gewisse Verbreitung zu verschaffen, kam es im Jahr darauf zu einer neuen Initiative. Auch sie brachte nicht den gewünschten Durchbruch: Nur eine einzige katholische Pfarrei von 170 angeschriebenen ging auf das Angebot ein. Von den rund 130 am 21. Mai 1927 angeschriebenen evangelischen Kirchengemeinden liegt überhaupt keine Reaktion vor.

Auf persönlicher Ebene gab es gute Beziehungen der Geschäftsstelle zu einigen saarländischen Pfarrern, von denen die Saarvereine erstmals im Rahmen der Flüchtlingsfürsorge Anfang der 20-er Jahre profitierten. In den folgenden Jahren traten immer wieder Pfarrer auf Kundgebungen der Saarvereine auf oder unterzeichneten Rundschreiben des Bundes. Das Koblenzer Konsistorium erwartete sich von der geplanten Agitation – so in einem Schreiben vom 20. Februar 1926 – wenig Erfolg, allzumal die Beziehung zwischen der Rheinprovinz und dem Saargebiet ohnehin schon als sehr nahe galt.

Zu den wichtigsten Kontaktpersonen der Geschäftsstelle »Saar-Verein« zählte Heinrich Becker, der seit 1897 in Neunkirchen/Saar zuerst als Hilfsprediger, dann bis zur Emeritierung 1937 als Pfarrer Dienst tat. Becker kämpfte vehement gegen die französisch dominierte Schulpolitik und verfasste dazu zahlreiche Artikel für den »Saar-Freund«. Er engagierte sich außerdem als Vortragsredner sowohl vor akademischem Publikum als auch vor den Ortsgruppen des Bundes. Auf Bundestagungen in Würzburg (1927) und in Münster (1929) referierte Heinrich Becker und wurde – nicht unerwartet – wegen seines Engagements in der Saarfrage zum Ehrenmitglied des Bundes ernannt. Sein ausdrücklich positives Votum im Preußischen Abgeordnetenhaus sowie sein Statement in der »Vossischen Zeitung« mögen dazu beigetragen haben: »Ich bin der Meinung: Wenn es keinen ›Saar-Verein‹ gäbe, müßte er schleunigst gegründet werden; und wenn er als lästiger Mahner manchem der Ruhe gern Pflegenden auf das politische Gewissen fällt, so ist das der schlagendste Beweis für die Notwendigkeit seines Daseins. Jedenfalls hat das Saargebiet, das immer schwereren Zeiten entgegengeht, mehr als je einen so wirkungsvollen Interessenvertreter, wie es der ›Saar-Verein‹ ist, dringend nötig.«[44] Von Becker, der in späteren Jahren auch dem Saarausschuss der Reichsregierung angehörte, erfuhr die Geschäftsstelle »Saar-Verein« zeitnah von den dort vorgetragenen Themen. Becker betont dort, »daß die einzige Organisation, die bis jetzt in würdiger und wirkungsvoller Weise die Interessen des Saargebietes vertreten hat, der Saarverein gewesen ist. Wieviel er für uns getan hat, das können Sie lange nicht so beurteilen, wie wir im Saargebiet. Deshalb haben wir vom Saargebiet den Wunsch, daß der Saarverein nicht als eine Winkelsache oder als eine Liebhabersache angesehen wird, sondern als eine Notwendigkeit für unser Saargebiet.«[45]

Die Tatsache, dass die Saarvereine überwiegend von Evangelischen geleitet wurden, war ein gewisses Hemmnis im 70% katholischen Saargebiet. Um wirklich die breite Masse zu erreichen, bedurfte es der Überwindung der Konfessionsgrenzen. Mit Heinrich Becker gemeinsam war der Saarbrücker katholische Pfarrer Dr. Johannes Schlich in Würzburg zum Ehrenmitglied des Bundes ernannt worden. Der national-monarchisch gesinnte Schlich – nach seiner Weihe in Freiburg promoviert – betreute seit 1913 die Pfarrei St. Jakob, die erste katholische Pfarrei in Alt-Saarbrücken seit der Reformation. 1920 schon geriet er in den Verdacht, mit dem Heimatdienst zu kooperieren. Nachdem er dann auf der umstrittenen Kölner Bundestagung 1926 eine Rede über »Die politische Seite der Saarfrage« gehalten hatte, führten neuerliche Ansprachen vor zwei Ortsgruppen des Bundes zu einer Beschwerde der Regierungskommission bei dem Trierer Ordinarius Erzbischof Rudolf Bornewasser. Nunmehr zur Zurückhaltung aufgefordert, trat Schlich erneut 1931 vor der Württembergischen Saarvereinigung auf. Da er jedoch zum aufkommenden Nationalsozialismus auf deutliche Distanz ging, wurde er von deutscher Seite bezichtigt, mit dem jetzigen Zustand des Saargebietes einverstanden zu sein, während die Regierungskommission Ende 1935 seine Ausweisung verfügte. Pfarrer Becker in Neunkirchen blieb derweil ungeschoren.

Die Kirchenwahlen 1933 und die erste Saarabstimmung 1935

Am 20. Januar 1933 schrieb Konsistorialrat Richard Spieß an den Evangelischen Oberkirchenrat nach Berlin, dass die Pfarreien im Saargebiet Listen vorbereiteten, wer aus den Gemeinden verzogen wäre. Diesen Leuten sollte die Möglichkeit eröffnet werden, an der nahenden Saarabstimmung am 13. Januar 1935 teilzunehmen.[46] Das Verfahren war an sich noch nicht ungewöhnlich. Doch an ganz anderer Stelle sollte die neuerliche Krise an der Saar evident werden: Superintendent Nold setzte sich am 4. Juli 1933 wegen der angeordneten Beflaggung der Kirchen anlässlich der Kirchenwahlen mit dem Konsistorium auseinander: »Am Samstag Mittag gegen 2 Uhr erhielt ich, entgegen den früheren Abmachungen das Telegramm ›Kirchen des Saargebiets flaggen morgen wie Rheinland. Konsistorium‹. Daraufhin habe ich in Ausführung der Anordnung des Konsistoriums dies Telegramm an alle Pfarrämter telefonisch mitgeteilt. Ich lehne die Verantwortung für etwaige aus dieser Anordnung entstehende Folgen hierdurch noch einmal ausdrücklich ab, wie ich das vorher selbst und durch meinen Vertreter wiederholt getan habe.«[47] Nold versuchte deutlich zu machen, dass im Saargebiet keine Kirchenwahlen stattfinden konnten, die auf Anweisung einer reichsdeutschen Stelle geschähen. Ein solcher Vorgang müsse in der Regierungskommission als Provokation verstanden werden. Nold betonte: »Wenn der Staatskommissar für die evangelischen Gemeinden an der Saar keine Geltung habe, auch die Presbyterien nicht aufgelöst würden, sei die Sache in Ordnung; im andern Falle müsse die Saarregierung ihre Massnahmen ergreifen.«[48]

Superintendent Karl Imig (1864–1939).
Foto: Ev. Stift St. Arnual

Genau an dieser Stelle aber bekam der Superintendent Ärger mit dem DC-Führer Gustav Adolf Müller in Saarbrücken, der »für die evangelischen-kirchlichen Angelegenheiten des Saargebietes zuständig sei als Generalbevollmächtigter des Evangelischen Oberkirchenrates.«[49] Dass die evangelischen Gemeinden im Saargebiet Deutschland und der deutschen Kirche verbunden sein wollten, sei unstrittig, aber die Lage »erfordert ein grosses Mass an Festigkeit und politischer Klugheit. Deshalb ist es untragbar, wenn von Leuten, die die innersten Zusammenhänge nicht genügend kennen, diese schwere verantwortungsvolle Arbeit gestört wird.«[50]

Die Regierungskommission behauptete ihre Zuständigkeit und teilte am 19. Juli lapidar mit, dass im Saargebiet keine Kirchenwahlen stattfinden könnten, weil die Presbyterien und Kreissynoden nach wie vor im Amt seien. Das Konsistorium hakte nach, ordnete Wahlen durch Notverordnung an und terminierte sie in einer Sonderausgabe des Kirchlichen Amtsblattes auf den 30. Juli 1933. Superintendent Nold wurde am 24. Juli 1933 zu Minister Dr. Milovan Zoricic und Direktor Bequér einbestellt und bekam die ganze Verärgerung der Regierungskommission zu spüren. Die Wahlen fanden nicht statt.[51]

Hatten sich die Pfarrer der Synode Saarbrücken am Tage der Kirchenwahlen im Reich ausdrücklich durch eine Anzeige in der Saarbrücker Zeitung von den Deutschen Christen distanziert, so äußerte sich der Superintendent der Synode St. Johann, Karl Imig, in Person zwar in die gleiche Richtung, doch unterließ die St. Johanner Pfarrerschaft nicht nur ein öffentliches Bekenntnis, sondern einzelne Pfarrer standen den Deutschen Christen sogar häufig sehr nahe.[52] Die Stunde der Deutschen Christen sollte freilich erst kommen, wenn das Regiment des Völkerbundes an der Saar zu Ende gehen sollte. 90,3 % der Wahlberechtigten stimmten am 13. Januar 1935 für die Rückgliederung an das Deutsche Reich, wo seit 1933 Adolf Hitler am Werk war. Die Probleme sollten also erst beginnen.

Der Tod Hubert Nolds

Superintendent Dr. Hubert Nold, der seit 1929 stellvertretender Vorsitzender des Provinzialkirchenrates im Rheinland war, starb völlig überraschend am 16. Mai 1935 in Burbach. Sein Leichnam wurde in der Matthäuskirche in Burbach aufgebahrt und der Gottesdienst durch die Rundfunkgesellschaft auf den Platz vor der Kirche übertragen.[53] Die Leichenpredigt hielt Synodalassessor Philipp Bleek. In dem Trauergottesdienst sprachen dann nur noch Vertreter der Kirchenleitung, alle anderen Voten fanden am Grab statt. Hubert Nold hinterließ mehr als eine Lücke.

1.2 Evangelische Kirche in der NS-Zeit 1935–1945 – Philipp Bleek und Otto Wehr

Die Auseinandersetzung mit den Deutschen Christen

Neben Hubert Nold und seinem Synodalassessor Philipp Bleek[54] waren es die Alt-Saarbrücker Pfarrer Otto Wehr[55], Otto Weißer und Eduard Heinz[56], die die Lage durch das Auftreten der Deutschen Christen richtig einzuschätzen wussten.[57] Der Textilhändler Gustav Adolf Müller, das Haupt der Deutschen Christen, den Wehr etwas respektlos »Höschen-Müller« nannte, saß selbst in Wehrs Gemeinde. Müller denunzierte unablässig unliebsame Pfarrer bei Parteistellen und drohte Repressalien an. Sein Verhalten beförderte, dass sich die beiden Saarsynoden im Frühjahr 1933 gegen die Machenschaften und gegen die Irrlehren der Deutschen Christen wandten. Auf der Saarbrücker Synode 1933 referierte Wehr über die kirchliche Lage und formulierte Grundsätze, die in der Folge den Kirchenkampf an der Saar bestimmen sollten. Zentral war seine Zurückweisung eines Lehrsatzes der Deutschen Christen, wonach die Deutsche Reichskirche eine Kirche der arischen Rasse sein solle. Zusammen mit den rheinischen Pfarrern Heinrich Held, Joachim Beckmann und Paul Humburg stellte sich Wehr im Juli 1933 unter dem Motto »Kirche und Evangelium« der Auseinandersetzung mit den Deutschen Christen. Mit dem Malstatter Pfarrer Theodor Bronisch sammelte Otto Wehr am 13. Oktober 1933 die evangelische Pfarrerschaft im Saargebiet zum »Pfarrernotbund«, dessen Führung Wehr übernahm und den er im Reichsbruderrat vertrat.[58] Seine Absicht, eine Geschichte des Kirchenkampfes an der Saar zu schreiben, konnte Otto Wehr nicht mehr verwirklichen. Aber er dokumentierte den Streit um die Besetzung der Fechinger Pfarrstelle und seine Begegnung mit Kurt Gerstein[59] und hinterließ ein umfassendes Archiv.

1934 reiste Otto Wehr als einziger Vertreter des Saargebietes zur Barmer Bekenntnissynode. Das in Barmen formulierte Bekenntnis brachte Wehr nach Saarbrücken und machte es auf einer Bekenntnissynode am 1. Juli 1934 in der Saarbrücker Schlosskirche publik.

Synodalassessor Philipp Bleek (1878–1948). Foto: Ev. Stift St. Arnual

Der fünfte Beschluss der Saarbrücker Bekenntnissynode lautete: »Die Bekenntnissynode steht in geschlossener Einheit im Kampf um die Rückkehr des Saargebietes zum Reich. Unsere Treue gegen unser Volk und Staat wurzelt in dem unüberbietbaren Gehorsam gegen Gottes Wort, das nicht gestattet, heimliche Vorbehalte zu machen, vielmehr unsere Treue und Hingabe unter die letzte Verantwortung vor dem heiligen Gott stellt.«[60]

Die Vertreter der Deutschen Christen diffamierten Wehr und andere BK-Pfarrer an der Saar im Blick auf die Rückgliederung des Saargebietes dennoch als »vaterlandslose Gesellen« bzw. als »Vertreter separatkirchlicher Tendenzen«. Vorsichtige Sondierungen der katholischen Kreise um den späteren saarländischen Ministerpräsidenten Johannes Hoffmann um Beibehaltung des Status quo für die Dauer der braunen Diktatur in Deutschland wiesen die evangelischen Pfarrer aller Couleur scharf zurück. Gemeinsam mit Philipp Bleek bemühte sich Otto Wehr aber um die Anerkennung der Ersten Vorläufigen Kirchenleitung. Der Saarverband der Frauenhilfe schloss sich unter Leitung von Ida Obenauer der Bekennenden Kirche an. Und auch in der Synode St. Johann bildete sich im Herbst 1934 ein eigener Bruderrat. Am 2. Dezember tagte in Dirmingen eine erste Bekenntnissynode für den Kirchenkreis St. Johann.

So ging die Ablehnung der Deutschen Christen an der Saar nicht einher mit einer Ablehnung des NS-Staates. Und weil der DC-Führer Müller einen Feind im NSDAP-Gauleiter und Beauftragten der Reichsregierung für das Saargebiet Josef Bürckel hatte, nutzte die evangelische Pfarrerschaft rasch diesen Konflikt und schlug sich auf Bürckels Seite, von wo sie sich Hilfe versprach. Es wird vermutet, dass der Großindustrielle Hermann Röchling den Kontakt der Pfarrerschaft zu Bürckel vermittelt hatte.[61] Einzig Otto Wehr hatte Bedenken im Blick auf das Verhältnis von Kirche und Staat. Er gewann Synodalassessor Philipp Bleek und den Saarlouiser Pfarrer Karl Roderich Richter[62] dafür, unter dem Datum des 17. September 1934 einen Brief an Adolf Hitler persönlich zu schreiben. Mehr als eine Empfangsbestätigung erhielten die Pfarrer freilich nicht.[63]

Das eigenwillige Verhältnis zwischen Partei, Staat und Kirche fand seinen Ausdruck in der »Vereinbarung zur Sicherung der guten Zusammenarbeit zwischen Partei, Staat und Kirche« vom 24./25. April 1935, die auf der Ebene der Provinzialkirche keine Entsprechung hatte.[64] Hier dokumentierte sich ganz offen die Ablehnung der Deutschen Christen durch den Gauleiter Josef Bürckel. Assessor Bleek unterzeichnete für Saarbrücken, Assessor Hermann Alsdorf für St. Johann. Das Konsistorium stand außen vor.

Die Einsetzung des Superintendenturverwalters Karl Roderich Richter

Als im Oktober 1935 Reichskirchenminister Hanns Kerrl Kirchenausschüsse einsetzte, wurden, wie Bleek an den rheinischen Bruderrat berichtete, von den 22 BK-Pfarrern »sieben weich«. Das Konsistorium nutzte die zerbröckelnden BK-Linien an der Saar und machte den Saarlouiser Pfarrer Karl Roderich Richter zum Vorsitzenden eines Kreiskirchenausschusses, der den bisher unter Assessor Bleek[65] amtierenden Kreissynodalvorstand aushebeln sollte. Otto Wehr führte nun die radikalen Gegner des Kirchenregimentes; er berief für den 3. Mai 1936 eine zweite Saarbrücker Bekenntnissynode nach Malstatt und erlebte, dass nicht nur Richter die Legitimität dieser Synode bestritt, sondern auch Karl Friedrich Zickwolff, Pfarrer in Dillingen und späterer Superintendent der Synode Völklingen.[66]

Der Konflikt zwischen dem Konsistorium und den BK-Pfarrern an der Saar war nicht mehr aufzuhalten und spitzte sich zu in der Auseinandersetzung um die Pfarrstelle von Fechingen (heute Saarbrücken).[67] Das Besetzungsrecht des willkürlich veränderten und somit nicht mehr verfassungsgemäßen Konsistoriums lehnte man an der Saar ab. Synodalassessor Philipp Bleek führte am 14. Juni 1936 Pfarrer Anton Eissen ein, dem das Konsistorium jedoch die Bestätigung verweigerte. Wehr förderte aufgrund seiner calvinistischen Prägung den Widerstand gegen das Kirchenregiment; nicht alle BK-Pfarrer der beiden Saarsynoden vermochten ihm aber zu folgen, wodurch zwei Lager entstanden. Tumultuarische Zustände herrschten, als Assessor Bleek die Einführung des für Fechingen vorgesehenen Kandidaten des Konsistoriums verhinderte, der dann aber am 20. September 1936 von einem Konsistorialrat installiert wurde.

Mitten in diesem heillosen Durcheinander, im Juni 1936, wurden die BK-Gemeinden an der Saar von Pfarrer Johannes Wolff aus Wittbrietzen/Neumark und Pfarrer Fuchs aus Bethen/Oberschlesien visitiert. Im Bericht heißt es: »Das Saargebiet stellt im Vergleich zum Reich eine ruhige Insel dar. Der Druck, unter dem die Kirche in der Mark leidet, fällt sehr stark fort. Ob daran schuld ist, daß Bürckel katholisch ist oder ob es eben das Grenzgebiet ist. [...] Auf der anderen Seite ist die Scheidung von den DC klarer von der Lehre her vollzogen, die DC sind Abtrünnige, die ihren Glauben an den Herrn Christus aufgegeben haben und darum sich von der Gemeinde losgelöst haben.«[68] Ein in vieler Hinsicht erstaunliches Votum.

Assessor Bleek wurde am 27. Juni 1937 zum ersten Mal inhaftiert und am 28. Februar 1938 des Landes verwiesen. Ein Strafverfahren gegen Pfarrer Wehr zog sich hin. Trotz ständiger Verhöre vor der Gestapo wurde Otto Wehr jedoch nie verhaftet, so dass er die 3. Saarbrücker Bekenntnissynode 1937 in Fischbach abhalten konnte. Auf der Grundlage des Amnestiegesetzes vom 30. April 1938 wurde das Verfahren gegen Otto Wehr am 6. März 1940 eingestellt.[69] Nach Bleeks Abschiebung sah sich Wehr, der das Amt des stellvertretenden Synodalassessors der Synode Saarbrücken inne hatte, als legitimer Sachwalter der Kirche an der Saar. Die sog. neutralen Pfarrer erkannten Wehr allerdings nicht an.

Als eine Verwandte von Wehrs Vorgänger Julius Ebeling in der Heilanstalt Hadamar dem nationalsozialistischen Euthanasieprogramm zum Opfer gefallen war, wandte sich der Bergassessor Dipl. Ing. Kurt Gerstein an Wehr und erläuterte ihm sein Ansinnen, in die SS einzutreten, um deren Machenschaften auszuspionieren.[70] Wehr riet dringend von diesem selbstmörderischen Unterfangen ab; Gerstein ließ sich nicht beirren und berichtete Wehr bald darauf von den Vorgängen in Belcec, Maidanek und Treblinka, und dass er diese Erkenntnisse dem schwedischen Botschafter und schließlich dem Heiligen Stuhl weitergegeben hatte. Das Fortschreiten des Krieges und die Evakuierung der Saargegend zerschnitten die Bande zu Gerstein, der bis heute umstritten ist, an dem Otto Wehr jedoch nie zweifelte.[71]

1.3 Evangelische Kirche im Saarstaat 1945–1955 – Der Bevollmächtigte Otto Wehr

Das Verhältnis zu Militärgouverneur Gilbert Grandval

Bereits Ende September 1944 war der Geschützdonner der nahenden Front an der Saar zu hören. Die Bevölkerung wurde ein zweites Mal evakuiert, doch folgten viele dem Räumungsbefehl nicht und versteckte sich in Stollen und Kellern. Bis zum 31. März 1945 besetzten amerikanische Truppen das gesamte Gebiet des heutigen Saarlandes; die Erleichterung über das Ende der Kampfhandlungen war groß. Ab dem 27. Juli 1945 übernahm die französische Militärregierung die Verwaltung des Saarlandes.

Offenbar früh kamen der französische Militärgouverneur Gilbert Grandval und der am 4. Mai 1945 durch den US-Oberbefehlshaber Oberst Louis G. Kelly zum Saarbrücker Regierungspräsident ernannte Hans Neureuter überein, dass es für die Rheinische Kirche eines Bevollmächtigten bei der Militär- und Zivilregierung bedurfte. Ihre Wahl fiel auf

Otto Wehr. Neureuter vermittelte ein Gespräch im Gebäude der Militärregierung für den 19. Oktober, an dem neben Grandval und Neureuter Joachim Beckmann, Helmut Rößler, Otto Wehr sowie der Präfekt für die Zivilverwaltung des Saargebietes, Colonel Kuenz, als Dolmetscher teilnahmen. Die Vertreter der Kirchenleitung notierten: »Es wurde von uns vorgetragen, dass wir, einer Anregung des Herrn Regierungspräsidenten folgend, beschlossen hätten, eine einheitliche Vertretung der evangelischen Gemeinden im Saargebiet zu schaffen. Wir hätten demgemäß den Pfarrer Wehr-Saarbrücken zum bevollmächtigten Vertreter der Leitung der Evangelischen Kirche der Rheinprovinz bestellt.«[72] Der französischen Seite wurde folgendes Leumundszeugnis vorgelegt: »Auf die Frage nach der Person des Pfarrers Wehr wurde dem Herrn Militärgouverneur (Colonel Grandval) erklärt, dass es sich bei ihm um den Führer der Bekenntniskirche im Saargebiet handele, wobei erläutert wurde, dass die Bekenntniskirche diejenige kirchliche Bewegung sei, die im Widerstand gegen den Versuch der NS-Regierung, die Kirche, ihre Botschaft und Ordnung, unter ihre Botmäßigkeit zu bringen, gestanden hätte. Der Präfekt übersetzte mit folgender Formulierung: ›Opposition ecclèstiastique contre l'absorption des églises protestantes par le national-socialisme‹.«[73] Seitens der französischen Militärregierung stimmte man der Personenwahl zu, doch wurde betont, man wolle auch die pfälzischen Gemeinden durch denselben Vertreter der Kirche repräsentiert wissen. Der Empfang dauerte nur zwanzig Minuten.

Am 15. November 1945 erfolgte die Bevollmächtigung Wehrs. Anfangs wurde ein Landeskirchenoberinspektor namens Schmidt zum Büroleiter bestellt – die Dienstanweisung datiert auf den 26. Januar 1949 –, denn jedem Monat war ein Bericht an die Kirchenleitung zu schreiben und von allen Verfügungen gingen immer zwei Exemplare nach Saarbrücken.[74] Aber bereits am 6. Februar 1952 wurde Schmidt abberufen, weil er nicht viel zu tun hatte. Wehr agierte alleine. In einem Bericht vom 6. Februar 1952 heißt: »Mit dem Büro des Bevollmächtigten ist das der Superintendentur Saarbrücken verbunden. Neben der Sekretärin, Frl. Gertrud Vogel, ist noch eine weitere Stenotypistin dort tätig- Der Gesamteindruck war ein durchaus guter.«[75]

Der Wunsch des Militärgouverneurs Gilbert Grandval, Wehr möge auch die pfälzischen Gemeinden im Saarland vertreten, wurde im Einvernehmen mit den zuständigen Dekanaten und dem Landeskirchenamt in Speyer erfüllt. Grandval erhoffte sich zweifelsfrei die Gründung einer Église protestante autonome de la Sarre.[76] Und so stand es dann auch prompt in dem in Bad Ems erscheinenden »Mittelrheinischen Kurier« Nr. 59 vom 23. Dezember 1945. Wehr stellte den Sachverhalt richtig.[77]

Trotz der sehr unterschiedlichen Interessen vermochte sich Otto Wehr mit dem französischen Militärgouverneur Gilbert Grandval zu arrangieren. Nachdem Landesbischof Theophil Wurm und Martin Niemöller als Repräsentanten der noch jungen EKD in Saarbrücken gewesen waren, schrieb Otto Wehr am 31. Dezember 1946 dankbar an Grandval: »En regardant l'année passée, je me souviens d'un coeur plein de gratitude de votre grand intérêt pour l'Église Evangélique, que vous avez montré vis-à-vis de moi et des représentants de l'Église Evangélique en Rhénanie comme surtout vis-à-vis de Son Eminence, Mgr. l'Evêque D. Wurm et le Président du Bureau des Affaires Etrangères de l'Église, Mr. le pasteur D. Niemöller.«[78] Und etwas schmeichelnd: »Tous les représentants de l'Église Evangélique, qui avaient l'honneur de faire votre connaissance au cours des audiences, étaient fort impressionnés votre amabilité cordiale, avec la quelle vous les avez reçus.«[79]

Trotz aller freundlichen Gesten hatte die französische Militärregierung ihre liebe Not mit dem evangelischen Kirchenwesen, das so ganz und gar nicht ins französische Weltbild passte. So kam es 1947 zu einem Briefwechsel zu den Fragen: Wer darf die Pfarrer ernennen? Wem gehören die Kirchen? Was gibt es für andere evangelische Denominationen. Otto Wehr nannte in seinem Brief[80] vom 14. Januar 1946 die Alt-Lutheraner, die Methodisten, die Stadtmission und die Pilgermission St. Chrischona als an der Saar tätig und zählte auf, welche diakonischen Einrichtungen die evangelischen Gemeinden an der Saar unterhielten: 26 Gemeindeschwesternstationen, achtzehn Kindergärten, das evangelische Krankenhaus in Saarbrücken, das Fliedner-Krankenhaus in Neunkirchen, das Paul-Marien-Stift in Saarbrücken, das evangelische Siechenhaus und das evangelische Versorgungshaus in Saarbrücken, das evangelische Altenheim in Neunkirchen, das Landheim Wiesbach der Frauenhilfe und das evangelische Kinderheim in Holz. In diesen Einrichtungen waren 56 Kaiserswerther, dreizehn Kreuznacher, sechzig Speyerer, vierzehn Zehlendorfer Diakonissen mit weiteren zwanzig Schülerinnen, acht Marburger Diakonissen, eine Landpflegerin, neun Frauenhilfsschwestern, vierzig Erzieherinnen und sieben Fürsorgerinnen im Dienst der Liebe tätig.

Die Reibungsverluste waren bei allem Bemühen beachtlich: So musste im Februar 1947 geklärt werden, ob und wie neu ernannte Geistliche aus dem Rheinland überhaupt im Saarland einreisen durften.[81] Und im Oktober konnten die saarländischen Presbyter der Kirchengemeinden im Kirchenkreis Birkenfeld nicht an der Tagung ihrer Kreissynode teilnehmen, da zumindest ihnen die Ausreise aus dem Saarland zu diesem Zweck verwehrt worden war. Die Kirchenleitung schrieb auf Wehrs Drängen an die Militärregierung: »Depuis toujours les paroisses de Nohfelden, Sötern-Bosen et Wolfersweiler appartiennent à la Kreis-communité evangélique de Birkenfeld. Ce pendant les susdites paroisses se trouvent actuellement au territoire de la Sarre. Cette fixation de la frontière politique a eu pour conséquence pour la session synodale de la Kreis-communité de Birkenfeld du 23 septembre 1948, que les paroisses ne pouvaient pas être representées au Synode par les envoyés de leur conseil presbytéral, comme stipulé dans nôtre Kirchenordnung. Les pasteurs seules pouvaient y participer.«[82]

Die alltäglichen Probleme verlangten eine grundsätzliche Klärung. So wandte sich Paul Graf Yorck von Wartenburg für das Kirchliche Hilfswerk am 31. Januar 1949 an den pfälzischen Kirchenpräsident D. Hans Stempel in Speyer und legte ihm ein Exposé vor, dass sich mit der kirchlichen Komponente der Saarfrage beschäftigte. Darin heißt es: »Die evangelische Christenheit des Saargebietes wird nie imstande sein, aus ihren Reihen die Pfarrerschaft und Lehrerschaft, ja nicht einmal die Diakone und Diakonissen zu stellen, deren sie zu ihrem kirchlichen Leben bedarf. Sie wird also zu allen Zeiten auf einen Nachschub solcher Träger kirchlichen Dienstes aus den pfälzischen und rheinischen Stammgebieten angewiesen sein.«[83] Die Nähe zur Denkschrift von Herbert du Mesnil aus dem Jahre 1919 ist nicht erstaunlich. Graf Yorck erläuterte im Folgenden, dass zuerst die Einschränkungen im Grenzverkehr beseitigt werden müssten, dass »durch eine generelle Verfügung die Passbestimmungen für die kirchlichen Diener zu erleichtern«[84] seien. Analog müsse der Geldverkehr ermöglicht werden: »Die heutigen Transferbestimmungen schliessen eine geordnete Finanzwirtschaft und den Aufbau des zerstörten Kirchengutes aus und bedeuten eine tödliche Beschränkung der ökonomischen Freiheit der Evangelischen Kirche. Ihnen zufolge ist es der Kirchenleitung nicht einmal möglich, über das Kirchensteueraufkommen der saarländischen Gemeinden eine Genehmigung des Office des Changes zu verfügen. Sie ist einzig in der Lage, die Besoldung der Geistlichen[85] und sonstigen Kirchenbediensteten sowie die Ruhestandsversorgung ohne besondere Genehmigung vorzunehmen«.[86]

Auf diese deutliche Analyse hin schrieb Kirchenpräsident Stempel am 1. März 1949 an Graf Yorck: »Der kirchlich zur pfälzischen Kirche gehörende Teil des Saarlandes ist zu klein, als dass er eine ernste Garantie dafür bieten könnte, dass der für dieses Gebiet benötigte theologische Nachwuchs allein aus ihm gewonnen werden könnte. Der Herübernahme von Kandidaten aus dem saar-rheinischen Kirchengebiet in das saarpfälzische und dem umgekehrten Verfahren, steht die Bekenntnisverschiedenheit beider Kirchen entgegen.«[87] Im Blick auf die Finanzlage zeigte sich der Kirchenpräsident optimistisch, dass die saarländischen Gemeinden der Pfälzischen Kirche ihre Aufgaben erfüllen könnten, aber die Situation an der Grenze sei unhaltbar, weil auch die pfälzische Kirchenleitung ungehinderten Zugang zum Saarland benötigte.

Der Neubeginn evangelischen Lebens an der Saar

Otto Wehr lieferte in seiner Funktion als Bevollmächtigter den Kirchenleitungen zu Beginn des Jahres 1947 drei Berichte »über die Lage der evangelischen Gemeinde an der Saar«. Darin heißt es etwa zur Frage der Pressefreiheit: »Die geistige Abschnürung des Saargebietes erschwert den saarländischen Gemeinden eine klare Erkenntnis der politischen und kirchlichen Situation in Deutschland. Ausserhalb des Saargebietes gedruckte

Zeitungen sind nicht zugelassen, ebensowenig Zeitschriften. Bücher können nur inoffiziell ins Saargebiet gelangen. Die Kirchenleitung muss dafür Sorge tragen, dass die Erzeugnisse der kirchlichen Presse und der theologischen Vorgänge dem Saargebiet zugeführt werden.«[88] Die Wiederbelebung des »Sonntagsgrußes«, des evangelischen Wochenblattes an der Saar, stand weit oben auf der Agenda Wehrs.

Im Blick auf einen kirchenpolitischen Neubeginn konnte Otto Wehr die Entnazifizierung der Pfarrerschaft selbst organisieren. Dank seines Verhandlungsgeschickes hatte ihm die französische Militärregierung diese Aufgabe überlassen. Wehr schuf einen sechsköpfigen Ausschuss, der in zwei Fällen für eine Versetzung innerhalb des Saarlandes und in zwei Fällen für eine Versetzung außerhalb des Saarlandes votierte.[89] Drei DC-Pfarrer waren nach Kriegsende nicht mehr in ihre Gemeinden zurückgekehrt.

Ein Ansporn für das erwachende evangelische Leben war eine evangelisch-ökumenische Tagung am 4. Februar 1947 im Kreisständehaus in Saarbrücken, an der achtzig Pfarrer aus der rheinischen, der pfälzischen, der alt-lutherischen und der methodistischen Kirche teilnahmen sowie Vertreter der Stadtmission und der Pilgermission St. Chrischona. Höhepunkt der Veranstaltung war die Rede von Marc Boegner, seit 1938 Präsident der Nationalsynode der Église reformé de France und Mitglied der Résistance: »Dabei überbrachte er die Grüsse der vereinten evangelischen Kirchen in Frankreich und bemerkte, dass sie dort die besonders schwere und spannungsreiche Lage der Evangelischen des Saarlandes nicht vergässen und sowohl die evangelischen Kirchen in Frankreich wie auch der ökumenische Rat die evangelische Kirche des Saarlandes nicht im Stich lassen würden.«[90] Solchermaßen ermutigt, suchte Wehr das Gespräch mit Grandval und machte ihm deutlich: »Die Forderung, dass nur im Saarland geborene Pfarrer tätig werden könnten, bedeutet die Verkümmerung und Austrocknung dieser Kirche.«[91] Otto Wehr gelang es, im Kontakt mit dem Schweizer Hilfswerk, der Lutherischen Kirche Schwedens und dem Hilfswerk der EKD die Not an der Saar zu lindern.

Kirchenrat Otto Wehr (1886–1960). Foto: AEKR NL Hans Lachmann 2207-37

Vom 23. Mai bis zum 25. September 1947 tagte in Saarbrücken die Verfassungskommission des Saarlandes und sorgte für den Rechtsrahmen, den das Saarland für eine eigenständige Existenz benötigte. Am 5. Oktober 1947 wurde die Gesetzgebende Versammlung des Saarlandes gewählt, die sich bereits am 15. Dezember zum verfassungsmäßigen Landtag konstituierte. Am selben Tag trat die Verfassung in Kraft, die wieder eine Bekenntnisschule einführte und die christliche Gemeinschaftsschule auch als zu beantragende Alternative ausschloss.[92] Johannes Hoffmann wurde zum Ministerpräsidenten gewählt und bildete fünf Tage später sein erstes Kabinett aus der Christlichen Volkspartei (CVP) und der Sozialdemokratischen Partei des Saarlandes (SPS).

Die Kirchenleitung beauftragte Konsistorialrat Walter Löhr mit einem Gutachten, inwieweit die neue saarländische Verfassung in die verfasste Kirche eingriff. Das Gutachten erschien unter der Überschrift »Über die Rechtsstellung der saarländischen Gemeinden der Evang. Kirche der Rheinprovinz nach der Verfassung des Saarlandes« am 1. März 1948 und hielt fest, dass die Zugehörigkeit der evangelischen Gemeinden zur Rheinprovinz, »weder unterbrochen noch irgendwie beeinträchtigt [wurde], als das Saargebiet auf Grund des Versailler Vertrages unter die Verwaltung des Völkerbundes gestellt wurde.«[93] Dieser Zustand galt nach dieser Überlegung auch nach Inkrafttreten der saarländischen Verfassung, doch schien sich Löhr nicht ganz so sicher zu sein, ob die Regierung Hoffmann seine Ansicht teilte, denn er formulierte: »Den evang. Gemeinden und ihren Gliedern muss die ungehinderte Teilnahme an der Verfassung der evang. Landeskirche und ihrer rechtsgültigen Fortentwicklung sowie die Unterordnung unter die Leitung der Landeskirche und ihre Organe gesichert bleiben.«[94] Immerhin hatte die französische Militärregierung auf die evangelischen Wünsche auch nur sehr begrenzt Rücksicht genommen.

Die Neugliederung der Saarsynoden

Ende Mai/Anfang Juni 1945 hatte sich die Kirchenleitung in Düsseldorf einen Überblick verschafft, welche Synoden der Kirchenprovinz noch bekenntnis- bzw. ordnungsgemäß durch Superintendenten oder Synodalassessoren verwaltet wurden. Von den fünfunddreißig Kirchenkreisen waren diese Positionen bei etwa dreiundzwanzig akzeptabel besetzt, die Synoden Saarbrücken und St. Johann zählten nicht dazu. In beiden hatte das Konsistorium 1938 Superintendenturverwalter eingesetzt, nämlich den Saarlouiser Pfarrer Karl Roderich Richter für den Kirchenkreis Saarbrücken und den St. Johanner Pfarrer Wilhelm Reichard für den Kirchenkreis St. Johann. Nach dem Tod des Saarbrücker Superintendenten Dr. Hubert Nold und der Ausweisung von Synodalassessor Philipp Bleek war der Kirchenkreis Saarbrücken faktisch ohne Leitung und auf Karl Roderich Richter angewiesen. Der Evangelische Oberkirchenrat in Berlin hatte »Herrn Pfarrer und Superintendenturverwalter Richter in Saarlautern ›in Würdigung seiner Verdienste

Superintendent Karl Roderich Richter (1885–1965). Foto: Ev. Pfarrarchiv Saarlouis

um die geistliche Betreuung der Evangelischen aus den Freimachungsgebieten‹ die Amtsbezeichnung Superintendent«[95] verliehen. Während Pfarrer Wilhelm Reichard bald nach dem Einmarsch der US-Truppen nach St. Johann zurückgekehrt war, kam Richter Ende Juli und Anfang August 1945 nur für kurze Zeit nach Saarlouis und reiste dann nach Mühlacker, wo er zwei gefallene Amtsbrüder zu vertreten hatte.

Wohl noch September 1945 wurde der Alt-Saarbrücker Pfarrer Eduard Heinz von der neuen Kirchenleitung zum kommissarischen Superintendenten für den Kirchenkreis Saarbrücken ernannt. In dieser Eigenschaft wurde er zusammen mit Wilhelm Reichard am 26. September von dem französischen Militärgouverneur für das Saarland Gilbert Grandval empfangen. Heinz war damit faktisch Nachfolger Richters, während der St. Johanner Superintendent Reichard zum 1. Oktober in den Ruhestand versetzt wurde. Pfarrer Robert Jüngst aus Altenwald wurde mit der Wahrnehmung der Geschäfte in der Synode St. Johann beauftragt. Mitte Oktober 1945 weilten Mitglieder der neuen Kirchenleitung an der Saar. Aber erst am 19. Oktober teilte die Kirchenleitung die beiden zentralen Personalentscheidungen Regierungspräsident Hans Neureuter mit.[96]

Am 10. November wandte sich die Kirchenleitung in einem Brief an die Presbyterien der bisherigen Kirchenkreise und legte ihre Absichten dar: »Die derzeitigen Verhältnisse lassen es geboten erscheinen, die Synoden an der Saar neu aufzuteilen. Die Leitung der Evangelischen Kirche der Rheinprovinz hat deshalb die Bildung von 3 Synoden: Neunkirchen, Saarbrücken und Völklingen, beschlossen. Es gehören zur Synode Neunkirchen vorläufig die Kirchengemeinden Altenwald, Dirmingen, Dudweiler, Elversberg, Fischbach, Friedrichsthal, Heiligenwald, Herrensohr, Heusweiler, Holz, Jägersfreude, Landsweiler-Schiffweiler, Neunkirchen/Saar, Ottweiler, Scheidt, Sulzbach/Saar, Uchtelfangen, Wahlschied, Wellesweiler und Wiebelskirchen mit 26 Pfarrstellen. Zur Synode Saarbrücken gehören vorläufig die Kirchengemeinden St. Arnual, Malstatt, Saarbrücken und St. Johann mit 14 Pfarrstellen. Die Synode Völklingen bilden vorläufig die Kirchengemeinden Bischmisheim, Brebach, Bübingen, Dillingen, Fechingen, Gersweiler, Güdingen, Güchenbach, Karlsbrunn, Klarenthal, Kölln, Ludweiler, Merzig, Neudorf, Saarburg, Saarlouis, Schwalbach, Völklingen und Wadern-Lebach mit 20 Pfarrstellen. Bis zu den Tagungen der Kreissynoden werden als Superintendenturverwalter bestellt: Für die Kreissynode Neunkirchen Pfr. Jüngst, Altenwald, für die Kreissynode Saarbrücken Pfr. Wehr, Saarbrücken, für die Kreissynode Völklingen Pfr. Heinz, Saarbrücken.«[97]

Der Kirchenkreis Saarbrücken hätte nach diesem Plan lediglich die Gemeinden umfasst, die sich einmal 1909 zur Großstadt Saarbrücken zusammengeschlossen hatten. Außer der schmalen Berührung mit dem Kirchenkreis Ottweiler durch das Sulzbachtal wären die West- und die Oststadt durch den Kirchenkreis Völklingen eingenommen worden. Doch wurde der Plan geändert, nachdem die Superintendenturverwalter sich am 4. Dezember 1945 mit der Kirchenleitung beraten hatten. Das Beratungsergebnis fasste ein Brief von Heinrich Held und Joachim Beckmann zusammen, der tags darauf an die Kreissynoden geschickt wurde. Die Synode Neunkirchen sollte nun die Gemeinden Heusweiler, Holz, Scheidt und Wahlschied an die Synode Völklingen abgeben. Die Synode Saarbrücken erhielt außerdem aus dem Völklinger Verbund die Gemeinden Brebach, Bübingen, Fechingen, Gersweiler und Güdingen. Die Kirchenleitung hielt fest: »Die Benennung der neugebildeten Kirchenkreise ist nach einer mündlich gegebenen Zusicherung noch unverbindlich und soll gegebenenfalls durch eine zweckmässigere Bezeichnung ersetzt werden.«[98] Provinzialkirchenrat Rudolf Harney unterzeichnete am 23. Juli 1946 die Urkunde; sie trat rückwirkend zum 1. April 1946 in Kraft. Die Leitung der Ev. Kirche der Altpreußischen Union für die Westprovinzen erteilte ihre Zustimmung.

Während also die evangelische Welt an der Saar neu strukturiert wurde, beschäftigte sich der letzte Superintendent der alten Kreissynode Saarbrücken, Karl Roderich Richter, nach seiner Rückkehr nach Saarlouis mit der Bekenntnisfrage.[99] Er wandte sich am 23. Januar 1946 an Superintendenturverwalter Eduard Heinz. Dieser reagierte als Mann der Bekennenden Kirche fünf Tage später etwas gereizt: »Für Ihre Bereitschaft, uns über den ›Bekenntnisstand der Saargemeinden' ein Referat zu halten, danke ich Ihnen recht herzlich, jedoch erscheint mir dieses Thema zunächst noch von sekundärer Bedeutung zu sein, jedenfalls so lange, als unsere grundsätzliche Haltung zu Schrift und Bekenntnis noch nicht mit wünschenswerter Deutlichkeit wirklich aufrichtig und brüderlich geklärt ist. Der Klärung bedürftig wären z.B. folgende Fragen: Warum gingen wir verschiedene Wege? Wie können wir sie biblisch (nicht historisch) begründen? Wie verhält sich Röm. 13,1 zu Acta 5,29? (Warum haben die einen den bewussten Eid geleistet und die anderen ihn abgelehnt?) usw.«[100]

Eduard Heinz wusste die Kirchenleitung in Düsseldorf hinter sich, doch war seine Position – allemal im Blick auf Richter – bei weitem nicht so stark, wie er selbst geglaubt hatte.

Dies wurde deutlich in seinem Brief an Joachim Beckmann vom 11. März 1946: »Im engen Kreis der Brüder wurde heute die Personalfrage zur Sup.-Wahl erörtert. Dabei hat [Walter] Wolff die These aufgestellt: Eine etwaige Wahl des Sup.-Verwalters der Synode Völklingen ist kirchenordnungswidrig, da dieser Pfarrer der Stadtsynode Saarbrücken ist! Nach Bekanntwerden dieser plötzlich auftauchenden Ansicht ist wohl damit zu rechnen, daß Richter gewählt wird. Um den Brüdern rechte Auskunft auf ihre Fragen geben zu können, bitte ich um umgehende Antwort, ob die Ansicht von Wolff auch die Ansicht der K.L. ist.«[101] An Richter schrieb Eduard Heinz zwei Tage später, die Synode müsse einen Superintendenten wählen und nicht die Bekenntnisfrage wälzen.[102]

Die erste Tagung der Kreissynode Völklingen fand am 29. März 1946 im Saal der Bischöflich-methodistischen Kirche im Saarbrücker Stadtteil St. Johann unter Vorsitz des Alt-Saarbrücker Pfarrers Eduard Heinz statt; das handschriftliche Protokoll wurde dem Landeskirchenamt geschickt und ist leider verloren gegangen. Lediglich das Wahlergebnis liegt vor.[103] Bei der Superintendentenwahl fielen auf Karl Roderich Richter (Saarlouis) siebzehn Stimmen, auf Richard Braun (Güchenbach) neun Stimmen, auf Karl Friedrich Zickwolff (Dillingen) vier Stimmen und auf Karl Jacob (Völklingen) drei. Damit war Karl Roderich Richter zum ersten Superintendenten des Kirchenkreises Völklingen gewählt – und die Befürchtungen von Eduard Heinz hatten sich bewahrheitet. Bei der Wahl des Synodalassessors fielen auf Richard Braun siebzehn Stimmen und auf Karl Jakob 16. Damit war der Antipode der Kriegszeit zu Richters Stellvertreter geworden. Skriba wurde Hermann Günther (Schwalbach) mit 17 Stimmen gegen Ewald Oehrmann (Klarenthal) mit 13. Der eigentliche Eklat folgte aber nach der Tagung der Kreissynode: Die Kirchenleitung hatte Richter sein Superintendentenamt von 1941 bis 1945 in Saarbrücken nicht verziehen und bestätigte die Wahl für Völklingen nicht. Damit hatte der Kirchenkreis Völklingen keinen Superintendenten; die Geschäfte führte Assessor Richard Braun. Dem schrieb am 8. Juli 1946 Joachim Beckmann: »Herr Pfarrer Richter teilt uns unter dem 2. ds. Mts. mit, daß er die von ihm in der Synodalversammlung am 29.3.46 erklärte Annahme der auf ihn gefallenen Wahl zum

Pfarrer Eduard Heinz (1893–1985). Foto: AEKR Best 7NL 131 Heinz 2004

Superintendenten der Synode Völklingen zurückzieht. Wir geben Ihnen hiervon Kenntnis. Bei der nächsten Kreissynode ist eine Neuwahl durchzuführen.«[104] Aber erst auf ihrer vierten Tagung am 4. Oktober 1948 im Saal des Paul-Marien-Stiftes in St. Johann wählte die Kreissynode Völklingen den Dillinger Pfarrer Karl Friedrich Zickwolff zum Superintendenten.[105]

Die Krise des Bevollmächtigtenamtes

Otto Wehr fand derweil allenthalben Anerkennung. Er unterhielt Kontakte zu Radio Saarbrücken, sorgte für das Wiedererscheinen des evangelischen »Sonntagsgrußes« und vertrat den rheinischen Oberkirchenrat Dr. Joachim Beckmann auf der Eisenacher Kirchenversammlung (27.–29. Juni 1948). Die Landessynode wählte ihn auf ihrer Tagung in Velbert im November 1948 in die Kirchenleitung. In diesem Kontext wurde fälschlich gemeldet, Otto Wehr sei Oberkirchenrat geworden, was einen Sturm der Entrüstung auslöste, stand diese Bezeichnung doch nur den Hauptamtlichen in der Kirchenleitung zu.[106] Otto Wehr schrieb am 23. Januar 1949 etwas nervös an Joachim Beckmann: »Und nun noch zu der Titelfrage: Es ist mir innerlich zuwider, darüber schreiben zu müssen. Aber der nicht durch mich und ohne mein Zutun durch Rundfunk und Pressemeldung geschaffene Tatbestand liegt vor mitsamt den Glückwünschen persönlicher Art und von dienstlichen Stelle sowie dem dienstlichen Gebrauch dieses Titels in Schreiben der saarländischen Regierungsstellen und des Hohen Kommissariates [...]. Es kann keiner von euch erwarten, dass ich ein Rundschreiben versende: Irrtum! Das müsst ihr schon machen. Jedenfalls bitte ich Klarheit zu schaffen.«[107] Die nun heftig vorgetragene Kritik an Wehr machte deutlich, dass sein Bonmot vom »Ausfegen des lutherischen Sauerteiges«, das er bei Dienstantritt in Saarbrücken geäußert hatte, unvergessen war. Wehr überlegte, sein Amt als Bevollmächtigter zurückzugeben, denn er hielt es für unerträglich, »als ein Mann da zu stehen, der sich einen ihm nicht zustehenden Titel anmasst«[108]. Freilich findet sich im Nachlass Wehr ein Brief an den Ministerpräsidenten, in dem Wehr sein Kürzel über den Titel »Oberkirchenrat« gesetzt hatte.[109] Demnach hatte er den Vorgang gebilligt. Doch nach außen zeigte sich Wehr als Opfer: »Die damit für mich gegebene Konsequenz ist, dass ich bitte, einem anderen das Amt zu geben.«[110] Denn die Kirchenleitung war auf Distanz zu Wehr gegangen, was er nur beiläufig erfahren hatte: »Da nun die Entscheidung der K.L. auf der letzten Sitzung in der von OKR. Ulrich mitgeteilten Form gefasst, wenn auch nicht protokolliert worden ist, ist es für mich sehr schmerzlich, dass keiner von euch mir bis heute in einem persönlichen Brief davon etwas mitgeteilt hat. Hätte Bruder Bronisch nicht in Düsseldorf angerufen, wüsste ich bis heute nichts davon. Das hat mich tief betroffen. Damit werde ich nicht so schnell fertig.«[111] Präses Held schilderte in einem persönlich gehaltenen Schreiben am 2. März 1949 die Lage aus seiner Sicht. Doch an der Saar verstand man die Haltung der Kirchenleitung nicht, die sich eben nicht schützend vor Wehr stellte. Mitte März 1949 intervenierten Wehrs Ehefrau Elisabeth, aber auch der hochangesehene Landgerichtsdirektor Karl Imig und die Vorsitzende des Saarverbandes der Frauenhilfe, Ida Obernauer.

Im Laufe des Jahres 1949 legte sich die Aufregung. Wehr blieb im Amt und organisierte einen Besuch der Kirchenleitung im Oktober in Saarbrücken. Äußerer Anlass war die Tagung der Kreissynode Saarbrücken, die am 9. Oktober eröffnet wurde. Höhepunkt aber war die »Konstituierung der Arbeitsgemeinschaft christlicher Kirchen, Freikirchen und kirchlichen Gemeinschaften im Saarland« am Dienstag, dem 11. Oktober 1949, im Kreisständehaus in Saarbrücken,[112] wodurch ein Forum geschaffen wurde, die kirchlichen Probleme gerade auch im Gegenüber zur Saarregierung zu diskutieren.

Otto Wehrs Ansehen stieg und so bat der Studentenpfarrer Egon Franz den Präses darum, »Herrn Kirchenrat Wehr bei der theologischen Fakultät der Universität Bonn und Herrn Kirchenmusikdirektor Rahner[113] bei der theologischen Fakultät der Universität Heidelberg für die Verleihung des Doktorgrades honoris causa vorzuschlagen.«[114] Franz stellte sich vor, diese Würdigung im Rahmen der 375-Jahr-Feier der Reformation vornehmen zu lassen, zu der der Ottweiler Superintendent Wilhelm Engel eine Festschrift vorlegte. Es ist nicht bekannt, dass die Kirchenleitung entsprechende Schritte eingeleitet hat, aber das Amt des Bevollmächtigten hatte die Krise überstanden.

Als die französische Regierung eine Gesetz zur sog. »Entliberalisierung« des Handels vorlegte, um die Einfuhr von Waren ins Saarland zu regulieren, war auch die Einfuhr theologischer Literatur und der Kirchengebietspresse betroffen, was Wehr auf den Plan rief. Der wandte sich am 27. Februar 1952 an Ministerpräsident Hoffmann und benannte die Folgen: »Diese höchst kritische Lage zeigt sich im Augenblick am akutesten auf dem Gebiet der oben erwähnten ›Kirchenboten‹ für die saarpfälzischen Gemeinden wie auf dem Gebiet der Beschaffung von Gesangbüchern für die bevorstehenden Konfirmationen.«[115] Hoffmann wurde klar, dass die Gesetzgebung bis zu den einfachen Bürgern durchgriff.

Die Wahl am 30. November 1952

Die Wahlen zum Saarländischen Landtag wurden zunehmend ein politisches Problem, ging es doch um die Frage, ob und wann das Saarland der Bundesrepublik Deutschland beitreten könnte. Auch die Gemüter der rheinischen Pfarrerschaft waren erhitzt – und zwar gleichgültig, ob sie einmal den Deutschen Christen oder der Bekennenden Kirche nahegestanden haben. So bat der pfälzische Kirchenpräsident Hans Stempel die rheinische Kirchenleitung darum, ein gemeinsames Wort der beiden Kirchen zur Landtagswahl 1952 zu finden, das zur Mäßigung aufrufe.[116] Das war naiv. Die Reaktion an der Saar lässt sich am besten an einem Brief des Pfarrer Julius Zentz von Neudorf[117] an Gustav Heinemann ablesen: »Gestern wurde uns auf einer ausserordentlichen Pfarrkonferenz in Völklingen die ›Erklärung der rhein. und pfälz. Kirchenleitung zu den saarl. Landtagswahlen am 30. November 1952‹ zur Kanzelabkündigung ›ohne Kommentar und Betonung‹ überreicht. Es wurde dabei unterstrichen, daß Sie an der Ausarbeitung mitbeteiligt gewesen seien. Die Konferenz hat das Wort einmütig abgelehnt, da es unseren Gemeinden keinen Dienst zu tun vermöge, sondern die Verwirrung der Gewissen noch vermehre.«[118] Zentz beklagte, dass die Kirchenleitungen aus ihrem Abstand heraus die Trennung des Saarlandes von Deutschland als europäische Chance betrachteten und damit der Synode der EKD in Elbingerode folgten, die offenbar nur die Ost-West-Teilung Deutschlands im Blick hatte, nicht aber die Saarfrage: »Wir stehen angesichts der beiden Dokumente offenbar vor dem Faktum, daß das verantwortliche Organ der EKD das Unrecht des Ostens als ›Gefährdung des Weltfriedens‹, das Unrecht des Westens aber als eine offene Tür zur ›Versöhnung zwischen Frankreich und Deutschland‹ wertet.«[119] Der Bevollmächtigte hatte übrigens nur eine Sorge, dass er nämlich in dieser Korrespondenz übergangen worden war.[120]

Der Pfarrkonvent Völklingen kündigte also der Kirchenleitung die Gefolgschaft und verweigerte die Verlesung des Gemeinsamen Wortes. Das konnte der Präses nicht auf sich sitzen lassen und gab in einem Rundschreiben zur Kenntnis: »Mit grossem Erstaunen haben wir das summarische Urteil des Pfarrkonvents der Synode Völklingen zur Kenntnis genommen. [...] Das an uns gelangte Schreiben des Superintendenten enthält keinerlei Begründung der Ablehnung, die als ein bekenntnisgemäßer Einwand gelten könnte.«[121]

In Düsseldorf fehlte jedes Gespür für die Lage. Zu lange schon war Otto Wehr der Regierung Hoffmann um den Bart gegangen. So hatte Otto Wehr auf Einladung des Deutschen Evangelischen Kirchentages am 27. Januar 1953 im Bundeshaus in Bonn zum Thema »Die deutsche evangelische Kirche und das Saarproblem« gesprochen.[122] Wehr betonte seine Ansicht, der verlorene Krieg sei ein Strafgericht Gottes. In Anwesenheit von Bundestagspräsident Dr. Hermann Ehlers bezeichnete Wehr den umstrittenen saarländischen Ministerpräsidenten Johannes Hoffmann als christlich weitsehenden Politiker[123], der im Niveau über vielen stünde, dagegen sei die Deutsche Saarzeitung, die in Bad Kreuznach redigiert wurde, ein »Kloakenblatt«. Wehrs Äußerungen wurden von Ehlers heftig kritisiert. Wehr blieb aber dabei und unterstricht, dass er »den gegenwärtigen Status quo an der Saar, die gegenwärtige Regierung [scil. Hoffmann] miteingeschlossen, als durchaus positive Möglichkeiten zu einer späteren Saarlösung«[124] betrachtete.

Typisch für die Gegenseite war das Verhalten von Pfarrer Julius Zentz, der am 12. November 1952 deutlich an Ministerpräsident Hoffmann schrieb, er halte es für seine

»Pflicht als auf die Lutherischen Bekenntnisschriften ordinierter evangelischer Geistlicher, Ihnen in persönlicher Verantwortung folgendes zu erklären«[125], nämlich: »Es ist eine Sünde gegen Gottes Gebot, mit einem Schein des Rechts Beihilfe zu leisten zur Abtrennung des Saargebietes von Deutschland, dem es staatsrechtlich zugestandenermassen gehört.«[126] Und Zentz setzte noch eins drauf, als er zur Wahl eine öffentliche Erklärung gab: »Es ist Sünde gegen Gott, Menschen durch Versprechungen und Drohungen von ihrem Volk und Vaterland in der Not abwendig zu machen und sie zur Stimmabgabe für Parteien zu drängen, die sich verpflichtet haben, den Feinden für die seit Jahrhunderten angestrebte Abtrennung deutschen Gebietes und Volkstums einen Schein des Rechtes zu gewähren.«[127] Dass Zentz und der ebenso argumentierenden Pfarrerschaft kein falscher Nationalismus unterstellt werden darf, mag man nach 1989 vielleicht eher verstehen; der theologische Ansatz hinter diesen Äußerungen ist allerdings erschütternd.

Die Kirchenleitung zeigte sich einigermaßen hilflos, als dann auch noch der Völklinger Superintendent Karl Friedrich Zickwolff, ein eher unverdächtiger Mann, am 21. November 1952 mit seinen Kollegen eine Kanzelabkündigung unter dem Titel »Pfarrer der Synode Völklingen wenden sich an ihre Gemeinden« entwarf, in der es hieß: »Im Gehorsam gegen Gottes Wort und Gebot tragen wir als evangelische Christen schwere Bedenken, den 1947 geschaffenen Zustand zu bejahen, da dieser unter dem Druck der Gewalt und durch Betrug herbeigeführt worden ist. Wer daher bei der bevorstehenden Wahl seine Stimme einer der zugelassenen politischen Parteien geben will, der prüfe ernsthaft sein Gewissen, ob er dies unter solchen Umständen vor seinem himmlischen Herrn verantworten kann.«[128]

93,1 % der Wähler gingen zu dieser umkämpften Wahl; noch votierten 54,7 % für die regierende Christliche Volkspartei und den bigott katholischen Ministerpräsidenten Johannes Hoffmann.[129] Für die Kirchenleitung gab es also kein Signal, den freundlichen Kurs mit den Separatisten zu beenden. Doch mindestens das Pariser Saarabkommen hätte die Kirchenleitung für die explosive Stimmung an der Saar sensibel machen müssen.

Die Abstimmung über das Saarstatut am 23. Oktober 1955

Als das entscheidende Jahr 1955 anbrach, sah sich die saarländische Pfarrerschaft zum Alleingang genötigt und bekundete ihre Ablehnung zum Saarstatut öffentlich: »Das Pariser Saarabkommen vom 23. Oktober 1954 können wir nicht gutheißen. Nach Artikel I soll sich die Saarbevölkerung in einer Abstimmung entscheiden, ob sie 1.) das Saarabkommen billigt, oder 2.) den jetzigen Zustand (Status quo) des Saargebietes beibehalten will. Die 3. Frage, ob wir mit unserem Vaterland wieder vereinigt werden wollen, wird überhaupt nicht gestellt. Wir erheben gegen die Beschränkung unserer Menschenrechte

Widerspruch.«[130] Doch entließ man die Kirchenleitung nicht aus der Verantwortung: »Wir wenden uns in unserer Gewissensnot an die Kirchenleitung und bitten sie, an allen Stellen, die geeignet erscheinen, dahin zu wirken, daß wir in Zukunft die Stimme unseres Gewissens frei erheben können, entsprechend der erwähnten Straßburger Konvention, und daß wir auch für die Wiedervereinigung mit dem Vaterland stimmen dürfen.«[131]

Zur entscheidenden Abstimmung über das Saarstatut am 23. Oktober 1955 gab dann Präses Held ein für ihn unverdächtiges Interview mit Rudolf Birck, das am 19. September 1955 gnadenlos von der »Saarbrücker Zeitung« zugunsten der Saarregierung ausgeschlachtet wurde. Der Präses protestierte zwar fünf Tage später, – das hörte jedoch niemand mehr.[132]

Für die Mehrheit der saarländischen Pfarrerschaft sah das Verhalten des Präses aus, als wolle er die Saar im Stich lassen. Da kam es zu einem Eklat auf der Tagung der Kreissynode Völklingen am 4. Juli 1955 in Saarlouis, als Superintendent Zickwolff öffentlich sein Nein zum Saarreferendum begründete: »Weil wir es nicht verantworten können, daß die Menschen an der Saar an ihrer Seele einen so unermeßlichen Schaden erleiden, darum bleibt uns für das Saarreferendum nur ein glattes ›Nein'.«[133] Der Präses reagierte am 15. Oktober ungewöhnlich scharf: »Die Kirchenleitung [hält] die theologische Begründung Ihres Neins zum Saarreferendum für unmöglich, indem Sie alle hierzu verpflichten. Ferner hält die Kirchenleitung Ihre Auslassungen über die politische Tätigkeit an der Saar nach Form und Inhalt nicht der Würde Ihres kirchlichen Amtes angemessen. [...] Die Kirchenleitung bedauert es sehr, dass Sie, Herr Superintendent, das rechte Mass nicht eingehalten haben.«[134] Für die Kirchenleitung war der Vorfall schon deswegen politisch unangenehm, weil Pfarrer Walter Schneider aus Heusweiler die entscheidenden Passagen aus der Rede Zickwolffs der Öffentlichkeit zur Kenntnis gebracht hatte. Held rügte Schneider mit den Worten: »In ihrer gestrigen Sitzung hat die Kirchenleitung aus dem schriftlichen Bericht Ihres Superintendenten Zickwolff entnommen, dass Sie den Auszug aus dem Superintendentenbericht der diesjährigen Kreissynode Völklingen an die Presse gegeben haben. Die Kirchenleitung missbilligt in aller Form, dass Sie, ohne den Superintendenten zu befragen, einen amtlichen Bericht zu parteipolitischen Zwecken missbraucht haben. Sie haben damit dem Superintendenten und den Kirchengemeinden an der Saar einen schlechten Dienst getan.«[135]

Die Kirchenleitung blieb untätig, bis große Teile der saarländischen Pfarrerschaft anlässlich der Volksabstimmung über das Saarstatut ein Wort unter dem Titel »Pfarrer rufen zum Nein auf« veröffentlichten, beschwörend eröffnet von Psalm 90,1. Darin heißt es ausdrücklich: »Wir erkennen die zehn Jahre währende Trennung von unserem Volke als Gottes Schickung an. Wir tragen an der Schuld unseres Volkes mit. Diese Schuld wird

Superintendent Karl Friedrich Zickwolff.
Foto: EZAS Best. 02-09 KGM Dillingen

nicht dadurch von uns weggenommen, daß auch andere Völker an uns schuldig geworden sind. Unsere Schuld kann nur getilgt werden, wenn wir sie unter das Kreuz Jesu Christi bringen und von dort das befreiende Wort der Vergebung empfangen.«[136] Im Blick auf die bevorstehende Abstimmung machten die Verfasser keinen Hehl aus ihrer Überzeugung: »Wir unterzeichneten evangelischen Pfarrer wissen uns in unserer Ablehnung des Status frei von allem Haß und jeder Mißachtung gegen Andersdenkende oder gegen das französische Volk. Wir bezeugen vielmehr vor Gott und den Menschen, daß wir mit unseren Gemeinden dafür beten und mit der Tat dafür eintreten wollen, daß wirklich Friede werde unter den Völkern und ein Europa entstehe, das uns auch mit dem französischen Volke eint. Gott wende unsere Entscheidung zum Segen durch die endgültige Heimkehr der Menschen an der Saar zum angestammten deutschen Volke! Das walte Gott in Gnaden!«[137]

Nach der Publikation des Dokumentes bemühte sich der evangelische Arbeitskreis der CVP darum, die Bedeutung des Vorganges kleinzureden, und erklärte: »Der Präses der Evangelischen Kirche im Rheinland, D. Held, hat im Laufe des heutigen Vormittags von dem in der Saarpresse veröffentlichten und als Flugblatt verbreiteten Wort evangelischer Geistlicher Kenntnis genommen. Da die Meinung aufgekommen ist, dieses Wort sei ein kirchenamtliches Wort, erklärt der Präses, daß das Wort der evangelischen Geistlichen eine rein private Angelegenheit der betreffenden Geistlichen ist. Die Kirchenleitung hat es abgelehnt, zum Saarreferendum positiv oder negativ Stellung zu nehmen.«[138] So wurde der Präses wieder für die Regierungsseite vereinnahmt, was seinem Ansehen unter der Pfarrerschaft sicherlich nicht dienlich war. Der Arbeitskreis verwies darauf, dass es ja nur eine Minderheit der Pfarrerschaft sei, die sich hier Gehör verschaffte: »Zudem ist noch festzustellen, dass im Saarland 100 evangelische Pfarrer amtieren. Es ist selbstverständlich, dass diejenigen, die für diesen Aufruf letztlich verantwortlich sind, Himmel und Hölle in Bewegung gesetzt haben, um Unterschriften zu erhalten. Sie haben bestenfalls nur die Zustimmung von 29 Pfarrern[139] bekommen.«[140]

Unter den Verfassern waren auch viele Vertreter der Bekennenden Kirche. Auffällig ist aber die Verteilung auf die Kreissynoden: Allein sechzehn Pfarrer[141] der Kreissynode Völklingen unterschrieben den Aufruf, also faktisch rund die Hälfte aller Unterschriften. Darunter steht auch der Name des Superintendenten, aber nicht der des an sich deutschnationalen ehemaligen Superintendenten Karl Roderich Richter aus Saarlouis. Aus der Kreissynode Saarbrücken finden sich nur fünf Unterschriften[142], darunter die des späteren Superintendenten und Kirchenrates Erich-Werner Eisenbeiß, aber weder der Namenszug von Kirchenrat Otto Wehr noch der des anderen Alt-Saarbrücker BK-Pfarrers Eduard Heinz. Aus der Synode Ottweiler hat kein einziger Pfarrer das Dokument unterschrieben! Aus den Dekanaten der pfälzischen Kirche sind es dafür dreizehn Pfarrer.[143] Demnach ist das Dokument ein Werk der saarpfälzischen und der Völklinger Pfarrerschaft.

An der Volksbefragung am 23. Oktober 1955 nahmen 96,6% der Wahlberechtigten teil, 67,7% votierten mit Nein gegen die Billigung des Europäischen Status für das Saarland und damit für den Anschluss an die Bundesrepublik Deutschland. Unmittelbar nach Bekanntgabe des vorläufigen Endergebnisses erklärte Ministerpräsident Johannes Hoffmann in den Morgenstunden des 24. Oktober über Rundfunk seinen Rücktritt.[144] Am 29. Oktober stimmte der Landtag der Bildung eines Fachkabinetts als Übergangsregierung unter der Leitung des parteilosen Präsidenten der Landesversicherungsanstalt Heinrich Welsch als Ministerpräsidenten zu. Neuwahlen wurden für den 18. Dezember 1955 angesetzt, an denen 90,4% der Wahlberechtigten teilnahmen. Dr. Hubert Ney (CDU) bildete am 10. Januar 1956 eine Koalitionsregierung aus CDU, DPS und SPD sowie zwei parteilosen Ministern.[145] Die Saarfrage war damit erledigt.

Das Ende des Bevollmächtigtenamtes

Noch bevor die Saarfrage im Luxemburger Vertrag entschieden war, votierte die Kirchenleitung in Düsseldorf dafür, das Amt des Bevollmächtigten auslaufen zu lassen.[146] Als Wehr das Saarbrücker Superintendentenamt am 1. November 1956 mit Erreichen der Altersgrenze niederlegen musste, handelte die Kirchenleitung. Ohne mit Wehr zu sprechen, kam die Nachricht aus dem Landeskirchenamt, dass das Amt zum 30. September 1957 enden sollte.[147] Otto Wehr erfuhr dies am 22. März. Noch einmal mobilisierte er seine Truppen. Der Kreissynodalvorstand Saarbrücken erhob Einspruch gegen den Beschluss; die Kirchenleitung wies den Einspruch am 2. Juli 1957 zurück. Die saarländischen Superintendenten Wilhelm Engel (Ottweiler), Ernst Seynsche (St. Wendel) und Karl Friedrich Zickwolff (Völklingen) wünschten die Verlängerung der Beauftragung Wehrs – ohne Erfolg. Nur der neu gewählte Superintendent Dr. Theodor Barner nahm eine klare Position ein, die nicht nur von Emotionen oder alten Loyalitäten getrieben

Das Siegel des Bevollmächtigten. Foto: Siegelsammlung Conrad, Püttlingen

war, als er schrieb: »Und so habe ich als Einziger in unseren KSV mich dem Einspruch nicht angeschlossen. Die Situation ist für mich mißlich. Im KSV stehe ich in dieser die Gemüter so sehr bewegenden Frage völlig allein, in der Kreissynode wird nur eine kleine Minderheit meiner Ansicht sein. Bei dem Nimbus, den man gerade jetzt geflissentlich um Wehrs Wirken verbreitet, wird man [...] ein großes Geschrei erheben und die Schuld bei der KL, vor allem aber bei mir suchen.«[148] In Saarbrücken forderte man eine außerordentliche Synode, was sogar die Nachbarsynoden Ottweiler und Saarbrücken kritisch sagen. Dazu Barner weiter: »In den beiden anderen Saar-Synoden liegen die Dinge ja wohl wesentlich anders. Br. Zickwolff sagte mir gestern, unser KSV mache sich ja lächerlich, und ich mußte dem leider zustimmen. Br. Engel nimmt ja mehr eine vermittelnde Stellung ein.«[149] Schließlich machte der Völklinger Synodalassessor Hermann Günther den Vorschlag, die Saarsynoden sollten Wehr selbst für den Dienst eines Bevollmächtigten beauftragen, doch die Kirchenleitung riet ab, denn ein solcher Vorgang diene nicht dem Frieden.[150]

Otto Wehr fügte sich schließlich und löste die Dienststelle auf. In seinem zehnseitigen Abschlussbericht vermerkte er: »Die Beschlußfassung der Kirchenleitung über die vorzeitige Aufhebung des Bevollmächtigtenamtes und die Behandlung der Angelegenheit überhaupt, die von vielen Synodalen als mit den von der Kirchenleitung gegebenen Zusicherungen im Widerspruch stehend empfunden worden sind, sind der Autorität der Kirchenleitung nicht förderlich gewesen und haben die Grundlage des Vertrauens [...] in beklagenswerter Weise erschüttert. [...] Daß der Bevollmächtigte selbst weder vor dem Beschluß der Kirchenleitung befragt, noch zu den [...] zweimaligen Besprechungen hier hinzugezogen, noch von der Kirchenleitung selbst über das Ergebnis unterrichtet worden ist, bleibt immerhin ein besonderes Faktum in der Geschichte der rheinischen Kirche.«[151] Abschließend listete er auf, was künftig noch zu bearbeiten war:[152]

(1) Richtlinien für den Religionsunterricht an Berufsschulen
(2) Neufassung der Vokationsordnung
(3) Verhandlungen zur Zulassung neuer Bücher für den Religionsunterricht
(4) Errichtung eines ev. Internates in St. Ingbert
(5) Besetzung der Direktorenstellen des Staatlichen Ev. Aufbauschule in Ottweiler

(6) Besetzung einer ev. Schulratsstelle
(7) Ernennung eines ev. Regierungsschulrates
(8) Schaffung einer Oberregierungsschulratsstelle für die ev. Volksschulen
(9) Ausbildung ev. Hilfslehrer
(10) Besprechung über eine paritätische Besetzung anderer Direktorenstelle
(11) Frage eines ev. Vertreters des kath. Kultusministers
(12) Mitwirkung an der Änderung der Verfassung die Kirchen betreffend
(13) Nachfolge des Bevollmächtigten im Rundfunkrat
(14) Frage der Vertretung der saarpfälzischen Gemeinden
(15) Frage jugendlicher Flüchtlinge
(16) Stipendienfonds Saar
(17) Besprechung mit dem Präsidenten des Landessportverbandes
(18) Devisenverkehr betr. Kollekten
(19) Einfuhrgenehmigung für den Rundfunkwagen der Rundfunkzentrale Bethel
(20) zollfreie Einfuhr kirchlicher Druckerzeugnisse
(21) Baubeihilfen für die Gemeinden
(22) Zuschüsse für Jugendfreizeiten
(23) Vorsitz innerkirchlicher Rundfunkausschuss,
(24) Sprecherkonferenzen des Saarländischen Rundfunks
(25) Zusammenstellung der »Stimme aus der Evangelischen Welt« für den Rundfunk
(26) Kontakt mit dem Abgeordneten
(27) Abwehr der Registrierung kirchlicher Vereine
(28) Lizenz für den Sonntagsgruß (bisher beim Amt des Bevollmächtigten)

Aus der Liste ist zu ersehen, dass Wehrs Schwerpunkte die Schularbeit, die Diakonie und die Rundfunkarbeit waren. In den meisten Bereichen kirchlichen Lebens gab es keine Beauftragten, bestenfalls nebenamtlich Tätige oder synodale Ehrenämter. Wehr bat am 9. Dezember 1957 den Verwaltungsrat des Ev. Stiftes St. Armual, die Akten des Bevollmächtigten und die der Inneren Mission im Stiftspalais lagern zu können.[153]

Oberkirchenrat Dr. Joachim Beckmann suchte zu beschwichtigen: »Wir wissen, dass die Entscheidung der Kirchenleitung Dir schmerzlich ist, und das macht mir das Schreiben nicht gerade leicht, aber ich darf doch hoffen, dass ein Bruderwort, das aus dankbarem Herzen kommt, Dich nicht ärgern wird, sondern Dein Ohr und Herz erreicht.«[154] Wehr war verbittert. Nachdem er einen Unfall im Sommer 1960 überstanden hatte, erkrankte er an einem Nierenleiden und starb am 16. Dezember 1960 in der Universitätsklinik in Homburg/Saar.

Anmerkungen

1 AEKR Düsseldorf. 1 OB 002 (Konsistorium). Best. 379 Saargebiet (1919–1920). Bericht von August de Haas über seine Vertreibung aus dem besetzten linksrheinischen Gebiet, April 1919.

2 Vgl. Joachim Conrad, Art. Hubert Nold (1861–1935), in: BBKL 24 (2005), Sp. 1132–1138.

3 Vgl. Jürgen Kloosterhuis (Hg.), Preußisch Dienen und Genießen. Die Lebenszeiterzählung des Ministerialrates Dr. Herbert du Mesnil (= Veröffentlichungen aus den Archiven Preußischer Kulturbesitz Bd. 21), Köln/Weimar/Wien 1998, bes. S. 359–364.

4 AEKR Düsseldorf. 1 OB 002 Best. 451 Die Kirchlichen Verhältnisse im Saargebiet (1919–1926). Bericht von Herbert du Mesnil, S. 1.

5 Es war General Charles Mangin, Befehlshaber der X. Armee, dem eine unabhängige Rheinlandrepublik vorschwebte, weswegen Wodrow Wilson am 22. Mai 1919 Georges Clemenceau kontaktierte; vgl. Klaus Altmeyer, Saardiözese und Evangelische Landeskirche des Saarlandes? Versuche zur Verselbständigung der Kirchen an der Saar nach den beiden Weltkriegen, in: Die evangelische Kirche an der Saar gestern und heute, hg. von den Kirchenkreisen Ottweiler, Saarbrücken und Völklingen, Saarbrücken 1975, S. 261–278, hier S. 263.

6 AEKR Düsseldorf. 1 OB 002 Best. 451 Die Kirchlichen Verhältnisse [wie Anm. 4], S. 2.

7 Ebd., S. 3.

8 Der französische Generalstab erhoffte sich die Gründung eines französischen Bistums mit Sitz in Saarlouis. Tatsächlich hatte der greise Trierer Bischof lediglich vor, einen Bevollmächtigten zu ernennen, wobei »durch diese Maßregel dem politischen Interesse Deutschlands kein Nachteil erwachsen« sollte; Geheimes Staatsarchiv München. Saar- und Pfalzakten des ehemaligen Außenministers. Kirchen. Zitiert nach Altmeyer, Saardiözese [wie Anm. 5], S. 265.

9 »Leider verschob das Auftreten des Pfarrers Ebeling und des Superintendenten Holthöfer während der Verhandlungen deren Grundlagen in unerfreulicher Weise. Während nämlich bisher von unserer Seite die ganze Angelegenheit nicht vom politischen, sondern rein vom kirchlichen Standpunkt aus behandelt wurde, traten die genannten Geistlichen während der Verhandlung an den Feldprediger Maluski mit der Frage heran, ob die französische Regierung die ganze Neuregelung nicht lediglich aus politischen Gesichtspunkten ins Auge gefaßt habe, um einer späteren endgültigen Annexion des Saargebietes vorzuarbeiten.« AEKR Düsseldorf. 1 OB 002 Best. 451 Die Kirchlichen Verhältnisse [wie Anm. 4], S. 4.

10 In der Akte 1 OB 002 Best. 451 Die AEKR Düsseldorf. 1 OB 002 Best. 451 Die Kirchlichen Verhältnisse [wie Anm. 4], findet sich auch der französische Text: L'Église protestante dans le Bassin de la Sarre.

11 Ebd. Denkschrift »Die Wirkungen einer kirchlichen Trennung der Kreissynoden Saarbrücken, St. Johann und St. Wendel«, S. 1.

12 Ebd., S. 2.

13 Allgemeines Preußisches Landrecht Teil II Titel 11 § 143;

14 AEKR Düsseldorf. 1 OB 002 Best. 451. Denkschrift [wie Anm. 11], S. 7. Analog argumentierte auch der Vorstand des Protestantischen Konsistoriums in Speyer am 15. Mai 1919.

[15] AEKR Düsseldorf. 1 OB 002 Best. 451 Die Kirchlichen Verhältnisse [wie Anm. 4], S. 1.

[16] AEKR Düsseldorf. 1 OB 002 Best. 452 Die Kirchlichen Verhältnisse im Saargebiet (1921–1931), ehemals »Geheimsachen betr. das Saargebiet«. Ein interessantes Nachspiel hatte die ganze Diskussion 1928, als »Der Neue Saar-Kurier« in seiner Ausgabe Nr. 113 vom 27. Mai 1928 berichtete: »Il vient d'être organisé légalement une Église protestante française pour le Territoire de la Sarre.« Der Evangelische Oberkirchenrat in Berlin fragte am 14. Juni 1922 etwas konsterniert beim Konsistorium in Koblenz an, was an der Saar vorgehe. Superintendent Nold konnte aber am 17. August zu allgemeiner Beruhigung vermelden, dass »für die religiösen Bedürfnisse der französisch sprechenden Protestanten im Saargebiet« eine Kirche gegründet worden sei.

[17] Proklamation der Regierungskommission vom 26. Januar 1920; zitiert nach Altmeyer, Saardiözese [wie Anm. 5], S. 266.

[18] AEKR Düsseldorf. 1 OB 002 Best. 451 Die Kirchlichen Verhältnisse im Saargebiet (1919–1926). Brief von Hubert Nold an den Konsistorialpräsidenten Dr. Johann Freiherr von der Goltz vom 8. März 1921.

[19] Ebd. In Artikel 2 der Ordonnance concernant des avances de traitements aux écclesiastiques catholiques et protestants du bassin de la Sarre vom 14. Juli 1921 war geregelt: »Les pasteurs et curés reçoivent le traitement et conformément aux principes de la loi prussienne sur le traitement des fonctionnaires du 17.12.1920.« Es entwickelte sich eine ausführliche Korrespondenz zwischen dem Konsistorium in Koblenz und dem Generalvikariat in Trier.

[20] Ebd. Das Verhalten Subtils erläuterte der Saarlouiser Pfarrer Carl Roderich Richter in einem Brief vom 1. März 1922 an Superintendent Nold.

[21] Ebd. Aktennotiz von Superintendent Nold, S. 3–4.

[22] Ebd. Schreiben des EOK vom 13. September 1922.

[23] Ebd. Brief von Karl Imig an das Konsistorium vom 6. Februar 1925, S. 2.

[24] AEKR Düsseldorf. 1 OB 002 (Konsistorium). Best. 384 Saargebiet. Brief von Superintendent Karl Imig an das Konsistorium vom 28. Juli 1932.

[25] AEKR Düsseldorf. 1 OB 002 Best. 452 Die Kirchlichen Verhältnisse im Saargebiet (1921–1931), ehemals »Geheimsachen betr. das Saargebiet«. Schreiben des Generalvikariates Trier an Freiherrn von der Goltz vom 26. Januar 1923. Zur Steuerfrage: siehe auch Best. 383 Saargebiet (1927–1931); Best. 385 Saargebiet, auch Kirchensteuern (1934–1936).

[26] Ebd.; siehe auch Best. 383 Saargebiet (1927–1931); Best. 385 Saargebiet, auch Kirchensteuern (1934–1936).

[27] Ebd. Bericht des Geheimen Konsistorialrates Ernst Hundt vom 1. Februar 1923.

[28] AEKR Düsseldorf. 1 OB 002 (Konsistorium). Best. 380 Saargebiet (1920–1922). Schaffung der Jugendpfarrstelle, hier: Aktennotiz des EOK 30. Januar 1922.

[29] Ebd. Best. 452 Die Kirchlichen Verhältnisse im Saargebiet (1921–1931), ehemals »Geheimsachen betr. das Saargebiet«. Denkschrift.

[30] Ebd. Bericht von Philipp Bleek vom 20. Juni 1922.

[31] AEKR Düsseldorf. 1 OB 002 (Konsistorium). Best. 380 Saargebiet (1920–1922). Brief von Karl Imig an Konsistorium vom 24. Mai 1922.

[32] Ebd. Bericht über die Errichtung einer Jugendpfarrstelle in St. Johann. Vgl. auch KABl 1923, S. 90.

[33] AEKR Düsseldorf. 1 OB 008 Best. Ortsakten (Alt)Saarbrücken, Nr. 5 (Pfarrstelle) Bd. III. Brief von Hubert

Nold an das Konsistorium in Koblenz vom 22. Juni 1922, S. 1–2. Und weiter S. 2: »Die von Saarbrücken gestellte Forderung an die übrigen Presbyterien der Großstadtgemeinden in bezug auf etwa entstehende Kosten sich mit Alt-Saarbrücken solidarisch erklären möchten, ist von den Presbyterien gutgeheißen worden. Die Beschlüsse der übrigen Presbyterien zu dieser Sache können nachträglich beigebracht werden.« Die Finanzierung teilten sich die Kirchengemeinden Saarbrücken, Malstatt-Burbach, St. Johann und St. Arnual sowie die Saar-Regierung.

34 Ebd. Schreiben der Justizverwaltung, Abt. Evangelischer Kultus an das Konsistorium, Januar 1923.

35 Protokoll der Kreissynode Saarbrücken 1925, S. 17

36 »Franzosenschulen«. Die französischen Domanialschulen in der Völkerbundzeit. Beiträge zur Regionalgeschichte, Heft 4. hg. von der Geschichtswerkstatt St. Ingbert. St. Ingbert 1990.

37 AEKR Düsseldorf. 1 OB 002 (Konsistorium). Best. 382 Saargebiet (1923–1927). Niederschrift über die Verhandlungen der Pfarrer- und Presbyterkonferenz der beiden Saarsynoden Saarbrücken und St. Johann am 16. Januar 1923 (32 Seiten!).

38 Protokoll der Kreissynoden Saarbrücken und St. Johann vom 5. März 1923, zitiert nach der Denkschrift »Die französischen Domanialschulen im Saargebiet« der Lehrerkammer für das Saargebiet, Saarbrücken 1929, S. 183.

39 AEKR Düsseldorf. 1 OB 002 (Konsistorium). Best. 382 Saargebiet (1923–1927). Der Notenwechsel über die französischen Schulen im Saargebiet, Berlin 1924.

40 Ebd. Best. 452 Die Kirchlichen Verhältnisse im Saargebiet (1921–1931), ehemals »Geheimsachen betr. das Saargebiet«. Bericht des Konsistoriums an den EOK vom 20. März 1931 über die Schulfrage an der Saar.

41 Ebd. Best. 385 Saargebiet, auch Kirchensteuern (1934–1936). Bericht über den Stand der Domanialschulen von Hermann Röchling an Karl Imig vom 24. Oktober 1934

42 Vgl. Frank G. Becker, »Deutsch die Saar, immerdar!« Die Saarpropaganda des Bundes der Saarvereine 1919–1935 (= Veröffentlichungen der Kommission für Saarländische Landesgeschichte und Volksforschung Bd. 40), Saarbrücken 2007.

43 AEKR Düsseldorf. 1 OB 002. Konsistorium B I a 27 Beiakte 2 Bd. III. Brief des EOK an die Konsistorien vom 13. Februar 1926.

44 Vossische Zeitung Nr. 138 vom 22. März 1925, auch zitiert in: Saar-Freund 6 (1925) Heft 7, S. 101.

45 Bundesarchiv Berlin. R 8014 Bund der Saarvereine Best. 7. Protokoll des Aufsichts- und Beratungsausschusses vom 24. Januar 1925.

46 AEKR Düsseldorf. 1 OB 002 Best. 384 Saargebiet. Brief von Konsistorialrat Richard Spieß an den EOK Berlin vom 20. Januar 1933.

47 Ebd. Brief von Superintendent Hubert Nold an das Konsistorium vom 4. Juli 1933, S. 1.

48 Ebd., S. 2.

49 Ebd., S. 2.

50 Ebd., S. 5.

51 In den Saarsynoden blieben die Presbyterien bis 1946 in der Zusammensetzung, wie sie aus den Wahlen vom November 1932 entstanden waren – sieht man von Nachwahlen durch Tod oder Rücktritt ab. Anders verhält es sich mit den Abgeordneten zur 42. Provinzialsynode, die durch Notgesetz des Kirchensenates un-

ter Verletzung der Rheinischen Kirchenordnung aus den DC-Kreisen requiriert wurden; vgl. Hans-Walter Herrmann, Die beiden Saar-Synoden im Kirchenkampf, in: Zwischen Bekenntnis und Anpassung. Aufsätze zum Kirchenkampf in rheinischen Gemeinden, hg. von Günther van Norden (= SRKG Bd. 84), Köln 1985, S. 462–478, hier: S. 466.

52 Herrmann, Die beiden Saar-Synoden [wie Anm. 51], S. 467.

53 Ev. Pfarrarchiv Malstatt. Protokollbuch der Ev. Kirchengemeinde Malstatt vom 1.4.1912–19.12.1938. Protokoll des Presbyteriums vom 17. Mai 1935. Das Presbyterium Malstatt erwarb eine sechsstellige Grabstätte und übernahm die gesamten Beerdigungskosten.

54 Vgl. Joachim Conrad, Art. Philipp Bleek (1878–1948), in: BBKL 23 (2004), Sp. 92–102.

55 Vgl. ders., Art. Otto Wehr (1886–1960), in: BBKL 23 (2004), Sp. 1538–1565.

56 Vgl. ders., Eduard Heinz (1893–1985) – Pfarrer in Alt-Saarbrücken und Komponist. Ein Beitrag zur rheinischen Musikgeschichte, in: MEKGR 41 (1992), S. 208–232; ders., Art. Heinz, Eduard (1893–1985), in: BBKL 23 (2004), Sp. 637–652.

57 Die Gautagung der DC Saar am 29./30. April 1933 wurde als Kirchentag aufgezogen; auswärtige DC-Pfarrer sprachen auf Kundgebungen in Saarbrücken, Neunkirchen und Völklingen; vgl. Herrmann, Die beiden Saar-Synoden [wie Anm. 51], S. 462–478, hier S. 465.

58 Als in Düsseldorf am 9. Oktober 1933 die Rheinische Pfarrbruderschaft erstmals zusammentrat, war Otto Wehr schon hier der einzige Vertreter der Saar; vgl. Herrmann, Die beiden Saar-Synoden [wie Anm. 51], S. 467.

59 Vgl. Jürgen Schäfer, Kurt Gerstein – Zeuge des Holocaust. Ein Leben zwischen Bibelkreisen und SS (= Beiträge zur Westfälischen Kirchengeschichte Bd. 16), Bielefeld 2002, bes. S. 74–75.

60 Zitiert nach Herrmann, Die beiden Saar-Synoden [wie Anm. 51], S. 469.

61 Ebd., S. 232.

62 Vgl. Joachim Conrad, Art. Karl Roderich Richter (1885–1965), in: BBKL 27 (2007), Sp. 1141–1153.

63 Abgedruckt bei Günther van Norden, Das 20. Jahrhundert (= Quellen zur rheinischen Kirchengeschichte Bd. 5), Düsseldorf 1990, S. 189–195.

64 Herrmann, Die beiden Saar-Synoden [wie Anm. 51], S. 471.

65 Der Saarbrücker Superintendent D. Hubert Nold war überraschend am 16. Mai 1935 in Burbach gestorben; der St. Johanner Superintendent Karl Imig war mit Erreichen der Altersgrenze im März 1934 in den Ruhestand getreten. So führten in beiden Saarsynoden die Synodalassessoren die Geschäfte.

56 Zickwolff lieferte übrigens die theologische Begründung zur Anerkennung der Kirchenausschüsse; abgedruckt in Herrmann, Die beiden Saar-Synoden [wie Anm. 51], S. 475–476.

67 Vgl. Otto Wehr, Fechingen (Saarland), in: Die Stunde der Versuchung. Gemeinden im Kirchenkampf 1933–1945. Selbstzeugnisse, hg. von Günther Harder/Wilhelm Niemöller, München 1963, S. 350–365.

68 Zitiert nach Herrmann, Die beiden Saar-Synoden [wie Anm. 51], S. 474.

69 Vgl. Hans-Walter Herrmann, Otto Wehr, in: Saarländische Lebensbilder, hg. von Peter Neumann, Bd. 4, Saarbrücken 1989, S. 223–250, hier S. 236.

70 Vgl. Dieter Gräbner/Stefan Weszkalnys, Der ungehörte Zeuge. Kurt Gerstein, Christ, SS-Offizier, Spion im Lager der Mörder, Saarbrücken 2006, bes. S. 34–37.

71 Vgl. Otto Wehr, War es wirklich so schlimm? Kurt Gerstein, in: In Deinen Händen. Evangelischer Kalender

1961, S. 85–92.

72 AEKR Düsseldorf 1 OB 017 LKA Sachakten Best. 12-19-2. Aktenvermerk betr. Empfang bei Militärgouverneur in Saarbrücken, 19. Oktober 1945, S. 1.

73 Ebd.

74 Ebd. Nr. 8018 Bd. 1 Laufzeit 1940–1971. Büroausstattung.

75 Ebd. Bericht für die Kirchenleitung vom 6. Februar 1952.

76 Vgl. Herrmann, Otto Wehr [wie Anm. 69], S. 239. Auf katholischer Seite lieferten sich der Trierer Erzbischof Franz Rudolf Bornewasser und der saarländische Ministerpräsident Johannes Hoffmann eifrig Gefechte um den Begriff »Vaterland«. Hoffmann formulierte in dem Zeitungsartikel »Heimat – Vaterland«: »Vaterland ist in erster Linie die Heimat, und wir Saarländer hängen mit tiefer Liebe an unserer saarländischen Heimat«. Zitiert nach Altmeyer, Saardiözese [wie Anm. 5], S. 270.

77 AEKR Düsseldorf 1 OB 017 LKA Sachakten Best. 12-19-2. Brief von Otto Wehr an den »Mittelrheinischen Kurier« vom 17. Januar 1945.

78 Ebd. Brief von Otto Wehr an Gilbert Grandval vom 31. Dezember 1946, S. 1: »Im Rückblick auf das vergangene Jahr gedenke ich dankbar Ihres starken Interesses für die Evangelische Kirche, das sie sowohl mir persönlich und den Vertretern der Evangelischen Kirche im Rheinland wie insbesondere seiner Eminenz dem Herrn Landesbischof D. Wurm und dem Leiter des kirchlichen Außenamtes, Pfarrer Dr. Niemöller, bekundet haben.«

79 Ebd., S. 1: »Alle Vertreter der Evangelischen Kirche, die die Ehre gehabt haben, Sie in den Audienzen persönlich kennen zu lernen, waren von der herzlichen Freundlichkeit tief beeindruckt, mit der sie durch Sie empfangen worden sind.«

80 Ebd. Brief von Otto Wehr an Gilbert Grandval vom 14. Januar 1946.

81 Ebd. Brief der Militärregierung an Otto Wehr vom 21. Februar 1947.

82 Ebd. Beschwerde der Kirchenleitung vom 29. Oktober 1948: »Seit altersher gehören die Kirchengemeinden Nohfelden, Sötern-Bosen und Wolfersweiler zur ev. Kreisgemeinde Birkenfeld. Die genannten Gemeinden liegen jedoch jetzt im Saarland. Diese politische Grenzziehung hat für die Tagung der Synode der Kreisgemeinde Birkenfeld am 23.9.1948 die Folge gehabt, dass die Gemeinden auf dieser Synode nicht, wie es unsere Kirchenordnung vorschreibt, durch Abgeordnete ihres Presbyteriums vertreten sein konnten. Lediglich den Pfarrern war die Teilnahme möglich.«

83 Ebd. Exposé zur kirchlichen Saarfrage von Paul Graf Yorck von Wartenburg vom 31. Januar 1949, S. 1.

84 Ebd., S. 2.

85 Die Dienstvergütungen stellten schon einige Zeit ein Problem dar: Die Zahlung des linksrheinischen Staatsgehalt und des Dotationszuschusses war seit dem 1. April 1943 an die Oberkasse des Saarlandes und nicht mehr an die Kirchengemeinden ergangen, dann an die Generalkirchenkasse. Nach Abtrennung des Saargebietes waren die Zahlungen nicht mehr möglich. AEKR Düsseldorf 1 OB 002 (Konsistorium) Best. 439. Schreiben von LKR Rössler an Otto Wehr vom 17. November 1945.

86 AEKR Düsseldorf 1 OB 017 LKA Sachakten. Best. 12-19-2. Exposé zur kirchlichen Saarfrage von Paul Graf Yorck von Wartenburg vom 31. Januar 1949, S. 2.

[87] Ebd. Brief von Kirchenpräsident Hans Stempel an Paul Graf Yorck von Wartenburg vom 1. März 1949, S. 1.

[88] Ebd. Erster Bericht über die Lage der evangelischen Gemeinde an der Saar vom 18. Januar 1947, S. 1. Es folgen Berichte am 5. Februar und am 10. Februar 1947.

[89] Vgl. Herrmann, Otto Wehr [wie Anm. 69], S. 240.

[90] AEKR Düsseldorf 1 OB 017 LKA Sachakten. Best. 12-19-2. Zweiter Bericht über die Lage der evangelischen Gemeinde an der Saar vom 5. Februar 1947, S. 1.

[91] Ebd., S. 2.

[92] 40 Jahre Landtag des Saarlandes 1947–1987, Saarbrücken 1987, S. 25.

[93] AEKR Düsseldorf 1 OB 017 LKA Sachakten. Best. 12-19-2. Über die Rechtsstellung der saarländischen Gemeinden der Ev. Kirche der Rheinprovinz nach der Verfassung des Saarlandes, S. 1.

[94] Ebd., S. 5.

[95] AEKR Düsseldorf 1 OB 002 (Konsistorium). Best. 1027. Brief des EOK an Karl Roderich Richter vom 5. Februar 1941.

[96] AEKR Düsseldorf 1 OB 017 LKA Sachakten. Best. 12-19-2. Mitteilung des Konsistoriums an den Regierungspräsidenten Hans Neureuther vom 19.Oktober 1945 über die kommissarische Übertragung der Superintendenturen in Saarbrücken und St. Johann.

[97] EZAS Best 01,7 Kirchenkreis Völklingen Nr. 331. Brief der Kirchenleitung an die Presbyterien vom 10. November 1945.

[98] Ebd. Brief der Kirchenleitung an die Presbyterien vom 5. Dezember 1945.

[99] Vgl. Karl Roderich Richter, Sieben Sätze zum Bekenntnisstand der evangelischen Gemeinden im Saargebiet. Druck vom 1. Februar 1946.

[100] EZAS Best 01,7 Kirchenkreis Völklingen Nr. 349. Brief von Eduard Heinz an Karl Roderich Richter vom 28. Januar 1946.

[101] Ebd. Brief von Eduard Heinz an Joachim Beckmann vom 11. März 1946.

[102] Ebd. Brief von Eduard Heinz an Karl Roderich Richter vom 13. März 1946.

[103] Ebd. Erste Tagung am 29. März 1946 im Saal der Bischöflich-methodistischen Kirche in Saarbrücken-St. Johann.

[104] EZAS Best 01,7 Kirchenkreis Völklingen Nr. 350. Brief von Joachim Beckmann an Richard Braun vom 8. Juli 1946.

[105] Ebd. Nr. 353. Protokoll der vierten Tagung der Kreissynode Völklingen am 4. Oktober 1948 in St. Johann.

[106] Vgl. Herrmann, Otto Wehr [wie Anm. 69], S. 241.

[107] AEKR Düsseldorf 6 HA 006 (Handakten Präses Held). Heft 335. Brief von Otto Wehr an Joachim Beckmann vom 23. Januar 1949, S. 2.

[108] Ebd. Brief von Otto Wehr an Joachim Beckmann vom 25. Februar 1949, S. 1.

[109] AEKR Boppard 6 HA 046 B (Handakten Kirchenrat Wehr) Nr. 08-2. Brief von Otto Wehr an Johannes Hoffmann vom 14. Dezember 1948

[110] AEKR Düsseldorf 6 HA 006 (Handakten Präses Held). Heft 335. Brief von Otto Wehr an Joachim Beckmann vom 25. Februar 1949, S. 2.

[111] Ebd., S. 1.

[112] AEKR Düsseldorf 6 HA 006 (Handakten Präses Held). Heft 206. Programm zum Besuch der Kirchenleitung an der Saar vom 8. bis 13. Oktober 1949.

[113] Vgl. Joachim Conrad, Karl Rahner (1903–1970) – Alpirsbacher Archicantor im Rheinland. Ein Beitrag zur rheinischen Kirchenmusikgeschichte, in: MEKGR 45/46 (1996/1997), S. 569–587, ders. Art. Karl Rahner (1903–1970), in: BBKL 23 (2004), Sp. 1147–1155.

[114] AEKR Düsseldorf 6 HA 006 (Handakten Präses Held). Heft 206. Brief von Egon Franz an Heinrich Held vom 24. Juli 1950.

[115] AEKR 1 OB 017 LKA Sachakten Nr. 8018 Bd. 1 Laufzeit 1940–1971. Schreiben von Otto Wehr an Johannes Hoffmann vom 27. Februar 1952, S. 2.

[116] AEKR Düsseldorf 6 HA 006 (Handakten Präses Held). Schreiben von Kirchenpräsident Hans Stempel an Präses Heinrich Held vom 10. November 1952.

[117] Die Gemeinde heißt seit 1956 Altenkessel.

[118] AEKR Düsseldorf 6 HA 006 (Handakten Präses Held). Brief von Pfarrer Julius Zentz an Dr. Gustav Heinemann vom 21. November 1952, S. 1.

[119] Ebd.

[120] Ebd. Brief von Otto Wehr an Pfarrer Julius Zentz vom 29. November 1952.

[121] AEKR Düsseldorf 6 HA 006 (Handakten Präses Held). Rundschreiben der Kirchenleitung von 25. November 1952.

[122] Bericht über den Vortrag Wehrs von Heinrich Schneider, abgedruckt bei Günther van Norden, Das 20. Jahrhundert (= Quellen zur rheinischen Kirchengeschichte Bd. 5), Düsseldorf 1990, S. 368–370.

[123] Hoffmann hatte mit 461 Millionen Franken als Staatszuschuss den Wiederaufbau bzw. Neubau von sechzig Kirchen im Saarland mitfinanziert; vgl. Altmeyer, Saardiözese [wie Anm. 5], S. 273.

[124] Zitiert nach Robert H. Schmidt, Saarpolitik 1945–1957, Bd. 2, Darmstadt 1960, S. 453.

[125] EZAS 02,26 Best. KGM Heusweiler. Brief von Julius Zentz an Johannes Hoffmann vom 12. November 1952, S. 1.

[126] Ebd. Brief von Julius Zentz an Johannes Hoffmann vom 12. November 1952, S. 2.

[127] Ebd. Julius Zentz. Erklärung zu den Saar-Wahlen am 30. Nov. 1952, S. 1

[128] Ebd. Karl Friedrich Zickwolff, Pfarrer der Synode Völklingen wenden sich an ihre Gemeinden mit folgendem Wort, 21. November 1952.

[129] 40 Jahre Landtag des Saarlandes 1947–1987, Saarbrücken 1987, S. 56.

[130] EZAS 02,26 Best. KGM Heusweiler. Presseerklärung der saarländischen Pfarrerschaft vom 28. Januar 1955 zur Ablehnung des Saarstatuts, S. 1.

[131] Ebd., S. 2.

[132] AEKR Düsseldorf 6 HA 006 (Handakten Präses Held). Heft 207. epd-Interview von Rudolf Birck mit Präses Heinrich Held und Schreiben des Präses vom 24. September 1955.

[133] EZAS 02,26 Best. KGM Heusweiler. An die evangelischen Christen. Veröffentlichung aus dem Superintendentenbericht Zickwolff von der 11. Tagung der Kreissynode Völklingen vom 4. Juli 1955 in Saarlouis.

[134] AEKR Düsseldorf 6 HA 006 (Handakten Präses Held). Brief von Präses Heinrich Held an Superintendent

Karl Friedrich Zickwolff vom 15. Oktober 1955, S. 1–2.

135 Ebd. Brief von Präses Heinrich Held an Pfarrer Walter Schneider vom 15. Oktober 1955.

136 Pfarrer rufen zum Nein auf. Zitiert nach Rainer Hudemann/Armin Heinen, Das Saarland zwischen Frankreich, Deutschland und Europa 1945–1957 (= Veröffentlichungen der Kommission für Saarländische Landesgeschichte und Volksforschung Bd. 41), Saarbrücken 2007, S. 525.

137 Ebd., S. 526.

138 EZAS 02,26 Best. KGM Heusweiler. Stellungnahme des ev. Arbeitskreises der CVP.

139 Es sind 34 Unterschriften.

140 EZAS 02,26 Best. KGM Heusweiler. Stellungnahme des ev. Arbeitskreises der CVP.

141 Werner Abegg, Klarenthal; Oswald Altmeyer, Völklingen; Herbert Dasbach, Karlsbrunn; Emil Eder, Neudorf; Emil Gebhard, Wahlschied-Holz; Walter Heinz, Völklingen; Karl Jakob, Völklingen; Friedrich Mohns, Ludweiler; Hans Obermann, Völklingen; Ferdinand Rohrbach, Bischmisheim; Karl Ludwig Rug, Köllerbach; Alfred Rühling, Merzig; Walter Schmidt, Wadern; Walter Schneider, Heusweiler; Richard Venitz, Scheidt; Karl Friedrich Zickwolff, Dillingen.

142 Theodor Bronisch, Malstatt; Ernst Buddeberg, St. Arnual; Emil Daudert, St. Johann; Paul Dittscheidt, Malstatt; Erich-Werner Eisenbeiß, St. Johann.

143 Karl-Heinz Beck, Homburg; Karl Bruch, Homburg; Erich Götz, Mimbach; Richard Höh, Einöd; Karl Friedrich Jockers, Niederbexbach; Hermann Erich Kuntz, St. Ingbert; Hermann Martin Lugenbiehl, St. Ingbert; Friedrich Wilhelm Oeffler, Bexbach; Robert Pfirrmann, St. Ingbert; Alfred Pordzik, Breitfurt; Erich Rheinberger, Kirkel; Rudolf Seegmüller, Höchen; Hans Rudolf Wende, Ensheim. Demnach ist das Dokument ein Werk der saarpfälzischen und der Völklinger Pfarrerschaft.

144 40 Jahre Landtag des Saarlandes 1947–1987, Saarbrücken 1987, S. 67.

145 Ebd., S. 92.

146 AEKR Boppard 6 HA 046 B (Handakten Kirchenrat Wehr). Best. 06-1. Sitzung der Kirchenleitung vom 17. September 1956.

147 Ebd. Beschluss Nr. 26 der Kirchenleitung lautete lapidar: »Das Amt des Bevollmächtigten wird zum 30. September 1957 aufgehoben«.

148 AEKR 1 OB 017 LKA Sachakten Nr. 8018 Bd. 1 Laufzeit 1940–1971. Brief von Theodor Barner an Heinrich Held vom 26. April 1957, S. 1–2.

149 Ebd., S. 2.

150 Ebd. Brief der Kirchenleitung an Theodor Barner vom 29. April 1957.

151 AEKR Boppard 6 HA 046 B (Handakten Kirchenrat Wehr). Best. 06-1. Abschlussbericht von Otto Wehr an die Kirchenleitung vom 12. August 1957.

152 Ebd., S. 2–7.

153 AEKR 1 OB 017 LKA Sachakten Nr. 8018 Bd. 1 Laufzeit 1940–1971. Brief von Otto Wehr an den Verwaltungsrat des Ev. Stiftes St. Arnual vom 9. Dezember 1957.

154 AEKR Boppard 6 HA 046 B (Handakten Kirchenrat Wehr). Best. 06-1. Brief von Joachim Beckmann an Otto Wehr vom 17. September 1957, S. 1.

2. Die Amtszeit von Dr. Theodor Barner

Mit dem lapidaren Satz »Das Amt des Bevollmächtigten wird zum 30. September 1957 aufgehoben«[1], hatte die Kirchenleitung Otto Wehr aus dem Amt gedrängt. Nun musste die Zusammenarbeit der Superintendenten und Kreissynodalvorstände der saarländischen Kirchenkreise neu geregelt werden.

Superintendent Dr. Theodor Barner (1895–1990). Foto: AEKR Düsseldorf

Bisher hatte Wehr mit dem Ottweiler Superintendenten Wilhelm Engel und dem Völklinger Superintendenten Karl Friedrich Zickwolff im Zigarrenkabinett gesessen und Politik gemacht. Nun sollten die drei Kreissynodalvorstände jährlich zweimal zusammentreten. In einer Gemeinsamen Versammlung sollten sich die Superintendenten forthin alle zwei Jahre im Vorsitz ablösen.[2] Alle Aufgaben waren zu besprechen und durch Beschlüsse zu regeln. Am 11. Juli 1957 trafen sich die Delegierten der drei Kirchenkreise zur letzten Besprechung. Anwesend waren für den Kirchenkreis Ottweiler Synodalassessor Werner Ritter und Skriba Karl August Hertel, für den Kirchenkreis Saarbrücken Superintendent Dr. Theodor Barner, Synodalassessor Arnold Döring und Skriba Erich Werner Eisenbeiß, für den Kirchenkreis Völklingen Superintendent Karl Friedrich Zickwolff, Synodalassessor Hermann Günther und Skriba Hans Obermann sowie für die Kirchenleitung die Landeskirchenräte Friedrich Wilhelm von Staa und Dr. Walther Löhr. Im August 1957 wurde die Regelung über die Zusammenarbeit gebilligt. Aber es gab Aufgabenbereiche, die die Kompetenz der Kreissynodalvorstände überstieg.

Ob in Düsseldorf jemand den Schritt bereut hat, das Amt des Bevollmächtigten aufgehoben zu haben, ist nicht feststellbar. Es gibt jedoch einen Vermerk[3] über die mögliche Bestellung eines Beauftragten vom 27. September 1960 aus der Feder von Dr. Wilhelm

Löhr, in dem er ausführte, dass Kontakte vor Ort – auch zu den Ministerien – durchaus von der Superintendenten gehalten werden könnten, dass aber die Kirchenleitung faktisch abgehängt würde. Und wollte man sich künftig auf die Superintendenten stützen, so müssten deren Büros personell aufgestockt werden. Bald schon stellte das Presbyterium der Kirchengemeinde St. Arnual den Antrag auf Errichtung dieser Stelle auf der Synode des Kirchenkreises Saarbrücken am 19. Juni 1962 in Güdingen. Pfarrer Walter Brandt begründete den Antrag damit, dass der geschäftsführende Superintendent nicht noch diese übergeordnete Aufgabe erfüllen könnte, denn das »gehe über die Kraft eines Menschen hinaus.«[4] Im Übrigen habe Superintendent Dr. Barner nur einen Lehrvikar zur Entlastung. Der Rodenhofer Pfarrer Paul Dittscheid machte auf die Besonderheit des Saarlandes aufmerksam, dass nämlich die evangelische Kirche eine kleine Minderheit sei. Kirchenrat Wehr sei es gelungen, dieser Minderheit Gehör zu verschaffen. Der folgende Beschluss Nr. 7 der Kreissynode Saarbrücken, der die Landeskirche aufforderte, die Stelle eines Beauftragten zu errichten, war entsprechend einstimmig.

Der neue Beauftragte Dr. Theodor Barner begegnet Ministerpräsident Franz Josef Röder. Foto: Fotosammlung Ev. Büro Saarbrücken

Am 9. August 1962 wurde das Amt – nunmehr eines »Beauftragten bei der Landesregierung« – wieder bzw. neu eingerichtet, und am 14. August 1962 wandte sich die Kirchenleitung an die Saarländische Staatskanzlei mit der Frage, ob Dr. Theodor Barner als Beauftragter akzeptiert werden würde.[5]

Offenbar war der Vorgang innerkirchlich nicht abgesprochen, denn zehn Tage später meldete sich der pfälzische Kirchenpräsident Hans Stempel zu Wort und fragte nach, wie sich die rheinische Kirchenleitung die Abgrenzung im Saarland vorstellte.[6] Denn der südöstliche Teil des Bundeslandes gehörte zur Ev. Kirche der Pfalz. Stempel schlug eine Vereinbarung vor, brachte aber auch eine andere Personalie ins Gespräch: Wilhelm Kentmann. Die beiden Landeskirchen gingen getrennte Wege. Das Amt wurde dem Saarbrücker Superintendenten Dr. Theodor Barner übertragen, der federführend an der Demokratisierung der Strukturen mitgewirkt hatte. Nicht übertragen wurde Barner der Titel «Kirchenrat«, auch verfügte er nicht mehr über ein eigenes Amtssiegel wie Wehr.

Die diakonischen Fragen an der Saar waren schon seit 1954 geklärt: Damals war Pfarrer Werner Schommer zum Landespfarrer für Innere Mission und Hilfswerk im Saarland mit Sitz in Saarbrücken bestellt worden.[7] Im Juni 1964 – unmittelbar vor Amtsübernahme durch Theodor Barner – wurde ein Kuratorium für das Landheim Wiesbach berufen, das der Saarverband der Frauenhilfe für die Müttergenesung bewirtschaftete. Am 15. November 1967 nahm der Gemeinsame Diakonatsausschuss der drei Saarkirchenkreise seine Arbeit auf. Parallel entstand der Gemeinsame Öffentlichkeitsausschuss mit seinen Arbeitsgemeinschaften Öffentliche Verantwortung, Rundfunk, Presse und Film. Mitglieder des Ausschusses waren die drei Superintendenten, einer der beiden pfälzischen Dekane und pro Arbeitsgemeinschaft fünf Gemeindeglieder. Zur Regelung der Schulfragen wurde im Oktober 1969 ein Gemeinsamer Schul- und Bildungsausschuss aus der Taufe

Theodor Barner und der Berliner Bischof Dr. Kurt Scharf.
Foto: AEKR Best 8SL 078 Bildarchiv Sonntagsgruß Saar Fotobestand Nr. 166.

gehoben, dem zum 1. Oktober 1970 ein hauptamtlicher Schulreferent zur Seite gestellt wurde.[8]

Die von Otto Wehr aufgeworfene Frage nach der Besetzung hochrangiger Stellen im Kultusministerium diskutierte der Beauftragte am 6. August 1963 mit dem Ministerpräsidenten Franz-Josef Röder, der bis 1965 in Personalunion auch Minister für Kultus, Unterricht und Volksbildung war, sowie mit Justizminister Julius von Lautz im Stiftspalais am Ludwigsplatz. Es ging um die Nachfolge des Katholiken Dr. Prümm als Referent für die Gewerbliche Berufsschule und um die Schulleitung an der Schule Homburg-Sonnenfeld.

Dr. Theodor Barner trat als Saarbrücker Superintendent 1964 in den Ruhestand und legte auch das Amt eines Beauftragten nieder.[9] Am 17. August folgte ihm Erich-Werner Eisenbeiß als Superintendent. Er war jedoch nicht zum Beauftragten bestellt worden, vielmehr stand in der Vorlage für die Sitzung der Kirchenleitung am 24. September 1964, Eisenbeiß solle sich zuerst einmal als Superintendent einarbeiten.[10]

Und mit Datum vom 31. Oktober 1964 schrieb der Ottweiler Superintendent Wilhelm Engel, der nun bald zwanzig Jahre als Superintendent an der Saar tätig war, an Prä-

Verabschiedung von Theodor Barner, v.l.n.r. Erich-Werner Eisenbeiß, Dr. Konrad Barner, Lotte und Dr. Theodor Barner sowie Eva Barner.
Foto: AEKR Best 8SL 078 Bildarchiv Sonntagsgruß Saar Fotobestand Nr. 162.

ses Prof. Dr. Joachim Beckmann und berichtete über die Meinungsbildung im dortigen Leitungskreis: »In unserem Kreissynodalvorstand verlief das Gespräch darüber so: Der Superintendent von Ottweiler sollte eigentlich Beauftragter werden. Doch hatte unser Kreissynodalvorstand volles Verständnis dafür, daß die Beauftragung des Superintendenten von Ottweiler d.h. ja in diesem Falle, meine Beauftragung, für mich allein schon um der Entfernung von Saarbrücken eine zu große Belastung darstelle. Alsdann stellte unser Kreissynodalvorstand noch einmal heraus, es müsse ja kein Superintendent mit diesem Dienst betraut werden. Aus sachlichen Erwägungen – gute bestehende Verbindungen mit der Regierung des Saarlandes von der Inneren Mission und dem Hilfswerk her – votierte unser Kreissynodalvorstand für Bruder [Werner] Schommer. Ich habe für dieses Votum Verständnis und bin auch der Meinung, daß es nicht nur ein eigenwilliges Votum unseres Kreissynodalvorstandes ist, sondern auch in unsern Gemeinden, besonders auch bei vielen Pfarrern, ein gutes Echo fände. Trotzdem bin ich dabei nicht froh. Beauftragt die Kirchenleitung Bruder Schommer, so wird die ohnehin schon schwierige Stellung von Bruder Eisenbeiß dadurch noch schwieriger.«[11]

Der Kreissynodalvorstand Saarbrücken benannte am 5. November 1964 ohne Umschweife Eisenbeiß; dem schloss sich der Kreissynodalvorstand Völklingen am 17. November 1964 an.[12] Am 15. Dezember erst wandte sich die Kirchenleitung an Eisenbeiß und ernannte ihn zum Beauftragten »bis auf weiteres«.[13]

Anmerkungen

1 AEKR Boppard 6 HA 046 B (Handakten Kirchenrat Wehr). Best. 06-1. Sitzung der Kirchenleitung vom 15. März 1957, Beschluss Nr. 26.

2 AEKR 1 OB 017 LKA Sachakten Nr. 8018 Bd. 1 Laufzeit 1940–1971. Regelung für die Zusammenarbeit der Superintendenten und Kreissynodalvorstände der saarländischen Kirchenkreise.

3 Niederschrift über die Verhandlungen der Kreissynode Saarbrücken auf ihrer ordentlichen Tagung am 19. Juni 1962 in Güdingen, Saarbrücken 1962, S. 35–39, hier S. 37.

4 AEKR 1 OB 017 LKA Sachakten Nr. 8018 Bd. 1 Laufzeit 1940–1971. Vermerk über die mögliche Bestellung eines Beauftragten vom 27. September 1960.

5 Ebd. Brief der Kirchenleitung an Franz-Josef Röder vom 14. August 1962.

6 Ebd. Brief von Hans Stempel an die Rheinische Kirchenleitung in Düsseldorf vom 24. August 1962.

7 KABl 6/7 (8. Mai 1954), S. 35.

8 KABl 11 (6. November 1970), S. 224.

[9] AEKR 1 OB 017 LKA Sachakten Nr. 8018 Bd. 1 Laufzeit 1940–1971. Brief von Theodor Barner an die Kirchenleitung vom 31. August 1964.

[10] Ebd. Vorlage für die Sitzung der Kirchenleitung am 24. September 1964.

[11] Ebd. Brief von Wilhelm Engel an Joachim Beckmann vom 31. Oktober 1964.

[12] Ebd. Briefe des Kreissynodalvorstandes Saarbrücken vom 5. November und des Kreissynodalvorstandes vom 17. November 1964 an die Kirchenleitung.

[13] Ebd. Brief der Kirchenleitung an Erich-Werner Eisenbeiß vom 15. Dezember 1964.

3. Die Amtszeit von Erich-Werner Eisenbeiß

3.1 Fortschritte in der Ökumene

Am 22. Mai 1967 schrieb der Abt der Benediktinerabtei St. Mauritius in Tholey, Prof. Dr. Petrus Borne OSB, an den Beauftragten Superintendent Erich-Werner Eisenbeiß, Bundespräsident Heinrich Lübke habe ihn bei seinem Besuch in der Abtei ermutigt, eine deutsch-französische Symbolstätte auf dem Schaumberg zu errichten.[1] Um die Versöhnung von Deutschen und Franzosen voranzutreiben sowie ökumenische Gottesdienste zu feiern, wurde der »Verein zur Errichtung der deutsch-französischen Symbolstätte« am 16. Juni 1967 aus der Taufe gehoben. Gründungsmitglieder waren Staatssekretär Alois Becker aus Saarbrücken, Abt Dr. Petrus Borne, der Beauftragte Erich-Werner Eisenbeiß, der französische Generalkonsul Jacques Fournier, der Abgeordnete Leo Gottesleben MdB, der Abgeordnete des Kantons Sarreguemines Etienne Hinsberger, der Tholeyer Amtsvorsteher Schäfer, Minister a.D. Hermann Trittelvitz sowie der St. Wendeler Landrat Werner Zeyer. Borne, Eisenbeiß, Hinzberger und Schäfer wurden zum Vorstand gewählt.[2]

Kirchenrat Erich-Werner Eisenbeiß und der Tholeyer Prior P. Athansius Weber OSB (1932–2015). Foto: Fotosammlung Ev. Büro Saarbrücken

3.2 Standortbestimmung

Das Verhältnis zwischen dem Beauftragten, der in dieser Zeit ja auch Superintendent des kleinsten Kirchenkreises war, und den anderen Superintendenten war nicht immer spannungsfrei. Der Kirchenkreis Ottweiler hatte eine von der Landeskirche verursachte

Zurücksetzung zu verschmerzen, weil der dienstälteste Superintendent Wilhelm Engel nicht für das Amt des Beauftragten vorgesehen wurde, sondern ausgerechnet der jüngste. Auch drängte sich der Verdacht auf, der Saarbrücker Superintendent wolle in die anderen Kirchenkreise hineinregieren. Zum ersten Mal eskalierte die Lage, als der Oberbürgermeister von Neunkirchen, Friedrich Regitz, zu Grabe getragen wurde. Regitz war Fraktionsvorsitzender der SPD im Saarländischen Landtag, und so lud der Landesparteivorsitzende unter völliger Verkennung der Verhältnisse – im Saarland denkt man hierarchisch dank der katholischen Bevölkerungsmehrheit, auch bei der SPD – Superintendent Eisenbeiß zur Trauerfeier am 11. August 1971 ins Kolpinghaus Neunkirchen ein. Der Ottweiler Superintendent Hans-Georg Reidenbach fühlte sich übergangen, und Synodalassessor Dr. Karl-Adolf Bauer bestritt dem Beauftragten namens des Kreissynodalvorstandes Ottweiler das Recht der Repräsentation.[3] Bauer lenkte nach einer Aussprache ein, der Kreissynodalvorstand aber nicht, der auf sieben Seiten einen Angriff gegen den Beauftragten startete. Der Kreissynodalvorstand Ottweiler hielt gegenüber Eisenbeiß fest, »daß Ihr Erscheinen eine diskriminierende Unhöflichkeit gegenüber dem Superintendenten unseres Kirchenkreises darstellt.«[4]

Unterzeichnung des Vertrages über den Religionsunterricht durch Kirchenrat Erich-Werner Eisenbeiß und Ministerpräsident Franz-Josef Röder; im Hintergrund Nuntius Dr. Corrado Bafile (1903–2005). Foto: Fotosammlung Ev. Büro Saarbrücken

Kirchenrat Erich-Werner Eisenbeiß und Ministerpräsident Franz-Josef Röder (1909–1979).
Foto: Fotosammlung Ev. Büro Saarbrücken

Es bedurfte des Einsatzes der Kirchenleitung, um die Wogen zu glätten. Oberkirchenrat Hermann Walter Augustin, ein besonnener Mann, versammelte am 5. Oktober 1971 Synodalassessor Dr. Karl-Adolf Bauer, der kurz darauf selbst Superintendent in Ottweiler und nebenamtliches Mitglied der Kirchenleitung wurde, den Völklinger Superintendenten Oswald Altmeyer und den Beauftragten an einem Tisch. Es wurde die Notwendigkeit des Amtes von allen anerkannt und dass die Kirchenkreise nicht am Beauftragten vorbei agieren sollten.[5] Es wurde festgestellt, dass der Beauftragte die Kirchenleitung bei der Beerdigung des Oberbürgermeisters vertrat.[6] Zukünftig sollten die Kreissynodalvorstände drei- bis viermal im Jahr zusammenkommen, damit sie sich miteinander verständigen konnten.

Erich-Werner Eisenbeiß lernte etwas aus dem Konflikt und schlug der Kirchenleitung eine »Regelung für das Amt des Beauftragten der Ev. Kirche bei der Regierung des Saarlandes« vor, wo es in Ziffer 3 heißen sollte, dass die Arbeit »in enger Zusammenarbeit mit den Superintendenten der Kirchenkreise«[7] zu geschehen habe. Die Kirchenleitung lernte erst etwas später aus dem Konflikt, als sie am 4. März 1976 Eisenbeiß endlich den Titel »Kirchenrat« verlieh und damit seinen landeskirchlichen Auftrag deutlich manifestierte.[8]

3.3 Das Evangelische Büro

Als der Kirchenkreis Saarbrücken 1978 das Schwesternhaus des Ev. Stadtkrankenhauses in St. Johann erwarb, war der Plan, dass alle möglichen Dienststellen in das neue »Haus der Kirche« einziehen sollten. Die Erwartungshaltung gegenüber den Kirchenkreisen Ottweiler und Völklingen war groß. Merkwürdigerweise nutzte Eisenbeiß den Moment, um das Büro der Superintendentur Saarbrücken und das Evangelische Büro des Beauftragten zu trennen. Traditionell zog die Superintendentur der jeweiligen Kirchenkreise immer ins Büro des amtierenden Superintendenten ein, und das bedeutete immer den Umzug der Akten, wenn das Amt – etwa beim Wechsel von Barner zu Eisenbeiß – von Brebach nach St. Johann ging. Mit der Einrichtung der Superintendentur Saarbrücken ins »Haus der Kirche« war im Pfarrhaus Eisenbeiß in der Lessingstraße Raum. Er bat die Kirchenleitung um die Erstattung der Miete an die Kirchengemeinde St. Johann und um die Aufstockung auf eine Halbtagskraft der Stelle der Sekretärin – per annum 25.000,00 DM.[9] Zum 1. Mai 1980 trat mit Marion Schmidt geb. Moritz die erste (alleinige) Mitarbeiterin des Beauftragten ihren Dienst an.[10]

Kirchenrat Erich-Werner Eisenbeiß, Dr. Elmar Hauptmann (1927–2018) und Prälat Hermann Stillemunkes (1927–2012).
Foto: Fotosammlung Ev. Büro Saarbrücken

3.4 Abschied und Neubeginn

1982 sollte Erich-Werner Eisenbeiß in den Ruhestand treten. Die Rheinische und die Pfälzische Kirchenleitung spielten mit dem Gedanken, den pfälzischen Beauftragten bei der Landesregierung in Mainz nun auch zum Beauftragten bei der saarländischen Landesregierung zu machen. Das sickerte durch, und so hielt die Kreissynode Saarbrücken fest, dass der Beauftragte ein Vertreter der Rheinischen Kirche sein müsse mit einem engen Bezug zum Saarland.[11] Das wurde der Kirchenleitung mitgeteilt, und eine fleißige Hand vermerkte auf dem Brief: »Es ist zweifelhaft, ob KR Kentmann diesen Voraussetzungen entspricht. Die K[irchen]l[eitung] ist aber rechtlich an den Beschluss der K[reis]s[ynode] nicht gebunden.«[12] Anfang Januar traf der gleichlautende Beschluss der Kreissynode Ottweiler ein, unterzeichnet von Superintendent Martin Ohly.[13]

Kirchenrat Erich-Werner Eisenbeiß (re.) und Ministerpräsident Werner Zeyer (1929–2000) sowie links Innenminister Rainer Wicklmayr (1929-2020). Foto: Fotosammlung Ev. Büro Saarbrücken

Am 23. Februar 1982 suchte die Rheinische Kirchenleitung das Gespräch mit den drei Saarkirchenkreisen und machte deutlich, dass die Pfälzische Kirche an Kentmann festhielt. Er habe sich in Mainz bewährt. Doch wurde deutlich, dass man im Saarland eine Abneigung hatte, »sich durch einen Pfälzer vertreten zu lassen.«[14]

Um die Widerstände zu brechen, beschloss die Rheinische Kirchenleitung zwei Tage später, der kommende Beauftragte sei auch den Superintendenten gegenüber berichts-

Kirchenrat Erich-Werner Eisenbeiß (1912–1993).
Foto: Fotosammlung Ev. Büro Saarbrücken

pflichtig.[15] Und mit gleichem Datum schrieb man an Ministerpräsident Werner Zeyer, Kentmann habe sich in Mainz bewährt. Man handele hier pragmatisch, und die Kirchenleitung betonte, »daß dies in keiner Weise bedeuten soll, daß wir dem Saarland eine geringere Bedeutung beimessen.«[16] Einen gleichlautenden Brief schickte man auch an Landtagspräsident Albrecht Herold. Für Kentmann wurde nun – das Pfarrhaus Eisenbeiß war keine Lösung mehr – ein »Evangelisches Büro« errichtet. Dienstbeginn sollte der 1. April 1982 ein. Erich-Werner Eisenbeiß starb am 10. April 1993.

Anmerkungen

1 AEKR 1 OB 017 LKA Sachakten Nr. 8018 Bd. 1 Laufzeit 1940–1971. Brief von Petrus Borne an Erich-Werner Eisenbeiß vom 22. Mai 1967.

2 Ebd. Gründung des »Vereins zur Errichtung der deutsch-französischen Symbolstätte« vom 16. Juni 1967.

3 Ebd. Brief von Erich-Werner Eisenbeiß an die Kirchenleitung vom 7. September 1971.

4 Ebd. Brief des Kreissynodalvorstandes Ottweiler an Erich-Werner Eisenbeiß vom 1. September 1971.

5 Ebd. Ergebnisprotokoll der Aussprache vom 5. Oktober 1971, S. 1.

6 Ebd. Ergebnisprotokoll der Aussprache vom 5. Oktober 1971, S. 2.

7 Ebd. Brief von Erich-Werner Eisenbeiß an die Kirchenleitung vom 1. Dezember 1971.

8 Ebd. Brief der Kirchenleitung an Erich-Werner Eisenbeiß vom 5. März 1976 und Mitteilung über den KL-Beschluss vom 4. März.

9 Ebd. Brief von Erich-Werner Eisenbeiß an die Kirchenleitung vom 7. Dezember 1978.

10 Ebd. Brief von Erich-Werner Eisenbeiß an die Kirchenleitung vom 23. November 1980.

11 Ebd. Beschluss Nr. 21 der Kreissynode Saarbrücken vom 27./28. November 1981.

12 Ebd. Anmerkung des Landeskirchenamtes.

13 Ebd. Brief von Martin Ohly an die Kirchenleitung vom 4. Januar 1982.

14 Ebd. Aktenvermerk zum Gespräch mit den drei Saarkirchenkreisen am 23. Februar 1982.

15 Ebd. Beschluss der Kirchenleitung vom 25. Februar 1982.

16 Ebd. Brief der Kirchenleitung an Werner Zeyer vom 23. Februar 1982.

4. Die Amtszeit von Wilhelm Kentmann

Es wird erzählt, die Rechnungsprüfungsstelle habe Kirchenrat Wilhelm Kentmann angefragt, wieso so viele Rechnungen über Blumensträuße vorlägen, was er denn mit all den Blumensträußen mache. Kentmann reagierte mit Unverständnis: Die Blumen würden auf dem Tisch stehen, wie es sich gehört, denn wenn jemand aus der Politik in das Evangelische Büro käme, müsse es doch einladend und freundlich aussehen, und das machten die Blumen. Die Anekdote zeigt eines, dass Kentmann noch ein Grandseigneur der alten Schule war, und das war gut so, denn in seiner Zeit traten die großen alten Herren ab, die im Rauchkabinett die Beschlüsse fassten.

4.1 Die Vorgeschichte

Die Pfälzische Landeskirche hatte sich 1947 der Bevollmächtigung von Kirchenrat Otto Wehr angeschlossen, der bei der Regierung des Saarstaates auch für sie sprach. Dass mit seiner Pensionierung als Pfarrer und Superintendent auch das Amt des Bevollmächtigten durch die Rheinische Kirche kassiert wurde, kam für den Landeskirchenrat in Speyer überraschend: »Damit ist auch die zur Zeit durch die Pfälzische Landeskirche ausgesprochene Bevollmächtigung von Kirchenrat Wehr hinfällig geworden. Soweit nicht der Landeskirchenrat die Vertretung selbst wahrnimmt, soll sie Dekan Dauber im Homburg übertragen werden.«[1] Friedel Dauber übernahm den Dienst nebenamtlich.

Die Kommunikation der beiden Landeskirchen lief nicht gut, denn als die Rheinische Kirche 1962 den Saarbrücker Superintendenten Dr. Theodor Barner zum Beauftragten machte, erfuhr dies die Pfälzische Kirche nur so nebenbei durch eine epd-meldung vom 13. August 1962. Kirchenpräsident Hans Stempel fragte nach: »Wir wären Ihnen sehr dankbar, wenn Sie uns freundlicherweise mitteilen wollten, wie der Auftrag lautet, den Herr Superintendent Dr. Barner erhalten hat und wie er begrenzt ist. [...] Wir fragen deshalb an, weil wir überlegen, ob wir auch einen unserer Geistlichen, vermutlich Dekan Kentmann von Homburg, beauftragen, eine Art Verbindungsmann zwischen uns und der Saarregierung zu sein.«[2] Der rheinische Präses Prof. Dr. Joachim Beckmann antwortete am 29. August 1962, es sei der Wunsch der Saarsynoden gewesen, Dr. Barner zu benennen. Dies habe man auch dem Ministerpräsidenten Dr. Franz-Josef Röder mitgeteilt. Barners Amtszeit ende im Übrigen mit seiner Pensionierung 1964.

In der Staatskanzlei v.l.n.r. Ministerpräsident Dr. Franz-Josef Röder, Minister Julius von Lautz, Kirchenpräsident Theo Schaller und Dekan Wilhelm Kentmann. Foto: Fotosammlung Ev. Büro Saarbrücken

Der Landeskirchenrat handelte und wandte sich an Wilhelm Kentmann, wonach das Gremium in der Sitzung am 11. Oktober 1962 beschlossen hatte, »Sie zu seinem Beauftragten bei der Landesregierung des Saarlandes zu berufen. Als Beauftragter des Landeskirchenrates haben Sie in ständiger Verbindung mit diesem die Interessen der zur Pfälzischen Landeskirche gehörenden Kirchengemeinden im Saarland gegenüber der Saarregierung wahrzunehmen.«[3] Ausdrücklich wurde festgehalten, Dekan Kentmann solle mit Superintendent Dr. Barner zusammenarbeiten.[4] Auch habe man dies Ministerpräsident Dr. Röder mitgeteilt,[5] der auch prompt Kentmann gratulierte und zum Gespräch am 7. Januar 1963 einlud.[6]

Der Pfälzischen Landeskirche war es allerdings wichtig, in dieser neuen und ungewohnten Situation festzuhalten: »Eine Generalvollmacht, die Landeskirche rechtsgeschäftlich zu vertreten und zu verpflichten, beinhaltet diese Auftrag nicht.«[7] Vielmehr besuchte Kirchenpräsident Dr. Hans Stempel am 28. Januar 1963 persönlich die Staatskanzlei und hielt erneut fest, Kentmann sei nur ein Verbindungsmann. Neben dem Thema »Kirchensteuer« sprach er ausführlich über die Bildungspolitik der Pfälzischen Kirche und trug Röder vor: »Die Gemeinde Homburg wolle durch den Neubau des Siebenpfeifferhauses einen geistigen und kulturellen Mittelpunkt im Saarland von evangelischer Seite schaffen. [...] Auch zur Errichtung und zum Ausbau des Siebenpfeifferhauses seien sehr erhebliche Mittel erforderlich. Wir rechneten auch hier mit der Unterstützung der Saarregierung.«[8] Röder verweigerte sich nicht. Tatsächlich wurde die evangelische Bildungsarbeit von der saarländischen Landesregierung in all ihren Facetten unterstützt und gefördert.[9]

4.2 Anfragen an die Schulpolitik der saarländischen Landesregierung

Das geplante Gespräch Kentmanns mit Ministerpräsident Röder fand tatsächlich im Januar 1963 »in einer sehr gelockerten Atmosphäre« statt und dauerte 45 Minuten. Von den Themen hatte Kentmann notiert, dass man sich zuerst darauf verständigte, dass er nur ein Verbindungsmann war. Dann nahm der Beauftragte zur Kenntnis, dass die SPD mit der Schulpolitik Röders haderte. Kentmann betonte »Die Ev. Kirchen bedauern ausserordentlich die so keineswegs gerechtfertigte Kritik an der Schulpolitik. Es wird unsererseits dankbar vermerkt, dass gerade auf den Gebiet der Mittelschulen im Saarland sehr viel geleistet worden ist. Es ist selbstverständlich, dass zwischen Staat und Kirche in der Schulfrage immer eine Spannung bestehen wird, sowohl im Blick auf die Lehrpläne als auch durch die Personalpolitik.«[10] Dr. Röder offenbarte Kentmann seine Pläne für den Lehrernachwuchs; auch bedauerte der Ministerpräsident, dass Prof. Dr. Dr. Karl Domke als Rektor der Pädagogischen Hochschule nicht wieder gewählt worden war.

Ende der 1980er Jahre wurde das Schulgesetz geändert, Haupt- und Realschulen wichen der Gesamtschule. Wilhelm Kentmann betonte, die Einreden der Kirchen hätten Gehör gefunden.[11] Fortan kamen die Schulen nicht mehr aus den Reformen heraus: Es entstanden in schneller Folge Sekundarschulen, Erweiterte Realschulen und schließlich Gemeinschaftsschulen, die einander ablösten. Ende der 1980er Jahre war der Religionsunterricht an Grund- und Hauptschulen nicht mehr gesichert: »Mit dem Kultusministerium wurde vereinbart, daß interessierten evangelischen Lehrerinnen und Lehrern, die bereits im Staatsdienst sind, die Möglichkeit einer Qualifizierung geboten wird.«[12] Das einmal eingeführte Instrument der Nachqualifizierung blieb erhalten.

4.3 Die Situation der kirchlichen Krankenhäuser und Sozialstationen

Bei demselben Besuch Wilhelm Kentmanns in der Staatskanzlei fragte Ministerpräsident Dr. Franz-Josef Röder »von sich aus nach der Besetzung der Pfarrstelle im Landeskrankenhaus in Homburg. Er gab der Hoffnung Ausdruck, dass die Pfälzische Landeskirche mit der besonderen Qualifikation der ev. Geistlichen ihren Dank dafür abstatten wird, dass die überwiegende Zahl der Professoren und Ärzte ev. Konfession seien.«[13]

Diesem Höhenflug in der Wertschätzung der Seelsorge folgte zwanzig Jahre später der vehemente Absturz. 1986 legte die Landesregierung das Landeskrankenhausgesetz vor, und in diesem Kontext wurde der »Krankenhauszielplan« vorgegeben, der einschneidend für die Existenz des evangelischen Fliednerkrankenhauses in Neunkirchen war.[14] 1989 war deutlich, dass sowohl im evangelischen Stadtkrankenhaus in St. Johann als auch im Fliednerkrankenhaus in Neunkirchen ganze Abteilungen geschlossen werden sollten.[15] Ein kleiner Trost für Neunkirchen war der Plan, für die Geriatrie ein Nebengebäude anzubauen.

Die Diskussion sollte über Jahre weitergehen und so enden, dass die »kreuznacher diakonie« die Häuser übernahm, dazu auch noch das Neunkircher Stadtkrankenhaus, um bald darauf festzustellen, dass man sich übernommen hatte.

Auch im Blick auf die Sozialstationen gab es Handlungsbedarf: 26 Sozialstationen waren in ökumenischer Trägerschaft, sechs in der Trägerschaft nur einer Kirche, zwei weitere sollten dazukommen. Hier mussten vor allem die Bewertung des Ehrenamtes geklärt werden und die Frage, wie Seelsorge im Berechnungssystem der Sozialstationen verankert werden könne.[16] Die Reglung zog sich hin, doch in Zusammenarbeit mit dem Katholischen Büro konnte festgehalten werden, dass die Fördervereine die kirchlichen Zusatzleistungen trugen und »daß kein staatlicher Anspruch auf die freiwilligen Mitgliedsbeiträge von Gemeindegliedern in Fördervereinen für die diakonische Arbeit geltend gemacht werden kann.«[17]

4.4 Die Personalpolitik der Landesregierung

Wilhelm Kentmann berichtete Kirchenpräsident Hans Stempel am 26. August 1963 von seinem Besuch mit dem rheinischen Beauftragten Dr. Theodor Barner in der Staatskanzlei. Röder hatte beide am 6. August 1963 empfangen. Probleme gab es bei der Besetzung von Stellen im Kultusministerium; hier seien Katholiken bevorzugt worden. Kernpunkt der Kritik war aber die Personalpolitik im Innenministerium: »Im Innenministerium sind die Anfänger- und Nachwuchsstellungen der Besoldungsgruppen A12 und A13, also die Stellen der Amtsräte, Assessoren und Regierungsräte, mit Ausnahme einer Abteilung, ausschließlich von Katholiken besetzt. Es handelt sich um 13 katholische Regierungsräte und Assessoren und 12 katholische Amtsräte im gesamten Ministerium, denen 2 prot. Regierungsräte und 2 prot. Amtsräte gegenüberstehen.«[18] Nur in der Polizeiabteilung – Polizeipräsident Dr. Scheu war evangelisch – sähe es anders aus. Allerdings habe man

Scheu zum Polizeipräsidenten gemacht, ohne ihm das zugehörige Gehalt zu zahlen. Fast kurios ist der Nachsatz, das Gespräch sei überaus liebenswürdig verlaufen, aber der traditionelle Scheck des Ministerpräsidenten über zwei- bis dreitausend Mark »für irgendetwas«[19] sei nicht gegeben worden.

Die Frage der saarländischen Personalpolitik kam auch einmal auf der pfälzischen Landessynode zur Sprache. Pfarrer Siegfried Wagner hatte als Synodaler eine Anfrage eingereicht, ihm sei zu Ohren gekommen, zwanzig evangelische Junglehrerinnen der Comenius-Hochschule Saarbrücken hätten keine Anstellung bekommen, sehr wohl aber alle Absolventen der katholischen Peter-Wust-Hochschule. Der seitens des Kultusministeriums zuständige Ministerialrat Joseph Quack habe sich gegenüber den Betroffenen verstiegen zu dem Satz: »Wechseln sie die Konfession, dann finden Sie auch eine Anstellung.«[20] Die Entrüstung war allenthalben, aber Pfarrer Wagner konnte in der Aussprache ergänzend klarstellen, Quack habe ein Dienstaufsichtsverfahren gegen sich selbst gestellt.

Immerhin schaffte es der Ministerialrat, sich dadurch einen Platz im »Spiegel« zu erwerben. Der schrieb, Quack »selbst erinnert sich allerdings nur an eine mildere Fassung: ›Wenn Sie katholisch wären, könnten wir Sie als Junglehrerinnen anstellen.‹ Das [...] Zitat kam in fast alle deutschen Blätter. Und seither tobt in dem Zwergland an der Saar ein Konfessions-Kampf um die Schule. [...] Die Synode der Evangelisch-Christlichen Kirche der Pfalz setzte den Fall auf die Tagesordnung. ›Die evangelische Minderheit‹, so verlautbarte Dekan Wilhelm Kentmann, Beauftragter der Pfalz-Kirche für das Saarland, ›fühlt sich brüskiert.‹ Der evangelische Pfarrer Werner Stroh aus Ober-Saulheim (Rheinhessen) erstattete sogar Strafanzeige gegen Quack wegen Verdachts der Nötigung, des Amtsmissbrauchs und der Amtspflichtverletzung. Und Stroh glaubt, dass der Quack-Fall typisch ist für die Entrechtung der Protestanten im überwiegend katholischen Saarland. Stroh: ›Die evangelische Kirche muß sich endlich aufrappeln und im Saarland eine Verfassungsklage anstrengen, damit wir nicht länger spanische Verhältnisse auf deutschem Boden haben. Wie können wir die Freiheit der Kirche im Osten fordern, wenn diese Freiheit im Westen mit Füßen getreten wird?‹«[21] Im Saarland gab es zu der Zeit fast nur Konfessionsschulen, und zwar 425 katholische und 158 evangelische. Erst 1965 waren Gemeinschaftsschulen zugelassen worden, seither war ihre Zahl auf siebzehn angewachsen.

Wilhelm Kentmann und der Saarbrücker Kirchenrat Erich-Werner Eisenbeiß suchten Ministerpräsident Franz-Josef-Röder auf und unterbreiteten ihm den Vorschlag, auf die Gemeinschaftsschule zuzugehen, die bisher Antragsschule war, wodurch die Personalprobleme behoben werden könnten. Röder machte deutlich, dass tatsächlich alle evangelischen Lehrerstellen besetzt waren, wobei er einräumen musste, dass drei katholische

Erich Honecker [vorne Mitte] besucht im September 1987 die Ludwigskirche, flankiert durch den Pfarrer der Ludwigskirche, Mag. Horst Heydt (re.) und Oskar Lafontaine. Dahinter Wilhelm Kentmann.
Foto: Fotosammlung Ev. Büro Saarbrücken

Kirchenrat Wilhelm Kentmann begrüßt den Staatsratsvorsitzenden Erich Honecker in der Ludwigskirche.
Foto: Fotosammlung Ev. Büro Saarbrücken

Lehrer auf evangelischen Stellen säßen.[22] Der Streit, der damals mit so viel Herzblut ausgefochten wurde, wirkt heute eher befremdlich.

4.5 Wilhelm Kentmann in Mainz – und dann auch in Saarbrücken

1973 wurde Wilhelm Kentmann Beauftragter der Landeskirchen bei der Rheinland-Pfälzischen Landesregierung. In Anwesenheit von Ministerpräsident Dr. Helmut Kohl, Landtagspräsident Dr. Johannes Baptist Rösler und verschiedenen Kirchenvertretern wurde er in Mainz eingeführt. Kohl bezeichnete die Beauftragung als »weiteres Stück der Verbesserung und Intensivierung der Zusammenarbeit«. Kentmann wurde wörtlich zitiert: »Staat und Kirche in ihrer geschichtlich gewachsenen Form haben eine Fülle von Aufgaben ererbt, die dem einen wie dem anderen auferlegt sind. Keiner kann den anderen entpflichten: Die Trennung von Kirche und Staat, nach der sich der Staat nur noch um das Wohl der Menschen müht, während der Kirche die Sorge um das Heil überlassen bleibt, ist unvollziehbar. Verantwortlich für das voneinander gar nicht trennbare Heil und Wohl des Menschen begleiten Staat und Kirche einander.«[23]

In Mainz vertrat Wilhelm Kentmann die Pfälzische Kirche, die Rheinische Kirche und die Kirche von Hessen-Nassau. Als er als Nachfolger von Superintendent Erich-Werner Eisenbeiß am 9. Mai 1982 durch den rheinischen Präses Gerhard Brandt und den pfälzischen Kirchenpräsidenten Heinrich Kron in der Alten evangelischen Kirche in St. Johann in sein Amt eingeführt wurde,[24] waren Ministerpräsident Werner Zeyer, Kultusminister Prof. Dr. Wolfgang Knies und Landtagspräsident Albrecht Herold anwesend.[25] So war die Stelle des Beauftragten in Saarbrücken ab dem 31. März 1982 hauptamtlich.[26] Beide Landeskirchen schlossen einen Vertrag über die Ausstattung des Evangelischen Büros einschließlich der Dezernentenstellen in den jeweiligen Landeskirchenämtern.[27]

Bald schon äußerte Wilhelm Kentmann gegenüber der Kirchenleitung in Düsseldorf, dass er das Evangelische Büro in dem Palais am Ludwigsplatz unterzubringen wünschte, das der Evangelischen Kirchengemeinde Alt-Saarbrücken gehörte.[28] Vorübergehend nahm er Quartier im Stiftspalais am anderen Ende des Platzes und stellte Anneliese Becker als neue Sekretärin an.[29] Seine Dienstanweisung machte klar, dass er zum Landtag, zur Staatskanzlei, zu den Ministerien und den Parteien, aber auch zu den Verbänden auf Landesebene Kontakt zu halten hatte.[30] Das war ihm alles nicht fremd, nahm er doch diese Aufgabe seit Jahren in Mainz wahr.

Das Palais der Evangelischen Kirchengemeinde Alt-Saarbrücken war baulich in keinem guten Zustand; das renommierte Architekturbüro Krüger & Rieger legte am 5. Mai 1982

Unterzeichnung des Zusatzprotokolls zum Staatskirchenvertrag, v.l.n.r. Oberkirchenrat Nikolaus Becker, Präses Gerhard Brandt, Ministerpräsident Oskar Lafontaine und Kirchenpräsident Heinrich Kron. Foto: Fotosammlung Ev. Büro Saarbrücken

einen Kostenvoranschlag zur Sanierung des Hauses vor, der in bloßen Zahlen erschütterte. Dennoch hatte Kentmann den untrüglichen Instinkt, dass die Entscheidung richtig war und kündigte die angemieteten Übergangsräume im »Haus der Kirche« zum 30. Juni 1982. Im November trat zu den bisherigen Kosten noch eine Kostenschätzung wegen eines Sitzungssaals über 93.000,00 DM hinzu.[31] Und als die Kirchengemeinde das denkmalgeschützte Palais außen streichen wollte, sprang Kentmann für die anstehende Summe von 20.000,00 DM in die Bresche: »Im Hinblick auf die in den Diensträumen des Beauftragten stattfindenden Besprechungen mit staatlichen Vertretern, und weil die Ev. Kirchengemeinde Alt-Saarbrücken nicht in der Lage ist, die Kosten der Sanierung der Fassade aufzubringen, sollen die Sanierungsarbeiten entsprechend dem Vorschlag der Architekten Krüger und Rieger aus Saarbrücken ausgeführt werden.«[32]

4.6 Der Weg zum Staatskirchenvertrag vom 25. Februar 1985

Um die Existenz und die Ausstattung der Fachrichtung Ev. Theologie an der Universität des Saarlandes zu sichern, sollte ein Staatskirchenvertrag angestrebt werden. »Der Vertrag wird abgeschlossen und der Landessynode vorgelegt werden können«, erläuterte Wilhelm

Die Verabschiedung Wilhelm Kentmanns am 16. Januar 1990, zugleich Einführung seines Nachfolgers Martin Ohly. V.l.n.r. Kirchenrat Martin Ohly, Ministerpräsident Oskar Lafontaine und Kirchenrat Wilhelm Kentmann. Foto: Fotosammlung Ev. Büro Saarbrücken

Kentmann, »sobald das entsprechende Vertragswerk zwischen dem Saarland und den katholischen Bistümern ebenfalls fertiggestellt ist.«[33] Die Verhandlungen zogen sich hin; erst am 25. Februar 1985 wurde der Staatskirchenvertrag unterschrieben. Kentmann bemerkte: »Während die Verhandlungen über den Vertrag mit der von der CDU gestellten Regierung unter Ministerpräsident Zeyer geführt worden waren, wurde der Vertrag von der Regierung unter Ministerpräsident Lafontaine – SPD – unverändert im Landtag des Saarlandes eingebracht.«[34] Die Zustimmung im Landtag war parteienübergreifend – um so erstaunlicher die spätere Diskussion.

4.7 Tod und Vermächtnis

Als Wilhelm Kentmann am 30. Oktober 2010 im Alter von 86 Jahren im Klinikum Saarbrücken auf dem Winterberg starb, hielt der rheinland-pfälzische Ministerpräsident Kurt Beck fest, Kentmann habe mit Geduld und Standfestigkeit »in seiner Amtszeit den Austausch zwischen den evangelischen Kirchen und der Politik im Land organisiert.«[35] Und Kentmann wurde selbst richtungsweisend zitiert: »Je weiter sich Politiker und Journalisten, die Politik darstellen, von den christlichen Grundsätzen eines gottesfürchtigen

Lebens entfernen, um so hemmungsloser wird das Streben nach Machterhaltung auf der einen und umso gnadenloser die Jagd des Entlarvungsjournalismus auf der anderen Seite werden.«[36] Auch sei die neue Riege der Beamten und Politiker so weit weg von der Kirche und dem christlichen Glauben, dass sie für Fragen des kirchlichen Lebens nicht mehr sensibel seien. Seine letzte Schaffenskraft hatte Kentmann dem Evangelischen Seniorenwerk Pfalz gewidmet.

Anmerkungen

1 Sitzung des Landeskirchenrates vom 27. Mai 1958, zitiert nach: ZASP Best. 101/20 Beauftragter der Ev. Kirchen im Saarland Bd. 1 Nr. 1 Amt des Beauftragte 1948–2002. Brief des Landeskirchenrates an Dekan Friedel Dauber, Homburg, vom 7. Juni 1958.

2 Ebd. Brief von Hans Stempel an das Landeskirchenamt in Düsseldorf vom 24. August 1962.

3 Ebd. Brief des Landeskirchenrates an Wilhelm Kentmann vom 13. November 1962.

4 An dieser Stelle existiert in der Akte eine Lücke von 1962 bis 1998.

5 ZASP Best. 101/20 Beauftragter der Ev. Kirchen im Saarland Bd. 1 Nr. 1 Amt des Beauftragte 1948–2002. Brief von Hans Stempel an Franz-Josef Röder vom 13. November 1962.

6 ZASP Alt-Registratur Best. 43 Homburg AL D15 Der Beauftragte 1962–1963. Brief von Franz-Josef Röder an Wilhelm Kentmann vom 7. Januar 1963.

7 Ebd. Brief von Hans Stempel an Wilhelm Kentmann vom 13. November 1962.

8 Ebd. Bericht von Hans Stempel über den Besuch bei Franz-Josef Röder am 28. Januar 1963.

9 Vgl. Joachim Conrad, Bildung durch Begegnung. 50 Jahre Evangelische Akademie im Saarland (= Beiträge zur evangelischen Kirchengeschichte der Saargegend 4), Saarbrücken 2021.

10 ZASP Alt-Registratur Best. 43 Homburg AL D15 Der Beauftragte 1962–1963. Bericht von Wilhelm Kentmann über den Besuch bei Franz-Josef Röder.

11 Bericht des Beauftragten für Rheinland-Pfalz und Saarland, in: Berichte über die verschiedenen kirchlichen Arbeitsgebiete. Anlage zu dem Protokoll der 35. Rheinischen Landessynode. Tagung vom 11.–16. Januar 1987, betr. Saarland, S. 239.

12 Bericht des Beauftragten für Rheinland-Pfalz und Saarland, in: Berichte über die verschiedenen kirchlichen Arbeitsgebiete. Anlage zu dem Protokoll der 37. Rheinischen Landessynode. Tagung vom 8.–14. Januar 1989, betr. Saarland, S. 253.

13 ZASP Alt-Registratur Best. 43 Homburg AL D15 Der Beauftragte 1962–1963. Bericht von Wilhelm Kentmann über den Besuch bei Franz-Josef Röder, S. 2.

14 Bericht des Beauftragten [wie Anm. 11], S. 239.

15 Bericht des Beauftragten [wie Anm. 12], S. 253.

16 Bericht des Beauftragten für Rheinland-Pfalz und Saarland, in: Berichte über die verschiedenen kirchlichen Arbeitsgebiete. Anlage zu dem Protokoll der 31. Rheinischen Landessynode. Tagung vom 9.–14. Januar 1983, betr. Saarland S. 245.

17 Bericht des Beauftragten für Rheinland-Pfalz und Saarland, in: Berichte über die verschiedenen kirchlichen Arbeitsgebiete. Anlage zu dem Protokoll der 33. Rheinischen Landessynode. Tagung vom 6.–12. Januar 1985, betr. Saarland, S. 227.

18 ZASP Alt-Registratur Best. 43 Homburg AL D15 Der Beauftragte 1962–1963 Aktenvermerk betr. die Personalpolitik der Regierung des Saarlandes. Vorsprache bei Herrn Kirchenpräsident D. Stempel am 26.8.1963 in Speyer, S. 2.

19 Ebd., S. 4.

20 Verhandlungen der Landessynode 1967 Erste Tagung 17.–21. April 1967 im Diakonissenhaus Speyer, S. 267.

21 Der Spiegel 18 (1967) vom 23. April 1967.

22 Verhandlungen der Landessynode 1967 [wie Anm. 20], S. 268.

23 ZASP Abt. 158 Nr. 1608 Amt des Bevollmächtigten. Art. Evangelisches Büro in Mainz, in: Evangelischer Kirchenbote Juni 1973.

24 AEKR 1 OB 017 LKA Sachakten Nr. 8018 Bd. 2 Laufzeit 1975–1981. Beschluss der Kirchenleitung vom 25. Februar 1982. Zu Eisenbeiß schrieb Horst Eifler, Mittler zwischen Kirche und Landesregierung. Die Funktion des Kirchenbeauftragten – Gespräch mit Erich-Werner Eisenbeiß, in: Saarbrücker Zeitung vom 19. März 1982. Zu Kentmann schrieb Eifler, Gute Beziehungen zu anderen Kirchen besonderes Anliegen Kentmann in neues Amt als Beauftragter eingeführt, in: Saarbrücker Zeitung Nr. 106 vom 7. Mai 1982.

25 ZASP Abt. 158 Nr. 1608 Amt des Bevollmächtigten. Art. Kirchenrat Kentmann, Kontaktmann für Kirche und Staat im Saarland, in: Evangelischer Kirchenbote vom 27. Juni 1982.

26 Bericht des Beauftragten [wie Anm. 16], S. 244.

27 AEKR 1 OB 017 LKA Sachakten Nr. 8020 Bd. 3 Laufzeit 1982–1984. Vereinbarung der beiden Kirchen 12. August/1. September 1982.

28 AEKR 1 OB 017 LKA Sachakten Nr. 8018 Bd. 2 Laufzeit 1975–1981. Brief von Wilhelm Kentmann an Erhard Krause vom 29. April 1982.

29 Ebd.

30 AEKR 1 OB 017 LKA Sachakten Nr. 8020 Bd. 3 Laufzeit 1982–1984. Dienstanweisung von Wilhelm Kentmann vom 12. August/1. September 1982.

31 Ebd. Brief von Wilhelm Kentmann an Erhard Krause vom 4. November 1982.

32 AEKR 1 OB 017 LKA Sachakten Nr. 8021 Bd. 4 Laufzeit 1984. Vorlage für die KL-Sitzung vom 29. November 1984.

33 Bericht des Beauftragten [wie Anm. 16], S. 244.

34 Bericht des Beauftragten [wie Anm. 11], S., S. 238.

35 epd, »Ein glaubwürdiger Mittler«, in: Kirchenbote 46 vom 14. November 2010.

36 Mittler zwischen Kirche und Politik, in: Evangelischer Kirchenbote Nr. 27/28 vom 2. Juli 1989, S. 2.

5. Die Amtszeit von Martin Ohly

5.1 Regelung der Nachfolge Kentmann

Im Blick auf die Nachfolge von Wilhelm Kentmann wandte sich der rheinische Oberkirchenrat Erhard Krause an die pfälzische Kirchenleitung, dass »wir bei unseren Saar-Kirchenkreisen im Wort sind, daß der Nachfolger von Herrn Kirchenrat Kentmann ein rheinischer Pfarrer (möglichst aus dem Saarland) sein soll.«[1] Die Neubesetzung war zum 1. Januar 1990 geplant.

Ansprache des Ministerpräsidenten Oskar Lafontaine am 16. Januar 1990 zur Verabschiedung von Kirchenrat Wilhelm Kentmann und zur Einführung von Martin Ohly.
Foto: Fotosammlung Ev. Büro Saarbrücken

Im August 1989 schrieb die rheinische Kirchenleitung an den pfälzischen Kirchenpräsidenten Werner Schramm nach Speyer, dass sie plane, den Ottweiler Superintendenten Martin Ohly zum Beauftragten zu bestellen.[2] Die Pfalz erklärte sich einverstanden: »Einer besonderen Vorstellung von Herrn Ohly bei uns bedarf es nicht.«[3] Die Dienstanweisung von Martin Ohly vom 1. Januar 1990 enthielt eine neue Aufgabe, nämlich die Zuständigkeit für das Europäische Parlament in Strasbourg.[4]

Kirchenrat Martin Ohly (1930–2007).
Foto: Fotosammlung Ev. Büro Saarbrücken

Antrittsbesuch von Martin Ohly in der Staatskanzlei, rechts Reinhold Kopp.
Foto: Fotosammlung Ev. Büro Saarbrücken

Die Einführung von Martin Ohly fand am 16. Januar 1990 – wie bei seinem Vorgänger – in der Alten Evangelischen Kirche in St. Johann statt. Schon bald durfte sich Ohly als Diplomat bewähren, denn den Theologieprofessor Gert Hummel, der sich seit Jahren für die Ev. Akademie engagierte, hatte man vergessen einzuladen.[5]

5.2 Der Niedergang des saarländischen Bergbaus

Jeder Beauftragte musste sich mindestens einem Problem stellen: Für den Bergbau im Saarland, der rund dreihundert Jahre die Saargegend geprägt hatte und dem zahllose Familien ihre Existenz verdankten, läutete das Totenglöckchen. Doch bis zum »Aus« des Bergbaus sollten noch Jahrzehnte vergehen, und der Traum von einem zukunftsfähigen Bergbau an der Saar war noch nicht ausgeträumt. Und so publizierten die Kirchen am 10. Oktober 1996 ein Memorandum unter dem Titel »Evangelische und katholische Kirche an der Saar erklären sich solidarisch mit den Bergleuten«.[6] Darin drängten die Kirchen auf die Einhaltung der kohlepolitischen Zusagen der Bundesregierung: Der Strukturwandel sollte zeitlich gestreckt sein, um Spielräume für eine gezielte Struktur- und Regionalpolitik zu gewinnen, die Verbesserung der Umwelt-Bilanz im saarländischen Bergbau zu ermöglichen und dessen langfristigen Erhalt zu garantieren. Neben Ohly unterzeichneten auf evangelischer Seite die Superintendentinnen und Superintendenten Hartmut Krüger (Saarbrücken), Ute Vos (Ottweiler) und Wolfgang Mohns (Völklingen),

Demonstration für Mitmenschlichkeit am 9. November 1991. Foto: Fotosammlung Ev. Büro Saarbrücken

dazu Pfarrer Karl Wolf für den Kirchlichen Dienst in der Arbeitswelt und Lucie Meyfarth für die Ev. Arbeitnehmerschaft Saar. Für die katholische Kirche unterschrieben Prälat Hermann Stillemunkes, die Regionaldekane Albert André (Saar-Hochwald), Alfred Becker (Schaumberg-Blies) und Hermann Engel (Saarbrücken) sowie Arthur Biesalski für die Katholische Arbeitnehmerbewegung.

Die Sorge um die Bergleute – später auch die Fürsorge für die Bergbaugeschädigten – sollte auch die folgenden Beauftragten nach Ohly beschäftigen.

5.3 Die Auswirkungen der Sparanstrengungen der Landesregierung

Das Saarland war aufgrund der Haushaltsnotlage gezwungen, immer weitere Einsparungen vornehmen. Martin Ohly nahm dazu immer wieder vor der Rheinischen Landessynode Stellung. Er berichtete 1996 über die Diskussionen um das sog. »Sozialwort der Kirchen« und stand dabei in beständigem Kontakt zu den Gewerkschaften im Saarland. Vor dem Saarländischen Sozialgipfel am 6. September 1996 lobte er das »Bündnis für Arbeit« und formulierte sehr drastisch: »Manchmal fürchte ich in schwarzen Stunden: Alles könnte im Zeichen der Globalisierung ins Rutschen kommen, der Sozialstaat, viel zu kostbar, um ihn auf Pump zu finanzieren, müßte zusammenbrechen, wenn eines Tages Arbeit so billig wie Dreck würde, weil Wirklichkeit wird, was die Vision vom idealen Produktionsstandort erst andeutet: Ein Schiff, mit dem man dort vor Anker geht, wo Löhne, Steuern und andere Rahmenbedingungen am günstigsten sind.«[7]

In seinem Bericht über die bildungspolitische Situation im Saarland vom 16. Oktober 1996 gab Ohly Kenntnis davon, dass die Hauptschule als Regelschule zugunsten der sog. Erweiterten Realschule und der Gesamtschule abgeschafft werden sollte, während gleichzeitig im Land die Rede war von der Schulautonomie.[8] Auch die Veränderung der Schullandschaft geschah unter dem Diktat der Einsparungen, wenn auch die Landesregierung sehr bemüht war, einen neuen konstruktiven Weg zu finden.

Aber auch die Universität des Saarlandes, wo die Lehrerausbildung angesiedelt war, sollte im Rahmen der Kosteneinsparungen ihren Tribut leisten. Martin Ohly berichtete für die Synode 1997: »Die schwärzesten Wolken brauten sich zuletzt über der Universität zusammen. In Kürze sollen die Eckdaten für neue Sparanstrengungen, die vor allem die Geisteswissenschaften treffen werden, bekannt gegeben werden.«[9] In der Fachrichtung »Evangelische Theologie« stand die Wiederbesetzung der Professur für Kirchengeschichte an, nachdem Prof. Dr. Friedrich Wilhelm Kantzenbach 1995 emeritiert worden war.[10]

Im Gespräch mit Oskar Lafontaine auf dem Landesparteitag der SPD 1996. Foto: Fotosammlung Ev. Büro Saarbrücken

Es ging aber nicht voran. Ohly wandte sich an Prof. Dr. Günther Hönn, von 1992 bis 2000 Universitätspräsident, und verwies auf die Verletzung des Staatskirchenvertrages von 1985.[11] Und an den Kultusminister Henner Wittling schrieb er: »Die erstaunliche und gewisse Assoziationen weckende Redewendung vom ›sog.‹ Staatskirchenvertrag veranlaßt die beiden Evangelischen Kirchen, darauf aufmerksam zu machen, daß es sich um einen Vertrag zwischen souveränen Partnern handelt, der beide Seiten bindet und nicht einseitig zur Disposition gestellt werden kann. [...] Die Evangelischen Kirchen sehen zur Zeit Geist und Buchstaben des Staatskirchenvertrages in wesentlichen Punkten verletzt und sind nicht hinzunehmen bereit, daß der Vertrag unterlaufen und ausgehöhlt wird. Sie bestehen darauf, daß das Land seine rechtlichen Verpflichtungen einhält.«[12] Und gemäßigt schrieb Präses Manfred Kock an Ministerpräsident Oskar Lafontaine: »Es kann ja nicht Politik der Landesregierung sein, an deren Vertragstreue zu zweifeln wir bisher nicht Anlaß hatten.«[13] Tatsächlich hatte der Senat der Universität längst eine Dreierliste zur Besetzung der Professur für Kirchengeschichte auf dem Tisch. Erst im Juli 2000 konnte die Stelle mit Jörg Haustein besetzt werden.[14]

1998 legte Ohly einen Entwurf für eine Verlautbarung[15] gegenüber der Landesregierung vor. Darin übte er heftige Kritik an einem Gutachten, das die Landesregierung zur Durchsetzung der Sparmaßnahmen im universitären Bereich veranlasst hatte. Ohly stellte in den Raum, man wolle die Lehrerausbildung völlig abschaffen, und im Blick auf die

Theologie arbeite man mit falschen Zahlen: Faktisch seien 93 Studierende eingeschrieben und nicht, wie das Gutachten schrieb, nur 36 Personen. Ohly stellte die Frage, wie interkulturelle Kommunikation geschehen sollte ohne Theologie. Am 24. April 1998 lag der gesamte Vorgang auf dem Tisch der Kirchenleitung; Berichterstatter war Oberkirchenrat Harald Bewersdorff.[16] Er trug vor, dass das umstrittene Gutachten die Arbeit einer im Februar 1997 eingesetzten Expertenkommission war und am 26. März 1998 vorgelegt worden ist. Ziel war die Evaluation des Hochschulbereiches in der Region Saarland-Trier-Westpfalz. Auch sollten unter dem Spardiktat des Landes praktische Vorschläge gemacht werden, wie auf die gesamte Lehrerausbildung und damit auch auf die Theologie verzichtet werden könnte. Die Geisteswissenschaften sollten in den transdisziplinären Fachbereichen unter den Aufgaben Grenzregion, Interferenzräume und interkulturelle Bildung zusammengefasst werden. Offen war die Frage, welche Universität in der Lage war, rund 2.500 Lehramtsstudenten aufzufangen. Die Fachrichtung Ev. Theologie wurde nach Trier verwiesen.

Der Universitätspräsident, Prof. Dr. Günther Hönn, legte am 15. Mai 1998 eine Stellungnahme der Universität vor, in der er mit dem Gutachten scharf ins Gericht ging. Er äußerte heftige Kritik an der Kommission und an deren Sorgfalt, kritisierte aber auch das Land, das dieses unausgereifte Gutachten bereits ins Internet gestellt hatte. Das Gutachten habe – absichtlich? – in den Geisteswissenschaften nur die Erststudierenden gezählt und habe durch seine Oberflächlichkeit große Verunsicherung ausgelöst. Der Präsident schalt als inakzeptabel, die Lehrerausbildung aufzugeben, und verwies auf die geltenden Staatsverträge. Den Weitergang verfolgte Martin Ohly aus der Perspektive des Pensionärs; Joachim Brandt übernahm mit seiner Einführung das Großprojekt.

Unerwartet erhielten die theologischen Fachrichtungen Schützenhilfe aus den Geschichtswissenschaften, denn Prof. Dr. Kurt Ulrich Jäschke, der schon einmal als Prodekan vehement den Erhalt der Professur für Altes Testament verteidigt hatte,[17] dankte Präses Manfred Kock für den Kampf um die Erhaltung der Theologie und betonte: »Darüber hinaus bin ich als Mittelalter-Historiker geradezu auf Studierende und Kollegen angewiesen, die [noch] etwas von biblischer und kirchlicher Überlieferung und Kultur verstehen.«[18]

Die Sparanstrengungen der Landesregierung brachten auch das Diakonische Werk an der Saar in Schieflage, denn das Ministerium für Frauen, Arbeit, Gesundheit und Soziales plante Kürzungen der Landeszuweisungen an das Diakonische Werk für Maßnahmen im Erziehungsbereich, für die Arbeitslosenzentren, in der Erwachsenenbildung und bei den Ev. Beratungsstellen für Familienfragen. Martin Ohly schrieb am 21. November 1996 an die Ministerin Barbara Wackernagel-Jacobs und setzte sich dafür ein, mitten in diesen sozialen Umbrüche nicht die Einrichtungen zu gefährden, die die dramatischen Auswirkungen abfederten.[19]

Eindrücklich ist Ohlys Rechenschaft[20] vor der Kirchenleitung am 27. November 1997: Er berichtete von der hohen Arbeitslosigkeit im Land, und dass sich Ministerpräsident Oskar Lafontaine im Dauerwahlkampf befände. Die Landesregierung hatte das Recht auf einen Kindergartenplatz formuliert, aber die Finanzierung war vollkommen ungeklärt. Gleichzeitig war die Schließung der Grube Göttelborn für das Jahr 2000 projektiert.[21]

5.4 Die Diskussion um das Kirchenasyl

Gegen Ende der Amtszeit von Martin Ohly kam es immer wieder dazu, dass Kirchengemeinden Kirchenasyl ermöglichten. Ein Fall wurde ausdrücklich vor der Kirchenleitung in Düsseldorf diskutiert: Die kleine altkatholische Gemeinde in Saarbrücken hatte ein Kirchenasyl gewährt, war aber nur ausführendes Organ.[22] Tatsächlich hatte der Völklinger Pfarrer Dr. Andreas Hämer, der sich wie kein anderer zu dieser Zeit um diese Aufgabe sorgte, dieses altkatholische Kirchenasyl initiiert, wie Ohly an Landeskirchen-

Verabschiedung von Martin Ohly und Einführung von Joachim Brandt am 26. Mai 1998, v.l.n.r. Präses Manfred Kock, Joachim Brandt, Superintendentin Ute Vos, Oberkirchenrat Dr. Klaus Bümlein und Martin Ohly.
Foto: Fotosammlung Ev. Büro Saarbrücken

rat Jörn Erik Gutheil schrieb.[23] Für die altkatholische Gemeinde wurde die Aktion zur Zerreißprobe.[24]

Um das Kirchenasyl aus der Grauzone des Rechtsstaates zu führen, legte Martin Ohly in enger Absprache zum Landeskirchenamt in Düsseldorf einen ersten Textvorschlag für eine Vereinbarung zwischen der Evangelischen Kirche im Rheinland und dem saarländischen Innenministerium zum Kirchenasyl vor.[25] Erst unter seinem Nachfolger wurde das Thema »Kirchenasyl« zu einem vernünftigen Ende gebracht.

5.5 Sonntagsschutz und Abschaffung des Buß- und Bettages

In den 1990er Jahren nahm die Sitte zu, sog. »verkaufsoffene Sonntage« anzubieten. Die rheinische Landeskirche schrieb an Martin Ohly und bat darum, er sollte sich bei der Landesregierung dergestalt einsetzen, dass sie bei der »Durchlöcherung des Sonntagsschutzes« restriktiv vorgehen möge.[26] Ausnahmeregelungen sollte es nur für bestimmte Bereiche geben. Im Hintergrund stand die Diskussion im Bundesrat, wonach »Sonntagsarbeit aus wirtschaftlichen Gründen möglich« sein sollte. Wenige Jahre später – inzwischen war Jo Brandt bereits im Dienst – wurde kritisiert, dass nach der 5. Ladenschlussverordnung ein Betrieb in Kirkel am Ende doch die ganze Palette seines Angebotes zum Kauf vorlegte, obwohl geregelt war, dass nur eingeschränkt Waren anzubieten waren.[27] Aber die Veränderungen in der deutschen Gesellschaft wurden durch die Kirchen nicht mehr aufgehalten.

Ähnlich verhielt es sich beim Buß- und Bettag. Um die Pflegeversicherung zu finanzieren, sollte ein Feiertag abgeschafft werden. Dr. Kurt Bohr, der damalige Chef der Staatskanzlei, schrieb am 24. November 1994 an Martin Ohly, dass er bedauerte, dass die Landesregierung den Bußtag vorgeschlagen hatte. Der Gesetzgeber bestünde auf einen Feiertag, der in die Woche fiele, doch wollte die Landesregierung »den Schutz des kirchlichen Feiertages im übrigen nicht antasten. Nach dem Vorschlag der Landesregierung werden also am Buß- und Bettag wie bisher Sport- und Tanzveranstaltungen verboten sein.«[28] Im Ausschuss für Frauen, Arbeit, Gesundheit und Soziales hielten Prälat Hermann Stillemunkes und Martin Ohly lange Reden. Ohly argumentierte, dass am Ende die Arbeitnehmer die Zeche bezahlen müssten, und dass ein Feiertag, einmal abgeschafft, für immer verloren sei.[29] Das Argument, der Bußtag sei in den Gemeinden schlecht besucht, wies Ohly zurück mit dem Hinweis, dass auch am 3. Oktober faktisch kaum jemand Interesse zeige: »Feiertage sind eine öffentliche Atempause und geben Gelegenheit, gemeinsam innezuhalten.« Die Kirche sei schon nicht mehr im Dorf, und »wenn wir nun auch noch die christliche Signatur der Zeit allmählich preisgeben, schneiden wir uns, fürchte ich, langfristig ins eigene Fleisch. Ich jedenfalls sehe weit und breit nichts, was an ihre Stelle treten könnte.«[30]

Kirchenrat Martin Ohly am 26. Mai 1998. Foto: Fotosammlung Ev. Büro Saarbrücken

Bekanntermaßen war nicht wirklich eine Bereitschaft da, über die Abschaffung des Buß- und Bettages neu nachzudenken. Die politisch Verantwortlichen hatten ihre Entscheidung bereits getroffen. Als dann in Schleswig-Holstein mit 137.000 Stimmen ein Plebiszit gefordert wurde, warnte Ohly,[31] denn er sah nur eine Scheinaktivität im Gange. Niemals würden fünfhunderttausend Stimmen zusammenkommen – und am Ende wäre die Kirche blamiert, wenn sie sich vor diesen Karren spannen ließe.

Am 26. Mai 1998 wurde Martin Ohly aus seinem Amt verabschiedet. Er starb am 14. Februar 2007 und wurde in Blieskastel bestattet.

Anmerkungen

1 AEKR 1 OB 017 LKA Sachakten Az. 22-17-3-1 Laufzeit 1989–1997. Brief von Erhard Krause an die Evangelische Kirche der Pfalz vom 7. März 1989.

2 Ebd. Brief der Evangelischen Kirche im Rheinland an Werner Schramm vom 22. August 1989.

3 Ebd. Brief der Evangelischen Kirche der Pfalz an die Rheinische Kirchenleitung vom 12. September1989.

4 Ebd. Dienstanweisung von Martin Ohly vom 1. Januar 1990.

5 AEKR 2 LR 046 Beauftragter der EkiR für Saarland Nr. 72 Brief von Gert Hummel an Martin Ohly vom 19. Januar 1990.

6 Ebd. Nr. 15 Bd. 1a Schriftverkehr Kirchenrat Martin Ohly 1996, hier: Memorandum.

[7] Ebd. Saarländischer Sozialgipfel.

[8] Ebd. Die bildungspolitische Situation im Saarland.

[9] Ebd. Bericht für die Landessynode 1997.

[10] Vgl. Gerhard Hausmann, Prof. Dr. Friedrich Wilhelm Kantzenbach, in: Evangelische Profile der Saargegend. Festgabe für Friedrich Wilhelm Kantzenbach, hg. von Joachim Conrad/Martin Meiser (= Beiträge zur evangelischen Kirchengeschichte der Saargegend Bd. 2), Saarbrücken 2012, S. 11–20.

[11] AEKR 2 LR 046 Beauftragter der EkiR für Saarland Nr. 16 Bd. 1b Schriftverkehr Kirchenrat Martin Ohly 1996–1997, hier: Brief von Martin Ohly an Günther Hönn vom 3. Februar 1997.

[12] Ebd. Brief von Martin Ohly an Henner Wittling vom 3. Februar 1997; vgl. auch Nr. 53 Bd. 2b Vorentwurf.

[13] Ebd. Nr. 53 Bd. 2b Brief von Manfred Kock an Oskar Lafontaine vom 5. Februar 1998.

[14] Vgl. Ulrich B. Müller, Jörg Haustein, in: Evangelische Profile der Saargegend. Festgabe für Friedrich Wilhelm Kantzenbach, hg. von Joachim Conrad/Martin Meiser (= Beiträge zur evangelischen Kirchengeschichte der Saargegend Bd. 2), Saarbrücken 2012, S. 205–209.

[15] AEKR 2 LR 046 Beauftragter der EkiR für Saarland Nr. 47 Bd. 1a Fachrichtung Ev. Theologie an der Universität des Saarlandes (UdS) 1994–1998.

[16] Ebd. Bericht über das Gutachten vom 26. März 1998.

[17] Ebd. Nr. 52 Bd. 2a Brief des Prodekans Prof. Kurt Ulrich Jäschke vom 7. Juli 1993.

[18] Ebd. Nr. 53 Bd. 2 Brief von Prof. Kurt Ulrich Jäschke an Präses Manfred Kock vom 28. Mai 1998.

[19] Ebd. Nr. 16 Bd. 1b Schriftverkehr Kirchenrat Martin Ohly 1996–1997, hier: Brief von Martin Ohly an Barbara Wackernagel-Jacobs vom 21. November 1996.

[20] Ebd. Nr. 17 Bd. 1c Bericht vor der Kirchenleitung am 27. November 1997.

[21] Ebd., S. 3.

[22] Ebd., S. 9–10.

[23] Ebd. Brief von Martin Ohly an Jörn-Eric Gutheil vom 24. Juni 1997.

[24] EZAS Best. 05,1 Altkath. Kgm. Saarbrücken. Best. 87. Flüchtlingsarbeit. Chronologie des Saarbrücker Kirchenasyls.

[25] AEKR 2 LR 046 Beauftragter der EkiR für Saarland Nr. 17 Bd. 1c Schriftverkehr Kirchenrat Martin Ohly 1997, hier: Vereinbarung zum Kirchenasyl. Entwurf.

[26] Ebd. Nr. 124 Bd. 1a Brief des Landeskirchenamtes an Martin Ohly vom 13. September 1993.

[27] Ebd. Brief von Jo Brandt an die Fraktionsvorsitzenden und an Ministerin Christiane Krajeweski vom 12. August 1999.

[28] Ebd. Nr. 125 Bd. 1b Brief von Kurt Bohr an Jo Brandt vom 24. November 1994, S. 2.

[29] Ebd. Argumente für den Bußtag, S. 9–12.

[30] Ebd.

[31] Ebd. Brief von Martin Ohly an das Landeskirchenamt vom 6. Juni 1997.

6. Die Amtszeit von Joachim »Jo« Brandt

6.1 Erhalt der theologischen Fachrichtungen an der Universität des Saarlandes

Als Joachim Brandt das Amt des Beauftragten am 26. Mai 1998 übernahm, stand ihm gleich zu Beginn eine schwere Belastungsprobe ins Haus. Wie bereits berichtet, hatten Ministerpräsident Oskar Lafontaine und sein Kultusminister Henner Wittling eine Neuausrichtung der Universität des Saarlandes angesichts des notwendigen strikten Sparkurses geplant und wünschten, dass die beiden theologischen Fachrichtungen auslaufen sollten. Noch vor seiner Amtseinführung gab Jo Brandt dazu seine erste Stellungnahme ab, die in der Argumentation auf der Linie von Martin Ohly blieb.[1] Ohly gegenüber hatte der damalige Kultusminister Diether Breitenbach festgehalten, dass der Staatskirchenvertrag in Geltung sei, und dass bei Nichtbesetzung einer Professur das Lehrangebot gewährleistet sein müsse.[2] Dazu wurde sogar ein Zusatzprotokoll verfasst. Unter diesen Voraussetzungen schrieb die Kirchenleitung in Düsseldorf am 10. Februar 1998 an Ministerpräsident Lafontaine und schilderte die Zustände: Der Lehrstuhl für Kirchengeschichte war seit zwei Jahren vakant; die Berufungsliste lag seit August 1997 vor. Der Lehrstuhl für Altes Testament war ebenfalls

Kirchenrat Joachim Brandt im Büro am Ludwigsplatz.
Foto: Fotosammlung Ev. Büro Saarbrücken

vakant, und mit der Pensionierung von Professor Gert Hummel im Sommer 1998 war die dritte von vier Stellen unbesetzt.[3] Dass sich die Universität nicht wehrte, war für Professor Hummel ein solcher Affront, dass er die Ehrensenatorenwürde der Universität ausschlug.[4] Lafontaine begab sich indessen an die Universität und teilte über die Saarbrücker Zeitung beiläufig mit, dass die Slawistik und die beiden Theologien keine Zukunft mehr hätten.[5]

Nun verlor auch der Trierer Bischof Hermann-Josef Spital die Geduld und schrieb am 7. Mai 1998 an Lafontaine »Ich darf darauf hinweisen, daß das Institut für Katholische Theologie durch völkerrechtlichen Vertrag aus dem Jahr 1985 gesichert ist. Eine einseitige Aufhebung dieses Vertrages durch das Saarland entspricht weder der vereinbarten Freundschaftsklausel noch einem guten völkerrechtlichen Stil.«[6] Lafontaine, der bekanntlich auf eine katholische Schule gegangen war und durchaus die katholische Innenansicht kannte, ignorierte den Bischof und wandte sich am 9. Juni 1998 direkt an den Päpstlichen Nuntius Dr. Giovanni Lajolo. Man erwarte in der Landesregierung, dass die Sachverständigenkommission einen Hinweis geben werde auf Aufgabe der Theologien, und man wolle daher umgehend mit dem Heiligen Stuhl in Verhandlungen treten.[7] Der Nuntius bat Prälat Warnfried Bartmann um Aufklärung, was da eigentlich los sei.[8] Und der Prodekan der Philosophischen Fakultät, Prof. Dr. Harald H. Zimmermann, schrieb am 2. Februar 1998 an Kultusminister Henner Wittling: »Man kann über den Zuschnitt von Fächern sicherlich streiten, eine Abschaffung der beiden Theologien im Fachbereich Grundlagen und der Geschichtswissenschaften würde das bestehende Gefüge jedoch in seinen Fundamenten treffen.«[9] Zimmermann schrieb auch an Lafontaine wegen des SZ-Artikels und bat ihn um einen klaren Standpunkt. Er wandte sich schließlich auch an Oberkirchenrat Harald Bewersdorf: Mit der Besetzung der Professur für Kirchengeschichte zum Wintersemester 1998/99 sei nicht mehr zu rechnen, obwohl die Vorschlagsliste seit Jahren auf dem Tisch lag, faktisch jedoch sei die Fachrichtung Ev. Theologie mit einer einzigen verbliebenen Professur nicht mehr arbeitsfähig.[10]

Parallel intervenierte der Neutestamentliche Prof. Dr. Ulrich B. Müller bei Universitätspräsident Prof. Dr. Günther Hönn wegen der Lehrerbildung. Es war aus Sicht der Kirchen notwendig, »saarländische Studierende als Religionslehrerinnen und -lehrer an den theol. Fachrichtungen der UdS weiterhin auszubilden. Saarländische Studierende waren nämlich überwiegend ›Fahr-Studierende‹, die zu Hause wohnten und nicht in andern Bundesländern studieren wollten, weil sie es sich z.T. nicht leisten konnten. Die Gefahr bestand, dass sie ggfs. das Unterrichtsfach Religion nicht wählen würden, wenn es an der UdS nicht mehr angeboten würde. Das hätte die Besetzung der Stellen für Religionslehrerinnen und -lehrer erheblich erschwert.«[11] Die SPD-geführte Landesregierung zeigte sich nicht sehr beeindruckt und hielt Kurs. Kultusminister Wittling ließ durch die Saarbrücker Zeitung verbreiten, die Evangelische Theologie sei an der Universität des Saarlandes ein Auslauffach, und man könne sich nicht mehr immatrikulieren. Jo Brandt war entsetzt.[12] Er stand

Joachim Brandt und Kultusminister Henner Wittling.
Foto: Fotosammlung Ev. Büro Saarbrücken

mit den Landeskirchenleitungen in engem Kontakt: Die Kirchen wollten den Vertrag nicht aufgeben, waren sich aber bewusst, dass es nicht leicht sein würde, ihn juristisch durchzusetzen. Am 23. September 1998 kam es zum Gespräch: Die Landesregierung votierte nun für den Verbleib der Lehrerausbildung im Saarland, Brandt hielt am Erhalt der Theologie fest, ohne die es keine evangelischen Religionslehrerinnen und -lehrer geben würde.[13] Staatssekretär Dr. Rüdiger Pernice würdigte die Theologie in Saarbrücken, stellte aber fest, dass sie in der Forschung kein Gewicht habe, und fragte nach, ob man nicht anderswo unterrichten lassen könne.[14]

Der Bogen war überspannt: Die Rheinische Landeskirche prüfte im Dezember 1998 eine Verfassungsklage.[15] Minister Wittling schlug derweil eine Kooperation mit der Fachrichtung Katholische Religion vor, was im Kabinettsgespräch am 10. März 1999 erörtert werden sollte.[16] Die katholische Seite zeigte sich von dem Vorschlag überrascht, und Warnfried Bartmann bat darum, dass sich die Kirchen vorher absprechen sollten. Gegenüber Brandt und Bartmann äußerte sich Wittling dergestalt, dass das Ende der Theologien beschlossen sei – vorbehaltlich eines Gespräches mit den Kirchen.[17]

Am 5. September 1999 wurde der Landtag des Saarlandes neu gewählt; die regierende SPD – nunmehr unter Ministerpräsident Reinhard Klimmt – verlor fünf Prozent der Wählerstimmen. Die oppositionelle CDU gewann 6,9 % dazu. Die Verhältnisse kehrten sich um: Peter Müller wurde zum Ministerpräsidenten gewählt. »Mit Blick auf den Staats-

Kirchen-Vertrag sagte Peter Müller als Vorsitzender der CDU-Saar in einem Gespräch bereits im Vorfeld der Landtagswahl: ›Pacta sunt servanda‹. An diese Zusage hielt er sich, als er Ministerpräsident wurde.«[18] Am 16. November 1999 machte Joachim Brandt seinen Antrittsbesuch in der Staatskanzlei und brachte neben dem Themengebiet »Erhalt der Fachrichtung« auch die Themen Kindergartenfinanzierung und Sonntagsschutz ins Gespräch. »Herr Brandt dankt dem Ministerpräsidenten, daß er sich deutlich in seiner Regierungserklärung vom 27. Oktober 1999 für den Erhalt der Theologien an der Universität des Saarlandes ausgesprochen hat und der Ruf für die Besetzung der Professur in Kirchengeschichte bereits erfolgt ist.«[19] Nachdem die politische Großwetterlage eine andere war, kam auch das Gespräch mit den Verantwortlichen der Universität in Schwung. Universitätspräsident Prof. Hönn, Universitätskanzler Dr. Hartwig Cremers, der Dekan der Philosophischen Fakultät I, Prof. Dr. Martin Giradet, Prof. Dr. Ulrich B. Müller von der Fachrichtung Ev. Theologie und ein Vertreter des Ministeriums einigten sich darauf, den zweiten Lehrstuhl für Historische und Systematische Theologie und den 3. Lehrstuhl für Religionspädagogik zu besetzen und die Stelle von Jörg Rauber als Akademischem Rat zu verstetigen.[20] Zu letzterem schrieb Kirchenrat Brandt am 12. Dezember 2000 nochmals an Kultusminister Jürgen Schreier.[21]

Im Bericht des Beauftragten für das Berichtsheft der Landessynode 2001 hielt Jo Brandt das Ergebnis fest.[22] So blieben die theologischen Fachrichtungen erhalten, allerdings wurde einvernehmlich auf die Besetzung aller Stellen gemäß Staatskirchenvertrag verzichtet: Von vier Professuren waren bzw. wurden drei besetzt, von zwei Oberratsstellen[23] eine. Da die Zahl der Studierenden in der Evangelischen Fachrichtung über längere Zeit stabil blieb, gab es Einvernehmen. 2005 waren es noch 145 Studierende der Evangelischen Theologie.

Die ganze Diskussion hatte noch einen interessanten Nebenkampfplatz, war doch der Studierendenpfarrer Dr. Kai Horstmann der Auffassung, der Beauftragte habe sich mit ihm abzusprechen, wenn er in Universitätsangelegenheiten aktiv wurde. Jo Brandt verwies auf seine Dienstanweisung, wonach er selbst nur den Kirchenleitungen gegenüber verpflichtet war, dass im Übrigen der Studierendenpfarrer nicht Universitätspfarrer sei.[24]

6.2 Neuausrichtung der Evangelischen Polizeiseelsorge für das Saarland

An einer anderen Stelle tat sich ein ähnlich gelagertes Problem auf. »Waren die theol. Fachrichtungen an der UdS durch staatliches Handeln gefährdet, so war es bei der Stelle der ev. Polizeiseelsorge anders. Es waren kirchliche Stellen, die den Erhalt dieser Arbeit und ihre finanzielle Absicherung in Frage zogen.«[25] Den Landeskirchen ging es im Grun-

Kundgebung gegen die Republikaner. In der Mitte v.l.n.r. Superintendentin Ute Vos, Superintendent Hartmut Krüger und Kirchenrat Joachim Brandt.
Foto: Fotosammlung Ev. Büro Saarbrücken

de nicht anders als dem Saarland: Es herrschte Haushaltsnotstand. Entsprechend war die Situation der drei saarländischen Kirchenkreise Ottweiler, Saarbrücken und Völklingen, die die Personalkosten der evangelischen Polizeiseelsorge aufgrund einer Vereinbarung aus dem Jahr 1978 trugen.

Jo Brandt machte am 8. Februar 2001 seinen Antrittsbesuch bei der neuen Innenministerin Annegret Kramp-Karrenbauer. Er trug ihr »die Sorge vor, dass mit der Pensionierung des Polizeipfarrers Volker Junge im Sommer 2001 aufgrund rückläufiger Finanzmittel die Kirchenkreise trotz aller Anstrengungen die volle kostenmäßige Abdeckung der Stelle für die Polizeiseelsorge nicht mehr leisten könnten.«[26] Die Saarbrücker Superintendentin Johanna Martina Rief hatte vorgeschlagen, dass durch die Übernahme der Sachkosten durch das Land der Erhalt der Stelle im Rahmen des Möglichen lag. Die Katholiken hatten dagegen eine andere Konstruktion, als sie Dr. Rolf Dillschneider zum hauptamtlichen Polizeidekan machten, trug doch das Bistum Trier alle Kosten.[27] Auf einer gemeinsamen Sitzung am 7. März 2001 wurden diese Unterschiede benannt, aber auch die Idee formuliert, die Ökumenische Landesarbeitsgemeinschaft der Pfalz auf den rheinischen Teil des Saarlandes auszuweiten, um besser und mit höherem Nachdruck um Erstattung

Kirchenrat Joachim Brandt, Ministerpräsident Peter Müller und Präses Nikolaus Schneider. Foto: Fotosammlung Ev. Büro Saarbrücken

von Sachkosten zu verhandeln.[28] Da die Arbeit der Polizeiseelsorge im Land hochanerkannt war – auf evangelischer Seite zweifelsfrei ein Verdienst von Volker Junge – kam die Innenministerin der Kirche entgegen und wollte prüfen, ob und in welchem Umfang eine Beteiligung an den Sachkosten der evangelischen bzw. katholischen Polizeiseelsorge durch das Ministerium möglich wäre. Tatsächlich gab es bald darauf eine Zusage über eine jährliche Sachkostenbeteiligung[29] und damit verbunden eine ausdrückliche Wertschätzung der Arbeit.[30] Jo Brandt berichtete am 29. November 2001 der Vizepräses Petra Bosse-Huber, dass das Land, die Pfälzische Kirche und die drei Saarkirchenkreise ihre Finanzierungszusagen vorgelegt hätten, dass nun aber auch die Rheinische Kirche ihre Zusage zu geben habe.[31] Es gab keine Bewegung. Schließlich schrieb Jo Brandt, wenn man sich in den Angelegenheiten der Universität des Saarlandes auf die Geltung des Staatskirchenvertrages berief, dann müsse man sich auch an die »Vereinbarung über den kirchlichen Dienst an den Polizeibeamten (Polizeiseelsorge) im Saarland« von 1978 halten, sonst richte man Schaden an.[32]

Auf kirchlicher Seite wurden die Karten neu gemischt, als die Evangelische Kirche im Rheinland entschied, die evangelische Polizeiseelsorge zur landeskirchlichen Aufgabe zu machen und dadurch die Saarkirchenkreise spürbar zu entlasten. Als am 15. Juli 2003 Pfarrerin Christine Unrath als neue Polizeiseelsorgerin eingeführt wurde, ergriff Jo Brandt das Wort und dankte ausdrücklich allen Beteiligten für ihr Engagement zum

Erhalt dieser Stelle.[33] Er betonte: »Angesichts zunehmender Gewalt in unsrer sich verändernden Gesellschaft bedürfe die Polizei als Vertreterin des staatlichen Gewaltmonopols ethischer Beratung, Begleitung in Krisensituationen und eine entsprechende mitgehende Seelsorge.«[34] Seine Sicht der Dinge fand im Land und bei den Kirchen ungeteilte Zustimmung.

6.3 Saarländische Flüchtlingspolitik und Kirchenasylvereinbarung

Der Zuzug von Flüchtlingen aus den Krisengebieten der Welt, vornehmlich aus Afghanistan, aus der Balkanregion und Kurden aus der Türkei, wurde und wird in Deutschland kontrovers diskutiert. Damit musste sich auch das Evangelische Büro in Saarbrücken auseinandersetzen. In einem Gespräch mit Jo Brandt am 21. Oktober 1999 stellte Innenminister Klaus Meiser die Frage, wie in der Bevölkerung um die Akzeptanz gegenüber Ausländern und Ausländerinnen geworben werden könne. Jo Brandt sah hier eine wichtige Aufgabe der Kirchen, die sich bereit erklärten, »als ›Anwalt‹ derer, die keine Stimme haben, vor allem mit ihren diakonischen Einrichtungen Flüchtlingshilfe zu leisten.«[35]

Und es bedurfte dieses Anwaltes, wie Einzelfälle zeigten: So wandten sich Menschen aus Überherrn am 2. April 2001 an die Kirche, weil die kurdische Familie Yüksel, die seit 1990 in Deutschland lebte und seit 1999 ohne staatliche Hilfe von Abschiebung bedroht war. Der älteste Sohn war Rollladenbauer, der zweite Sohn stand kurz vor dem Fachabitur, und ein Mädchen besuchte die 6. Klasse in Überherrn und war Klassenbeste.[36] Der rheinische Landeskirchenrat Jörn-Eric Gutheil wiederum schrieb am 11. Juli 2000 an Jo Brandt, um sich nach der Lebenswirklichkeit im Lager Lebach zu erkundigen, denn Mitglieder der dort lebenden Kimbanguistenkirche seien gehindert worden, am Gottesdienst teilzunehmen.[37] Der Kirchenkreis St. Wendel monierte am 9. April 2001 die Schließung der Beratungsstelle St. Wendel.

Die genannten und andere Notlagen zogen die Entscheidungen verschiedener Kirchengemeinden nach sich, Kirchenasyl einzurichten – ein Instrument, das erhebliche Rechtsfragen aufwarf. Denn die Verwaltungsgerichte definierten das Kirchenasyl zuerst einmal als »Untertauchen« und damit als Asylhinderungsgrund. Demgegenüber erklärten die Ev. Kirchen, dass mit einem Kirchenasyl immer auch eine ladungsfähige Adresse verbunden sei und es von daher nicht als Untertauchen gewertet werden könne. Ziel des Kirchenasyls, das nicht von irgendwelchen Unterstützergruppen, sondern von den Leitungsgremien der Ev. Kirchen gewährt werde, sei es, eine erneute konkretere Rechtsprüfung zu ermögliche.«[38] Schon am 9. November 2000 fand ein Gespräch mit Innenminister Klaus Meiser, Vertretern der Kirchenkreise und der Landeskirchen und Referatsleiter Hanno Grimm statt: »Minister Meiser betont noch einmal, dass das Kirchenasyl für die saarländische Landesregierung keinen rechtsfreien Raum darstellt. Aber es wird im Verwaltungshandeln dennoch respektiert. Er betont ausdrücklich, dass das Kirchenasyl im Verwaltungsgerichtsverfahren den Betroffenen nicht zum Nachteil ausgelegt werden soll.«[39]

Die Leitung des Innenministeriums wechselte. Am 8. Februar 2001 machte Jo Brandt seinen Antrittsbesuch bei der neuen Innenministerin Annegret Kramp-Karrenbauer.[40] Schnell gab es Übereinstimmung, einen Kontaktausschuss für Flüchtlingsfragen im Saarland (KAFiS) einzurichten. Auch war die Ministerin zum Gespräch mit dem Diakonischen Werk bereit über die unerwünschte Dezentrale Flüchtlingsberatung (DFB), über die Lösung der sog. Altfälle und über die Möglichkeit, mit dem Verwaltungsgericht zu klären, ob Kirchenasyl ein Asylhinderungsgrund sei.

Tatsächlich war auch die Landesregierung bereit zu einer klaren Vereinbarung, wie sie in einem Gespräch am 30. Mai 2001 betonte, knüpfte daran aber Bedingungen: Es sollte für die sog. Altfälle nach dem Grundsatz »Gnade vor Recht« eine Regulierung geben, sofern der Staat nicht zu spät informiert würde oder das saarländische Oberverwaltungsgericht nicht schon die Abschiebung verfügt hätte. Im Gegenzug sollten die Kirchen Sorge tragen, dass das Kirchenasyl nicht exzessiv ausgeweitet, dass Zurückhaltung in der Öffentlichkeitsarbeit geübt werde und dass eine ladungsfähige Adresse vorläge. »Die Vertreter der beiden Kirchen legten ihrerseits dar, dass die Kirchen Kirchenasyl nicht als rechtsfreien Raum verstünden, sondern als Mittel zur erneuten Rechtsüberprüfung von Asylverfahren bei einer anstehenden Abschiebung, die zur Folge machen könnte, dass Menschen an Leib, Leben oder Freiheit ernstlich betroffen wären.«[41]

In den frühen Morgenstunden des 14. November 2001 wurde die kurdische Familie Özdemir, die seit vierzehn Jahren mit ihren Kindern im Saarland, zuletzt in Wadern, lebte, abgeschoben; nur der älteste Sohn konnte aus rechtlichen Gründen bleiben. Das löste eine heftige Protestwelle im Saarland aus; es gab Mahnwachen, Unterschriftenaktionen und eine herbe Kritik an der Landesregierung. Zu dieser Abschiebung äußerte der Ministerpräsident Peter Müller vor dem CDU-Parteitag den berühmten Satz »Der Rechtstreue darf nicht der Dumme sein« und betonte, dass die Innenministerin hatte handeln müssen. Der rheinische Präses Manfred Kock, damals Ratsvorsitzender der Evangelischen Kirche in Deutschland, schrieb daraufhin an die Staatskanzlei und bat um Aufklärung.[42] Es zeichnete sich ab, dass die kirchliche Haltung und die der saarländischen Landesregierung auseinanderklafften. Als es im Saarland zu weiteren Abschiebungen kam, stellte Landeskirchenrat Gutheil in einem Artikel in der Saarbrücker Zeitung am 19. November 2002 die Frage: »Warum müssen Menschen, die schon lange im Saarland leben, im Hauruck-Verfahren das Land verlassen?« Die neue Innenministerin Annegret Kramp-

Karrenbauer antwortete umgehend: »Wir schieben die Menschen konsequent und den rechtlichen Bestimmungen und Zeitabläufen gemäß ab, die sich der deutschen Rechtslage nachgewiesenermaßen zu Unrecht in Deutschland aufhalten, des von Rechts wegen klar definierten Asyls also nicht bedürfen [...].«[43]

Das Ev. Büro blieb mit dem Innenministerium im Gespräch. Man strebte auf beiden Seiten weiter eine verbindliche Vereinbarung zum Umgang mit Fällen von Kirchenasyl im Saarland an mit dem Ziel, die bisherigen informellen Absprachen zu ersetzen. Im Juni 2002 lag diese angestrebte schriftliche Vereinbarung vor.[44] »Darin verpflichtete sich das Saarland, unter bestimmten Bedingungen Kirchenasyl zu respektieren, obwohl damit kein Rechtsanspruch auf Kirchenasyl verbunden war. In dieser schriftlichen Vereinbarung, die auf bundespolitischer Ebene bis dato einmalig war, wurde außerdem festgehalten, dass Behördenvertreter kirchliche Räume, in denen Asylsuchende Schutz finden, nicht betreten. Die Kirchen erklärten sich ihrerseits bereit, die Behörden bereits im Vorfeld eines Kirchenasyls zu unterrichten und anhand von Fakten zu rechtlichen, sozialen und humanitären Problemlagen ausländerrechtliche Lösungsmöglichkeiten aufzuzeigen.«[45]

Um aber Lösungen für besonders problematische Fälle zu finden, strebten die evangelischen Kirchen die Einrichtung einer Härtefallkommission im Saarland an.[46] Das Innenministerium war bereit, sich auf eine solche Kommission einzulassen unter der Bedingung, dass auf Bundesebene ein Zuwanderungsgesetz verabschiedet würde. Das Gesetz kam 2004, die Härtefallkommission wurde eingerichtet, und schon am 1. Dezember 2004 sicherte die Ministerin zu, dass die Befassung der Härtefallkommission mit Problemfällen eine Abschiebung aussetze, dies aber ausdrücklich nur intern kommuniziert werden solle, um Missbrauch zu verhindern.[47] Insofern wurde nirgends festgehalten, dass es eine aufschiebende Wirkung geben könnte. Die Kommission war demnach keine weitere Instanz für abgelehnte Asylbewerber, aber ihr gelang es, humane Lösungen in etlichen Fällen zu erreichen und besonders problematische Abschiebungen zu verhindern. Die Pfälzische und die Rheinische Kirche waren in der Härtefallkommission jeweils mit einer Person vertreten. In einem Brief dankten Jo Brandt und Warnfried Bartmann der Ministerin für die menschenwürdige Entscheidung.[48]

Die Integrationsarbeit des Diakonischen Werkes an der Saar und vor allem seine Flüchtlingsarbeit im Aufnahmelager Lebach wurden wieder in die Förderung des Landes aufgenommen. Drei Jahre zuvor hatte das Land die Unterstützung beendet, weil man dem Diakonischen Werk vorgeworfen hatte, nur Bleiberechtsberatung und keine Rückkehrberatung zu betreiben.

6.4 Die Region als Kulturhauptstadt Europas 2007

Es ist das Verdienst des Großherzogtums Luxemburg, dass das Projekt »Kulturhauptstadt Europas« im Jahre 2007 auf eine Region ausgedehnt wurde. Namentlich Jean-Claude Juncker, der Premierminister des Landes, engagierte sich mit Erfolg für diese Idee, durch die das Saarland, Rheinland-Pfalz, Lothringen und die Wallonie mit ins Boot genommen wurden. »Dabei wurde bei der Erarbeitung des Programms der Kulturhauptstadt 2007 bei den teilnehmenden Akteuren Wert auf die Darstellung grenzüberschreitender Vernetzung und europäischer Kompetenz gelegt – zur Intensivierung und Förderung des Gedankens eines gemeinsamen Europas und seiner kulturellen Vielfalt auch in unsrer Region.«[49] Aus diesem Ansatz heraus wurde das Thema formuliert: »Gemeinsam Grenzen überschreiten«.

Vierhundert Initiativen erklärten sich zur Teilnahme bereit, darunter auch die evangelischen Kirchen der Großregion: die Evangelische Kirche im Rheinland, die Evangelische Kirche der Pfalz, die Union des Églises protestantes d'Alsace et de Lorraine und die Église Protestante du Grand-Duché de Luxembourg. Der Beauftragte Jo Brandt übernahm die Federführung im Vorbereitungsausschuss. Geplant und durchgeführt wurden ein Chorfest in Thionville, ein Reformationsgottesdienst in Metz, eine euregionale Begegnung evangelischer Christen in Luxemburg unter dem Motto »Flagge zeigen«, etliche Konzerte und eine Wanderung auf den sogenannten Hugenottenwegen, die in der regionalen Tradition als Fluchtwege der französischen Protestanten verstanden werden, die nach Aufhebung des Ediktes von Nantes durch das Edikt von Fontainebleau am 18. Oktober 1685 nach Preußen, in die Schweiz und in die Niederlande auswanderten.[50] Jo Brandt erinnert sich an das Selbstverständnis der evangelischen Teilnehmer: »Der Protestantismus hat in der Geschichte Europas eine Prägekraft entwickelt, die sich in unsrer Kultur auf vielfältige Weise ausgewirkt hat. Protestanten zählen zu den ersten, die von Gewissensfreiheit und Selbstbeschränkung politischer Autorität in Fragen der Religion sprechen. Sie ebneten den Weg zur Aufklärung wie zur Anerkennung religiöser Pluralität. Nach zwei verheerenden Weltkriegen im vergangenen Jahrhundert, in dem sich europäische Nationen als Feinde gegenüberstanden, bot sich die Chance zur Abkehr vom Nationalismus und zur Bildung eines gemeinsamen, Nationen übergreifenden Europas, in dem nicht das Recht der Stärke, sondern die Stärke gemeinsamen Rechtes gilt und das so in Frieden miteinander leben kann.«[51] Die evangelischen Kirchen der Großregion wollten mit ihrer Beteiligung am Kulturjahr 2007 für den Geist versöhnter Verschiedenheit und für ein Zusammenwachsen Europas »Flagge zeigen«.

Rund siebentausend Menschen nahmen an den insgesamt siebzehn Veranstaltungen teil. Davon ermutigt, gründeten die Kirchen unter der Leitung der Ev. Akademie im Saarland die Arbeitsgruppe »SaarLorLux evangelisch«, die sich weiter um grenzüberschreitende kirchliche Zusammenarbeit bemüht. Der Kirchenkreis Völklingen und der aus dem Zusammenschluss mit dem Kirchenkreis Saarbrücken entstandene neue Kirchenkreis Saar-West führten jährliche euregionale Pfarrkonvente der evangelischen Gemeinden in Lothringen, Luxemburg und im Saarland durch.

Die Arbeitsgruppe »SaarLorLux evangelisch« organisierte grenzüberschreitende Gottesdienste, Konzerte und Wanderungen und förderte kirchliche Partnerschaften über die Grenzen hinweg, um besonders die kleinen lothringischen Gemeinden zu stärken. Im Laufe der Zeit fand die Arbeitsgruppe in der 1961 gegründeten »Konferenz der Kirchen am Rhein« einen Rahmen für ihr Engagement. 2008 schloss sich die »Konferenz der Kirchen am Rhein« der »Gemeinschaft Evangelischer Kirchen in Europa« (GEKE) an; sie berät »als grenzüberschreitende Regionalgruppe der GEKE ihre Mitgliedskirchen mit Tagungen in sozialethischen und europäisch relevanten Fragen. Zusammen mit dem Straßburger Büro, das sie gründete und das inzwischen der Konferenz europäischer Kirchen angegliedert wurde, fördert sie die Präsenz der Kirchen gegenüber den europäischen Einrichtungen in Straßburg mit dem Schwerpunkt in Menschenrechtsfragen.«[52]

Jo Brandt nahm als Beauftragter der Ev. Kirchen im Saarland und als Vertreter der rheinischen Kirche an der Arbeit der »Konferenz der Kirchen am Rhein« teil und engagierte sich für »ein Europa, das den Nationalismus überwindet und in versöhnter Verschiedenheit lebt [...], ein Europa, das sich für Frieden und Freiheit und für die Bewahrung der Schöpfung einsetzt im Horizont seiner Verantwortung nicht nur für den eigenen Kontinent, sondern für die ganze Welt.«[53]

6.5 Die Seelsorge in den Justizvollzugsanstalten

In einem Gespräch der Kirchenleitungen in der Staatskanzlei am 1. Oktober 2002 wurden die staatlichen Zuschüsse für die Seelsorge in den Justizvollzugsanstalten, in der Telefon- und in der Polizeiseelsorge thematisiert. Diakoniepfarrer Udo Blank hatte am 8. August 2002 einen Aktenvermerk vorgelegt, wonach seitens des Landesrechnungshofes vorgeschlagen sei, die Seelsorger in den Justizvollzugsanstalten als Sozialarbeiter einzustufen und entsprechend die staatlichen Anteile an den Personalkosten abzusenken.[54] Daraufhin hatte sich Jo Brandt an Staatssekretär Wolfgang Schild gewandt und erfahren, dass nach einem Prüfbericht der Landesrechnungshof die Halbierung der Stellen wünschte. Staatssekretär Schild zeigte sich verständnisvoll, denn Brandt notierte: »Dass die Kirche offen ist für die Betreuung auch von nicht evangelischen Insassen, ist ihm vom Auftrag der Kirche her einsichtig. Anfragen an Pfarrer von nicht ev. Insassen könnten nicht zurückgewiesen werden. Ein Sozialarbeiter im Dienste des Staates an der JVSA wie ihn der Re[chnungshof] vorschlägt, könne nicht im gleichen neutralen Sinne diese Aufgabe wahrnehmen.«[55]

Die Diskussionen zeigten, dass die »Vereinbarung über die Sicherstellung der evangelischen Seelsorge« in den Justizvollzugsanstalten des Saarlandes vom 22. Juli 1977 dringend einer Überarbeitung bedurfte.[56] Die Kirchen lieferten eine »Vereinbarung mit dem Land betr. Kirchliche Dienstordnung für die Seelsorge an den Justizvollzugsanstalten«[57], die freilich erst im März 2004 in Kraft trat.[58]

6.6. Veränderung der Kindergartenfinanzierung

Diakoniepfarrer Udo Blank hatte am 16. Februar 1998 einen Aktenvermerk[59] mit einer chronologischen Übersicht über die bisherige Entwicklung vorgelegt: 1995 hatte das Diakonische Werk eine Konferenz der 53 Träger evangelischer Kindertageseinrichtungen gegründet, der sich 1997 die Pfälzer Kirchengemeinden im Bereich des Saarlandes anschlossen. Im Frühjahr 1996 fanden Gespräche statt mit dem Saarländischen Städte- und Gemeindetag: Die evangelischen Träger stellten keine Forderungen, sondern baten darum, die Finanzierung zu überdenken. In einem Grundsatzpapier von 1997 war erstmals die Rede davon, den Trägeranteil, der bis dahin bei 30% bis 35% lag, auf 15% abzusenken. Das Papier lag einem Gespräch mit der Ministerin, dem Landkreistag, dem Evangelischen und Katholischen Büro und dem Diakonischen Werk zugrunde. Die Gesprächsatmosphäre war emotional sehr aufgeladen und dank der harten Haltung der katholischen Kirche seitens der staatlichen Vertreter nahezu kirchenfeindlich.

Im November 1997 löste sich die Erstarrung, und es kam zur Bildung einer gemeinsamen Kommission. Angesichts des katholischen Kurses war es für die evangelische Seite, als sei sie eben erst wach geworden, denn »es stellt sich heraus, daß es zwischenzeitlich bilaterale Gespräche zwischen dem Landkreistag bzw. einzelnen Landkreisen und dem Bistum Trier gegeben hat. Weder das Bistum Trier noch die staatliche Seite hatten es für nötig gehalten, die evangelische Seite darüber zu informieren.«[60] Nun kämpften auch die evangelischen Kirchen angesichts zurückgehender Finanzen um den Fortbestand der eigenen Arbeit.

Jo Brandt wandte sich am 5. Oktober 1998 an den Saarbrücker Oberbürgermeister Hans-Joachim Hoffmann, weil der Saarländische Städte- und Gemeindetag die Gespräche mit den Kirchen beendet hatte.[61] Zugleich wehrte er sich gegen die Darstellung der Ministerin Barbara Wackernagel-Jakobs, auch die evangelische Kirche habe die Reduzierung der 15 % Trägeranteil gefordert.[62] Die Ministerin räumte später ein: »In der Tat hat die Evangelische Kirche trotz finanzieller Engpässe nicht solche Sparbeschlüsse gefasst wie die Katholische Kirche und dafür möchte ich Ihnen ausdrücklich danken.«[63] Der Trierer Generalvikar Werner Rössel hatte unterdessen am 21. Oktober 1998 den Wunsch formuliert, man möge den Trägeranteil von 15 % auf 11 % absenken, ggf. auch in drei Schritten.[64] Dazu erwartete er zusätzlich die Beteiligung der Kommunen an den Sachkosten.

Freilich hatte Diakoniepfarrer Udo Blank am 3. November 1998 festgehalten,[65] dass die evangelischen Träger sich sehr wohl um einen Zuschuss zu den Sachkosten in Höhe von 9 % der anerkannten pädagogischen Personalkosten bemühten. Sie schlossen aber die Mitsprache der Kommunen über Qualität und Ausstattung aus, wie es im Rahmen des Gesetzes üblich war, während die katholische Seite einen höheren Zuschuss verlangte, dafür aber der Mitsprache des Staates gegenüber offenstand. Allen war klar: Ohne Zuschuss war der Betrieb der Kindergärten nicht mehr aufrecht zu erhalten. Darüber sprach Jo Brandt am 16. März 2000 mit Staatssekretär Hansgünter Lang im Kultusministerium.[66]

Die Diskussionen zogen sich hin: Der sog. Runde Tisch »Kinderbetreuung«[67] legte 2005 in seiner AG 1 eine umfassende Bestandsaufnahme einschließlich demografischer Entwicklung vor. AG 2 diskutierte die Kostenfrage und nahm u.a. den Sanierungsstau in den Kindergärten in den Blick. Parallel liefen andere Prozesse: Pfarrer Hans Lothar Hölscher aus Quierschied teilte Jo Brandt am 1. März 2006 mit, dass die evangelische Kindergarteneinrichtung in Fischbach wegen Unterbelegung schließen werde.[68] Brandt forderte einmal mehr, dass die bedarfsgerechte Trägervielfalt erhalten bleiben sollte.[69] Die ganze Misere zeigte sich im Tagesbetreuungsausbaugesetz (TAG), wonach allein für 2005 zwischen 200 und 230 Krippenplätze fehlten.

6.7 Die Zukunft der Steinkohle und Bergschäden

Schon bei Jo Brandts Antrittsbesuch bei Annegret Kramp-Karrenbauer im Februar 2001 sah sich der Kirchenrat konfrontiert mit dem Umstand, dass die evangelische Kirche auf beiden Schultern tragen wollte, nämlich Solidarität mit den »Kumpels« – ganz im Geiste vom Präses Nikolaus Schneider – und damit Ja zur Steinkohle, gleichzeitig im Büßergewand neben den Bergbaugeschädigten an der Saar. Die neue Innenministerin »fragte nach dem Beitrag der Kirchen, wie diese Unruhe gesteuert werden könne. [...] Die Kirchen seien in die Kritik geraten, weil sie die Resolution der Saar-Gemeinschafts-Initiative vom 29.11.2000 mitgetragen haben. Diese fordert u.a. von der Bundesregierung eine Fortschreibung des Steinkohlefinanzierungsgesetzes nach 2005«.[70]

Und tatsächlich musste sich Jo Brandt diesem Spagat stellen, als Präses Nikolaus Schneider mit Bündnis 90/Die Grünen am 26. März 2001 sprach. Ihm begegnete Dr. Gerold Fischer, damals Direktor des Marie-Luise Kaschnitz-Gymnasiums in Völklingen, Presbyter der Auferstehungskirchengemeinde Völklingen und fünfzehn Jahre Mitglied des Kreissynodalvorstandes der Synode Völklingen: »Mit beeindruckenden Worten schilderte er als Ortsansässiger von Völklingen-Fürstenhausen die katastrophale Situation der dortigen Bergbaugeschädigten. Er persönlich, aber auch seine Partei träten für einen sofortigen Stopp des Kohleabbaus unter bewohntem Gebiet ein. Herr Schneider und Herr Brandt erläuterten dazu die Position der Evangelischen Kirche, für die aus Gründen der gesellschaftlichen Gesamtverantwortung nur ein sozialverträgliches Auslaufen des Bergbaus in Frage käme.«[71]

Im Bericht für die Landessynode 2001 hieß es: »Die Saargemeinschaftsinitiative, der neben Arbeitgeberverbänden, DGB und SPD u.a. auch die Kirchen angehören, bemüht sich, den dazu nötigen Strukturwandel zu fördern.«[72] Instrument war die Lokale Agenda 21, wo sich neben den Kirchen immerhin 28 von 52 Kommunalgemeinden engagierten. Das Ev. Büro bot über die Ev. Akademie im Saarland eine Tagung im November 2000 an.

Das Verhalten der Kirche war für die Bergbaugeschädigten unverständlich: Georg Zobel aus Fürstenhausen kritisierte in einem Brief vom 1. Februar 2002 heftig, die Kirchen hätten sich nur stark gemacht für den Stellenerhalt bei der Deutschen Steinkohle AG. Dem widersprach Brandt, man habe »aus der Gesamtverantwortung der Kirchen gegenüber der saarländischen Bevölkerung« gehandelt. Der Präses habe bei seinem Gespräch mit der Landesregierung am 18. September 2001 auch die Not der Bergbaugeschädigten zur Sprache gebracht.[73] Am 8. März 2004 kam Präses Nikolaus Schneider persönlich nach Fürstenhausen und traf auf Prof. Dr. Harald Zimmermann, der sich seinerzeit als Prodekan für den Erhalt der Fachrichtung Ev. Theologie ausgesprochen hatte. Zimmermann brachte einen Drei-Punkte-Plan[74] zur Sprache: (1) Einsatz der Kirche dafür, dass es keinen Abbau mehr unter Wohngebieten geben werde, (2) Kontakt eines persönlichen Referenten des Präses mit Bergbaugeschädigten, und (3) Organisation von Freizeitmaßnahmen für Kinder und Senioren aus dem Kreis der Berggeschädigten.

Am 7. Juli 2004 besuchte der Präses Ensdorf, aber erst das schwere Beben der Stärke 4,0 auf der Richterskala am 23. Februar 2008, als Teile der Fassade der Kirche in Saarwellingen herunterbrachen, veränderte die Grundhaltung der Beteiligten.

6.8 Die Diskussion um den Friedwald

Als im Saarland die ersten Friedwälder eingerichtet wurden, wiederholte sich stilistisch gesehen dieselbe Diskussion, wie sie über einhundert Jahre zuvor über die Einäscherung der Verstorbenen in den Kirchen geführt worden ist. Um zu einer gemeinsamen Stellungnahme der beiden evangelischen Landeskirchen mit den Bistümern Speyer und Trier zu finden, waren Kompromisse nötig, die am 24. Januar 2003 zum Entwurf eines Gesetzes über das Friedhofs-, Bestattungs- und Leichenwesen vom 3. Dezember 2002 festhielten: »Zwar haben sich im Laufe der Geschichte die Bestattungsformen sowie auch die entsprechenden kirchlichen Amtshandlungen immer wieder geändert, dennoch haben die Kirchen sich immer von den Grundgedanken leiten lassen [...], dass vor Gott jeder Mensch eine unverlierbare Würde hat, die mit dem Tod nicht endet.«[75] Die Kirchen hielten fest, dass Friedhöfe nicht in privater Hand sein sollten, dass Friedwälder aus naturphilosophischen und kommerziellen Gründen entstünden und dass es dazu kein öffentliches Bedürfnis gäbe.[76] Die Kirchen drängten auf die Einfriedung dieser Friedhofsformen »zur Sicherung der Totenruhe« und betonten, Grabschmuck und Kreuze seien mehr als Brauchtum.[77] Während die katholische Kirche sich noch lange weigerte, Urnen ihrer Gemeindeglieder im Friedwald zu bestatten, kam es auf evangelischer Seite sehr schnell zu einer Öffnung, denn es wurde rasch deutlich, wie sich die Sitten und Bedürfnisse der eigenen Gemeindeglieder in Windeseile verändert hatten. Eine Verweigerung der Bestattung war aus seelsorglichen Gründen nicht länger denkbar. Und die Realitäten konnten auch nicht länger geleugnet werden.

Anmerkungen

1 AEKR 2 LR 046 Beauftragter der EkiR für Saarland Nr. 47 Bd. 1a Stellungnahme von Joachim Brandt vom 14. Mai 1998.

2 Ebd. Schreiben von Diether Breitenbach an Martin Ohly vom 17. Oktober 1993; Antwort von Ohly an Breitenbach vom 6. Januar 1994.

3 Ebd. Brief der Kirchenleitung in Düsseldorf an Oskar Lafontaine vom 10. Februar 1998.

4 Ebd. Nr. 50 Bd. 1d Aktenvermerk vom Joachim Brandt vom 4. Dezember 1998. Joachim Brandt hielt auch die Zahlen fest: 107 Erst- und Zweitfach, 18 im Nebenfach, also insgesamt 125 Personen, dann 29 Neueinschreibungen, zusätzlich fünf im Nebenfach, also in Summa 34, schließlich 25 Gasthörer, vgl. ebd., S. 3. Im Blick auf die Stellenmisere hielt er fest, »daß die Fachrichtung Evangelische Theologie personell ausgetrocknet wird, auch wenn der Kultusminister beteuert, daß dies nicht in seiner Absicht läge.«

5 Vgl. Werner Röhner, Lafontaine hörte an der Saar-Uni, in: Saarbrücker Zeitung vom 7. Mai 1998.

6 AEKR 2 LR 046 Beauftragter der EkiR für Saarland Nr. 47 Bd. 1a Brief von Hermann-Josef Spital an Oskar Lafontaine vom 7. Mai 1998.

7 Ebd. Brief von Oskar Lafontaine an den Giovanni Lajolo vom 9. Juni 1998.

8 Ebd. Brief von Giovanni Lajolo an Warnfried Bartmann vom 15. Juni 1998.

9 Ebd. Brief von Harald H. Zimmermann an Kultusminister Henner Wittling vom 2. Februar 1998, S. 2.

10 Ebd. Nr. 49 Bd. 1c Brief von Harald H. Zimmermann an Harald Bewersdorff vom 29. Juni 1998.

11 Joachim Brandt, Höhepunkte/Schwerpunkte meiner Amtszeit als Beauftragter der Evang. Kirchen im Saarland (Mai 1998 bis Juli 2006). Maschinenschriftliches Manuskript, Saarbrücken 2022, S. 1.

12 AEKR 2 LR 046 Beauftragter der EkiR für Saarland Nr. 18 Bd. 2a Brief von Joachim Brandt an Henner Wittling vom 5. Oktober 1998.

13 Ebd. Nr. 48 Bd. 1b Protokoll der Aussprache von Henning Boecker vom 23. September 1998.

14 Ebd. Nr. 18 Bd. 2a sowie Nr. 48 Bd. 1b Positionspapier zum Gespräch am 23. September 1998.

15 Ebd. Nr. 54 Bd. 2c Schreiben von Kristin Steppan vom 2. Dezember 1998 mit vierseitiger Expertise.

16 Ebd. Nr. 19 Bd. 2b Brief von Joachim Brandt an Jörn-Erik Gutheil vom 29. Januar 1999.

17 Ebd. Nr. 49 Bd. 1c Brief von Henner Wittling an Joachim Brandt vom 12. Oktober 1998 und an Warnfried Bartmann 13. Oktober 1998.

18 Brandt, Höhepunkte [wie Anm. 11], S. 1.

19 AEKR 2 LR 046 Beauftragter der EkiR für Saarland Nr. 21 Bd. 2d Protokollnotiz vom 16. November 1999.

20 Ebd. Nr. 22 Bd. 3a Protokollnotiz.

21 Ebd. Brief von Joachim Brandt an Jürgen Schreier vom 12. Dezember 2000.

22 Ebd. Nr. 10 Bd. 2a Allgemeiner Schriftverkehr 1990–2002.

23 Am 31. Januar 2002 sollte Dr. Wilfried Rohrbach in den Ruhestand treten; seine Stelle als Akademischer Oberrat sollte nicht mehr besetzt werden. Vgl. AEKR 2 LR 046 Beauftragter der EkiR für Saarland. Nr. 24 Bd. 4a Brief von Joachim Brandt vom 26. März 2002. Im Jahr 2000 wurde die Professur für Systematische Theologie in eine für Religionspädagogik umgewidmet und der Lehrstuhl für Historische Theologie in Systematische und Historische Theologie überführt; vgl. AEKR 2 LR 046 Beauftragter der EkiR für Saarland. Nr. 56 Bd. 2e Brief von Joachim Brandt an Hansgünter Lang vom 6. Juni 2000, S. 2.

24 AEKR 2 LR 046 Beauftragter der EkiR für Saarland. Nr. 24 Bd. 4a Brief von Joachim Brandt an Kai Horstmann vom 27. März 2001.

25 Brandt, Höhepunkte [wie Anm. 11], S. 2.

26 Ebd.

27 AEKR 2 LR 046 Beauftragter der EkiR für Saarland. Nr. 24 Bd. 4a Brief von Joachim Brandt an die Kirchenleitung vom 23. April 2001.

28 Ebd. Vermerk »Polizeiseelsorge« vom 7. März 2001.

29 Die Ministerin machte die Zusage, 15.000,00 € Sachkosten tragen zu wollen, dazu 3.000,00 € Honorar für Ethikunterricht und 3.000,00 € für Fortbildung zahlen zu wollen. Ebd. Nr. 24 Bd. 4a Protokollvermerk vom 11. Juni 2001.

30 Ebd., S. 3.

31 Ebd. Nr. 26 Bd. 4c Brief von Joachim Brandt an Petra Bosse-Huber vom 29. November 2001.

32 Ebd. Nr. 26 Bd. 5a Brief von Joachim Brandt an Petra Bosse-Huber vom 15. Februar 2002.

33 Ebd. Nr. 32 Bd. 6c Rede anlässlich der Einführung von Christine Unrath am 15. Juli 2002.

34 Brandt, Höhepunkte [wie Anm. 11], S. 2.

35 Ebd., S. 3.

36 AEKR 2 LR 046 Beauftragter der EkiR für Saarland. Nr. 132 Einwanderung/Asyl 1999–2001.

37 Ebd. Nr. 11 Bd. 2b Allgemeiner Schriftverkehr 2002–2005.

38 Brandt, Höhepunkte [wie Anm. 11], S. 3.

39 AEKR 2 LR 046 Beauftragter der EkiR für Saarland. Nr. 11 Bd. 2b Protokollnotiz vom 9. November 2000.

40 Ebd. Nr. 4a Gesprächsnotiz zum Antrittsbesuch.

41 Ebd. Nr. 25 Bd. 4b Gespräch vom 30. Mai 2001, S. 2.

42 Ebd. Nr. 26 Bd. 4c Brief von Manfred Kock an Peter Müller, weitergeleitet am 19. November 2001.

43 Vgl. Pressedienst des Saarlandes vom 19. Februar 2002.

44 Die beiden Landeskirchen hatten ihre Zustimmung mitgeteilt und baten darum, im Vorfeld mit dem Landesamt für Ausländer- und Flüchtlingsangelegenheiten Gespräche aufzunehmen. AEKR 2 LR 046 Beauftragter der EkiR für Saarland. Nr. 28 Bd. 5b Brief von Joachim Brandt an Annegret Kramp-Karrenbauer vom 21. Juni 2002.

45 Brandt, Höhepunkte [wie Anm. 11], S. 4.

46 Joachim Brandt hatte gegenüber Wolfgang Biehl, Diakonisches Werk an der Saar, im November 2002 die Idee angesprochen; AEKR 2 LR 046 Beauftragter der EkiR für Saarland. Nr. 29 Bd. 5c Brief von Joachim Brandt an Wolfgang Biehl vom 29. November 2002.

47 Ebd. Nr. 92. Ministerium für Inneres, Familie, Frauen und Sport 2004–2005.

48 Ebd. Brief von Joachim Brandt und Warnfried Bartmann an Annegret Kramp-Karrenbauer vom 17. Dezember 2004.

49 Brandt, Höhepunkte [wie Anm. 11], S. 5.

50 Auch die Hugenottengemeinde Ludweiler im Warndt führte in der älteren heimatkundlichen Geschichtsschreibung ihre Gründung 1604 auf die Flucht der Hugenotten 1685 zurück, doch handelte es sich bei den Ludweiler Gründungsvätern um Protestanten aus Metz und aus Lothringen, die überdies monatelang mit Graf Ludwig von Nassau-Saarbrücken über Privilegien verhandelten, was nicht nach einer Flucht aussieht.

51 Brandt, Höhepunkte [wie Anm. 11], S. 5.

52 Ebd., S. 6.

53 Ebd.

54 AEKR 2 LR 046 Beauftragter der EkiR für Saarland. Nr. 28 Bd. 5b Aktenvermerk vom 8. August 2002.

55 Ebd. Nr. 29 Bd. 5c Aktenvermerk vom 13. September 2002 betr. Prüfbericht Rechnungshof.

56 Ebd. Nr. 32 Bd. 6c Text der Kirchen für eine Vereinbarung mit dem Land betr. Kirchliche Dienstordnung für die Seelsorge an JVA.

57 Ebd. Nr. 33 Bd. 6d Entwurf der Kirchen für eine Vereinbarung mit dem Land betr. Kirchliche Dienstordnung für die Seelsorge an JVA.

58 Ebd. Nr. 34 Bd. 7a Vereinbarung mit dem Land betr. Kirchliche Dienstordnung für die Seelsorge an JVA, März 2004.

59 Ebd. Nr. 45 Kindergartenfinanzierung im Saarland 1997–1999. Aktenvemerk von Udo Blank.

60 Ebd. Aktenvemerk von Udo Blank.

[61] AEKR 2 LR 046 Beauftragter der EkiR für Saarland Nr. 18 Bd. 2a Brief von Joachim Brandt an Hans Joachim Hoffmann vom 5. Oktober 1998.

[62] Ebd.

[63] Ebd. Nr. 44 Brief von Barbara Wackernagel-Jakobs an Joachim Brandt vom 23. Oktober 1998.

[64] Ebd. Nr. 45 Aktenvemerk von Udo Blank.

[65] Ebd. Nr. 44 Aktennotiz von Udo Blank vom 3. November 1998.

[66] Ebd. Nr. 18 Bd. 2a Brief von Joachim Brandt an Hans Joachim Hoffmann vom 5. Oktober 1998.

[67] Ebd. Nr. 46 Gesprächsprotokoll Runder Tisch Kinderbetreuung vom 21. Juli 2005.

[68] Ebd. Brief von Hans Lothar Hölscher an Joachim Brandt vom 1. März 2006.

[69] Ebd. Vermerk zur Kinderbetreuung vom 21. Juli 2005.

[70] Ebd. Nr. 24 Bd. 4a Gesprächsnotiz zum Antrittsbesuch.

[71] Ebd. Nr. 25 Bd. 4b Gesprächsnotiz zum Gespräch Bündnis 90/Die Grünen am 26. März 2001.

[72] Ebd. Nr. 22 Bd. 2a Bericht für die Landessynode 2001.

[73] Ebd. Nr. 136 Bd. 2 Brief von Joachim Brandt an Georg Zobel vom 25. Februar 2002.

[74] Ebd. Drei-Punkte-Plan von Harald Zimmermann.

[75] AEKR 2 LR 046 Beauftragter der EkiR für Saarland. Nr. 32 Bd. 6c Stellungnahme vom 24. Januar 2003 zum Entwurf eines neuen Bestattungsgesetzes.

[76] Ebd. Stellungnahme vom 24. Januar 2003 zum Entwurf eines neuen Bestattungsgesetzes, S. 2.

[77] Ebd., S. 3.

7. Die Amtszeit von Frank-Matthias Hofmann

Zum 1. September 2006 bestellten die Evangelische Kirche im Rheinland und die Evangelische Kirche der Pfalz einvernehmlich Frank-Matthias Hofmann zum Beauftragten im Saarland. Zuvor war er Pfarrer der Kirchengemeinde Ludwigshafen-Rheingönheim.[1] Am 6. September desselben Jahres fand die Einführung in der Johanneskirche in Saarbrücken statt. Hofmann hielt die Predigt über das Kirchenlied »Komm in unsere stolze Welt«[2] von Hans Graf von Lehndorff (1910–1987) und setzte erste Akzente für seine Amtszeit. Er benannte angesichts dieses zeitkritischen Liedes Strukturen und Formen der Diskriminierung von Menschen, die durch »Wegsehen« sanktioniert werden. Er lenkte den Blick auf die Nachfolge Jesu, der den Weg des Friedens beschritten hatte, und formulierte: »Der Weg des Friedens ist eine einsame, vielerorts gefährliche und kaum passierbare Straße, heute im Nahen Osten, vor der Küste des Libanon, in Afghanistan, im Kongo, in Bosnien-Herzegowina. Martin Luther King ist ihn gegangen. Er wusste vom Unterschied zwischen purer Machtversessenheit und der Mächtigkeit, die er seinen schwarzen Brüdern und Schwestern vermittelt hat: Macht an sich muss nichts Schlechtes sein, aber ihre Absolutsetzung und die Zweckbestimmung ihres Einsatzes entscheiden darüber, ob sie zerstörerisch oder anderen hilfreich ist.«[3] Schon zeichnete sich ab, was einer der Schwerpunkte in der Arbeit von Kirchenrat Hofmann werden sollte: Die Erinnerungsarbeit im Saarland, die den langen Weg der Diskriminierung in der Geschichte aufweist und durch eine Vergegenwärtigung der historischen Ereignisse aktuelle Formen der Diskriminierung aufdeckt und bekämpft.

Frank-Matthias Hofmann.
Foto: Jennifer Weyland

Bischof Prof. Dr. Wolfgang Huber 2009 im Ev. Büro Saarbrücken.
Foto: Fotosammlung Ev. Büro Saarbrücken

7.1 Nachwirkung der Asyldebatte: Die Frage der Bleiberechtsregelung

In die Amtszeit des Kirchenrates Jo Brandt fiel die ausführliche Debatte um das Kirchenasyl und damit um das Verhältnis von Kirche und Staat. Offen blieben aber die Fragen um den Verbleib von geflüchteten Menschen, die über Jahre im Saarland integriert waren, und für die eine Bleiberechtsregelung ausgehandelt werden musste. Im Schreiben an Innenministerin Annegret Kramp-Karrenbauer vom 30. September 2006 brachte der Beauftragte Frank-Matthias Hofmann die Hoffnung zum Ausdruck, dass eine Bleiberechtsregelung für Menschen mit Kettenduldungen in Sicht komme. Er verwies in dem Kontext auf Innenminister Ralf Stegner von Schleswig-Holstein, und weiter: »Viel stärker als die Aufenthaltsdauer sollte die Integrationsleistung der Betroffenen berücksichtigt werden, die sie trotz schwieriger und widriger Verhältnisse erbracht haben, also etwa Erlernen und Anwendung der deutschen Sprache. […] Zu den Integrationsleistungen wird das selbständige Bestreiten des Lebensunterhaltes gezählt. Wegen bestehender Arbeitsverbote war dies für viele Menschen nicht oder nicht regelmäßig möglich. Den Betroffenen muss zunächst überhaupt die reale Chance gegeben werden, ihren Lebensunterhalt selbst zu bestreiten.«[4] Auch kam der Beauftragte auf die Traumatisierung vieler dieser Menschen zu sprechen, und rückte so die Einzelschicksale in den Vordergrund.

7.2 Kulturhauptstadt Luxemburg und Großregion

Mit der Stadt Luxemburg war auch die Großregion, zu der das Saarland gehörte, Kulturhauptstadt geworden. Die SR-Redakteurin Ursula Thilmany berichtete im Saarländischen Rundfunk, dass zwischen 2,5 und drei Millionen Menschen an rund 450 Projekten mit insgesamt rund fünftausend Veranstaltungen teilgenommen hatten, und erfragte bei Kirchenrat Hofmann, was denn der Anteil der Kirchen gewesen sei. Hofmann berichtete: »Wir hatten insgesamt 17 Veranstaltungen mit über 7.000 Besuchern, wobei die Ausstellung ›Protestantische Dynastie in Luxemburg‹ mit 3.000 Besuchern zu Buche schlug, aber es waren auch 1.000 Besucher bei der h-moll Messe in der Ludwigskirche in Saarbrücken, 230 beim Hugenottenweg und 200 beim Euregionalen Treffen in Luxemburg. Beim Chorfest in Thionville waren wir mit 500 Menschen dort, 22 Chöre waren beteiligt. Wir ziehen eine sehr positive Bilanz dieses Jahres und sind froh, uns für ein dezentrales Konzept entschieden zu haben.«[5] Ursula Thilmany hakte nach, was denn die Absicht der evangelischen Kirchen war, und Hofmann benannte, dass die Menschen Land und Leute kennenlernen sollten, dazu das Profil des Protestantismus, und dass es den Kirchen wichtig war, für Menschenwürde und Menschenrechte offensiv einzutreten – was als Anliegen auch junge Menschen erreicht habe.

Im Landtag des Saarlandes 2007: Kirchenrat Hofmann, Oberkirchenrat Klaus Eberl, Oberkirchenrat Wilfried Neusel und Landtagspräsident Hans Ley. Foto: Fotosammlung Ev. Büro Saarbrücken

7.3 Besondere Beziehungen zum Land

Ausgehend vom wirtschaftlichen Anschluss des Saarlandes an die Bundesrepublik Deutschland im Jahre 1957 feierte das Saarland 2007 sein 50-jähriges Bestehen. Bundeskanzlerin Angela Merkel fuhr am 1. Januar 2007 mit einem Sonderzug von Merzig nach Saarlouis, wie es Konrad Adenauer am selben Tag fünfzig Jahre zuvor getan hatte.[6] Zahlreiche Veranstaltungen prägten das Jubiläumsjahr, unter anderem das Landesfest vom 17. bis 19. August.

In einem ökumenischen Festgottesdienst in der Basilika St. Johann in Saarbrücken – Kultusminister Jürgen Schreier war dem Vorschlag von Frank-Matthias Hofmann gefolgt, diesen Gottesdienst zu feiern – verwies der rheinische Präses Nikolaus Schneider auf die christlichen Wurzeln, aus denen heraus geistige und politische Orientierung erwachse.[7] »›Wir danken Gott für die Bewahrung dieses Landes und seiner Menschen in den letzten 50 Jahren‹, formulierte es der Beauftragte in seiner Einladung, und nannte das Motto des Gottesdienstes, das Psalm 33,15 entlehnt war: ›Wohl dem Volk, dessen Gott der Herr ist, dem Volk, das er zum Erbe erwählt hat‹.«[8] In einer Pressemitteilung des Evangelischen Büros wurde Präses Nikolaus Schneider mit dem Satz zitiert »Das Saarland nimmt eine Brückenfunktion wahr.«[9]

Im Kontext der Feierlichkeiten machte Frank-Matthias Hofmann die Kirchenleitungen da-

Ökumenischer Gottesdienst zur Konstituierung des Landtages am 25. April 2022 in der Pfarrkirche Christkönig, v.l.n.r. Kirchenrat Frank-Matthias Hofmann, Bischof Dr. Stephan Ackermann, Kirchenpräsidentin Dorothee Wüst, Weihbischof Otto Georgens, Präses Dr. Thorsten Latzel und Ordinariatsdirektorin Katja Göbel. Foto: Bistum Trier/Kirch.

rauf aufmerksam, dass der amtierende Ministerpräsident Peter Müller ein besonders verlässlicher Partner sei, und dass eine Würdigung Müllers aus Sicht der evangelischen Kirchen angezeigt wäre. Hofmann nannte mehrere Themen:

(1) Die gemeinsame Einschätzung der sozialpolitischen Lage im Land und damit verbunden, dass der Ministerpräsident für die Erstellung eines Armuts- und Reichtumsberichtes für das Saarland 2008 verantwortlich gezeichnet hatte.

(2) Dass die Regierung Müller nach der bergbaubedingten Erderschütterung 2008 ein sozialverträgliches Auslaufen des Bergbaus verabredet habe. Die Kirchen hatten mit dem ökumenischen Gottesdienst in Saarlouis ein Zeichen der Versöhnung zwischen Bergbau und Bergbaubetroffenen gesetzt. Und weiter: »Es ist das historische Verdienst der damaligen CDU-Alleinregierung unter MP Müller, dass die damalige aufgeheizte öffentliche Stimmung aufgefangen werden konnte und die Anliegen der Bergbaubetroffenen gehört worden sind.«[10]

(3) Und im Blick auf den Sonntagsschutz und die Ladenöffnungszeiten »passte kein Blatt Papier zwischen die Position der CDU und der Kirchen. Dass der Sonntagsschutz berücksichtigt wird, und die Ladenöffnungszeiten restriktiv gehandhabt werden, haben wir besonders dankbar wahrgenommen.«[11] In seinem Bericht 2007 hielt Hofmann fest, dass zwar die Läden bis 20.00 Uhr geöffnet werden dürften, aber nicht an Sonn- und Feiertagen[12], und das nur vier verkaufsoffene Sonntage erlaubt waren, aber nicht im Advent.[13]

Bereits bei seinem Amtsantritt 2006 hatte Frank-Matthias Hofmann die Idee, im Landtagsgebäude einen »Raum der Stille« einzurichten. Vor Weihnachten 2007 korrespondierte er mit Landtagspräsident Hans Ley und unterrichtete die Kirchenleitungen am 4. Juli darüber, dass das Interesse seitens des Landtages bestünde, dass man aber wegen der Raumnot eine Erweiterung des Landtagsgebäudes abwarten müsse.[14] Das Projekt zog sich in die Länge und wurde unter der Überschrift »Mit Andacht in die Debatte« durch die Saarbrücker Zeitung publik.[15] Während der Gebetsraum auf sich warten ließ, kam auf Initiative der Abgeordneten Hermann Josef Scharf (CDU) und Eugen Roth (SPD) ein regelmäßiger überkonfessioneller Gebetskreis zustande.[16] Beim Ministerratsgespräch am 11. Mai 2010 fragte der FDP-Fraktionsvorsitzende Horst Hinschberger den rheinischen Präses Nikolaus Schneider, ob er nicht ein Kreuz für den Kabinettssaal mitgebracht habe. Auf Vermittlung von Kirchenrat Hofmann und in Absprache mit dem Chef der Staatskanzlei Karl Rauber gestaltete der georgische Künstler Nika Bakhia ein Kreuz aus flacher Steinkruste für die Wand des Kabinettssaals. Der Vorgang war einzigartig in Deutschland; die Übergabe des Kreuzes fand am 8. August 2011 statt. Ministerpräsident Peter Müller hob in seiner Dankesrede die besondere Bedeutung des Christentums in unserer Gesellschaft hervor. »Auch wenn heute in Deutschland eine Vielfalt der Religionen

Ministerpräsident Peter Müller und seine Nachfolgerin Annegret Kramp-Karrenbauer sowie Kirchenrat Hofmann vor dem Kreuz von Nika Bakhia. Foto: Becker & Bredel Saarbrücken

und der Weltanschauungen aufeinander trifft, so bedeutet dies nicht, die eigene Identität zu verleugnen. Gerade in Zeiten des beschleunigten Wandels brauchten Staat und Gesellschaft die christlichen Kirchen als Instanzen der Wertevermittlung und der Werteerziehung. Deshalb – so Peter Müller – sei das Kreuz im Kabinettssaal am richtigen Platz.«[17]

Ebenfalls kurz nach Dienstantritt formulierte Frank-Matthias Hofmann den »Politischen Passionsweg 2008«, der vom »Sozialgipfel Saarland« getragen wurde. Grundlage waren das gemeinsame Wirtschafts- und Sozialwort der beiden Kirchen von 1997 und die Denkschrift der EKD »Gerechte Teilhabe – Befähigung zu Eigenverantwortung und Solidarität« 2006. Die Idee wurde wie folgt konkret: »Mit dem ›Politischen Passionsweg‹ sollen […] verschiedene Dimensionen der mangelnden gerechten Teilhabe heute aufgezeigt und Lösungswege angeboten werden. Es soll zum einen an jeder Station der betreffende gesellschaftliche Zustand, unter dem Betroffene leiden, dargestellt und beklagt werden, auf der anderen Seite aber auch an guten Beispielen Wege aus der Hoffnungslosigkeit heraus gezeigt werden, um Menschen Mut zu machen, ein Mehr an gerechten Zuständen in unserer Gesellschaft anzustreben.«[18]

Es waren sechs Stationen vorgesehen. In der Johanneskirche als der ersten Station fand eine Einstimmung ins Thema statt durch drei Moderatoren: Eugen Roth vom DGB, Prof. Reiner Feth vom Paritätischen Wohlfahrtsverband und Kirchenrat Hofmann. In der zweiten Station im »Haus der Kulturen« in der Saarbrücker Johannisstraße stellte der Deutsch-Ausländische

Jugendclub das Thema »Migration und Integration« vor. Der katholische Kindergarten St. Michael widmete sich als dritte Station dem Thema »Bildung von Anfang an/Bildungsarmut«. Es folgten Station 4 im Gebrauchtwarenhaus »Sankt Johanner Börse« zum Thema »Materielle Armut«, Station 5 in der »Herberge zur Heimat« zum Thema »Obdachlosigkeit und Recht auf Wohnung« und Station 6 im Graf-Gustav-Adolf-Haus zum Thema »Arbeitslosigkeit«. In seiner Begrüßung formulierte Kirchenrat Hofmann den Sinn des »Politischen Passionsweges«: »Mit unserem Passionsweg zeigen wir verschiedene Dimensionen mangelnder Teilhabe im Saarland an verschiedenen Stationen auf: Es geht um Arbeit und Arbeitslosigkeit, materielle Armut und Gesundheitsfürsorge, Obdachlosigkeit und Recht auf Wohnung, Bildungsarmut und Bildungsgerechtigkeit von Anfang an.«[19]

Am 19. Januar 2009 wurde die Ausstellung »Zukunft muss verantwortet werden – Dietrich Bonhoeffer 1933–44« im Landtag des Saarlandes eröffnet. Landtagspräsident Hans Ley, ein bekannter Bonhoeffer-Fan, begrüßte die Gäste; Präses Nikolaus Schneider hielt die Eröffnungsrede.[20] Die Chorformation Johannesfeuer der Kirchengemeinde St. Johann gestaltete die Vernissage mit Stücken aus dem Bonhoefferoratorium von KMD Matthias Nagel. Eine zweite kirchlich geprägte Ausstellung fand im Landtag 2021 statt zu dem katholischen Widerstandskämpfer Willi Graf.

7.4 Bildungsfragen

Schon zu Beginn der Amtszeit von Kirchenrat Hofmann gab es Meinungsverschiedenheiten mit Kultusminister Jürgen Schreier um den Religionsunterricht.[21] Der Minister glaubte feststellen zu können, es fände eine Sozialpädagogisierung des Religionsunterrichts statt. Hofmann betonte dagegen, »an den Lehrplänen lässt sich eine Sozialpädagogisierung nicht festmachen.« Und weiter verwies er »auch auf die hohen Ausfallquoten des Religionsunterrichtes im Saarland. Dieser habe etwa an den Berufsbildenden Schulen [...] im Schuljahr 2005/06 bei insgesamt 627 von 1.988 Stunden gelegen. 2006/07 seien 623 von 2.090 Stunden ausgefallen.«[22]

In seinem ersten Rechenschaftsbericht informierte Hofmann die Synode darüber, dass im Saarland drei Bildungsprozesse nebeneinander hergelaufen sind. Achtzig Grundschulen wurden geschlossen. Haupt- und Realschulen wurden zur Erweiterten Realschule zusammengelegt, wodurch die Hauptschule als »Restschule« auslief. Die Niveauunterschiede seien aber erhalten geblieben. Schließlich habe man den Aufenthalt an den Gymnasien auf acht Jahre reduziert (sog. G8-Schulen).[23] »Ab 2010 werden Abiturienten Prüfungen unter veränderten Bedingungen ablegen: Statt vier soll es künftig fünf Prüfungsfächer geben. Die Kernfächer Deutsch, Mathematik und eine Fremdsprache werden gestärkt. Damit wird die Oberstufenreform im Saarland von 1976 teilweise rückgängig gemacht. [...] Musik und Religion werden wie bisher in der Woche zwei Stunden unterrichtet.«[24]

Seit Dezember 2004, im Kontext des Antrittsbesuches von Kirchenrat Jo Brandt bei Staatssekretärin Dr. Susanne Reichrath, wurde das Thema »Schulseelsorge« ins Gespräch gebracht.[25] Durch ein Referat der damaligen Beauftragten für Berufsschulen, Pfarrerin Dr. Adelheid Ruck-Schröder, bei den Bosener Gesprächen, begleitete das Thema die Amtszeit von Frank-Matthias Hofmann von Anbeginn, nahm aber in den letzten Jahren wieder an Fahrt auf. Der Ausschuss für Bildung des Kirchenkreisverbandes An der Saar hielt am 12. Juli 2021 fest, dass die Ministerin die Möglichkeit von Stundendeputaten in Erwägung zog und riet dem Vorstand, »diese Möglichkeit als wertschätzendes Entgegenkommen des Vertragspartners« zu begreifen und »dieser Regelung im Rahmen der Gestellungsverträge zuzustimmen, solange damit die vollumfängliche Versorgung mit Religionsunterricht an den betroffenen Schulen nicht gefährdet wird.«[26] Und weil der Ausschuss für Bildung, Kultur und Medien zum Gesetz zur landesweiten Neuaufstellung der Schulsozialarbeit im Saarland beriet, schrieb Frank-Matthias Hofmann an den Vorsitzenden, den Abgeordneten Sascha Haas, am 20. Juni 2022: »Wir begrüßen den Gesetzestext, der eine gleichberechtigte, selbstbestimmte Teilhabe an Gesellschaft, Sport und Kultur intendiert, bei der Schulsozialarbeit einen wesentlichen Anteil haben soll.«[27] Und weiter: »Auch den Einsatz multiprofessioneller Teams in den Schulen zu initiieren und zu stärken, das halten wir für folgerichtig. [...] Bei Anschlägen in Schulen wie in Erfurt und Ludwigshafen am Rhein hat sich gezeigt, dass religiöse und spirituelle Bewältigungsstrategien äußerst hilfreich sind, um das schreckliche Geschehene zu verarbeiten. Orte der Trauer, wie etwa ein schulischer Raum der Stille, bieten einen Platz, in dem Sorgen, Ängste und Hoffnungen schriftlich niedergelegt oder auch in Gebetsform artikuliert werden können. Schulseelsorger*innen leisten von hier einen unverzichtbaren Beitrag.«[28]

Ein großes Thema war 2021 die Frage nach einer »konfessionellen Kooperation« im Religionsunterricht im Saarland angesichts des Rückgangs konfessionell gebundener Schülerinnen und Schüler und des Lehrermangels. Schon im September 2020 waren die Kirchen mit Ministerin Christine Streichert-Clivot im Gespräch, um sie über den Stand der Beratung zwischen den Kirchen zu informieren. Die Ministerin schrieb: »Meinem Haus kommt im Rahmen der geplanten Kooperation der Kirchen die Aufgabe zu, zu prüfen und zu gewährleisten, dass sich die Kooperation im Rahmen des Artikels 7 Absatz 3 des Grundgesetzes und des Artikels 29 der Verfassung des Saarlandes hält und damit die Konfessionalität des Religionsunterrichtes grundsätzlich gewahrt bleibt.«[29] Am 1. Juli 2021 unterschrieben der Trierer Diözesanbischof Dr. Stephan Ackermann und der Präses der Rheinischen Kirche, Dr. Thorsten Latzel, in Trier ein entsprechendes Dokument. Unter den Zielvereinbarungen Mündigkeit, ethische Urteilskraft und Toleranz wurde festgehalten, dass der Unterricht phasenweise in konfessioneller Kooperation etwa durch den Wechsel der Lehrkraft oder durch die Durchmischung der Lerngruppe stattfinden könne.[30] Für diese Vereinbarung zwischen den Kirchen und dem Land wurde ein Erprobungszeitraum bis zum 31. Juli 2027 festgelegt.

Als die Landesregierung Überlegungen anstellte, Leitungsaufgaben in den Kindertageseinrichtungen an den Abschluss eines Fachstudiums zu knüpfen, hagelte es von allen Seiten Proteste. Kirchenrat Hofmann brachte es auf den Punkt: »Äußerst kritisch bewerten wir die Verpflichtung von Erzieherinnen und Erziehern, die seit dem 2. August 2008 Leitungsaufgaben übernommen haben, zu einer Weiter-/Nachqualifizierung. Diese Fachkräfte haben bis zu 13 Jahren Leitungsverantwortung übernommen. Dazu wurden sie bei den kirchlichen Trägern mit zertifizierten Kursen zusätzlich qualifiziert. Ihnen jetzt nachträglich die Leistungsqualifikation abzusprechen, ist eigentlich ungeheuerlich. Sie haben die Aufgabe im Vertrauen auf die Genehmigungspraxis des Landesjugendamtes und die gesetzliche Grundlage des SKBBG übernommen [...]. Bei der vorgeschlagenen Regelung ist sicher mit Klagen zu rechnen. Wir empfehlen daher dringend, für die Erzieherinnen und Erzieher, die vor dem Inkrafttreten dieses Gesetzes Leitungsfunktion hatten, einen Bestandsschutz einzufügen. [...] Das Problem, Leitungskräfte für Kindertageseinrichtungen zu finden, wird mit der Engführung auf akademische Abschlüsse perspektivisch ohnehin deutlich verschärft.«[31]

7.5 Der Weg zum Reformationsjubiläum 2017

Eine besondere Aktion wurde von Kirchenrat Hofmann im Rahmen der Dekadenjahre zum Jubiläum der Reformation angeregt. Das Jahr 2014 stand unter dem Motto »Reformation. Macht. Politik«[32]. Hofmann initiierte eine Gesprächsreihe «Protestantische Profile treffen politische Positionen«, die er mit den im Saarländischen Landtag vertretenen Parteien und mit Ministerpräsidentin Annegret Kramp-Karrenbauer durchführte. Die Unterthemen hießen:

(1) »Hier wird Politik gemacht« – Frühstücksgespräch mit Landtagspräsident Hans Ley am 4. Februar 2014.
(2) »Ist das C nur noch ein Kürzel ohne Bedeutung?« – Gespräch mit Vertretern der Landtagsfraktion der CDU und dem Fraktionsvorsitzenden Klaus Meiser im März 2014.
(3) »Sind Christentum und Sozialismus wie Feuer und Wasser (August Bebel)« – Gespräch mit Vertretern der Landtagsfraktion der Linken und dem Fraktionsvorsitzenden Oskar Lafontaine am 28. April 2014.
(4) »Wer entert/ändert hier wen? – Wie halten es die Piraten mit der Religion?« – Gespräch mit Vertretern der Landtagsfraktion der Piraten und dem Fraktionsvorsitzenden Michael Hilberer am 27. Mai 2014.

(5) »›Grün hinter den Ohren‹ in Bezug auf die Kirchen? – Bündnis 90/Die Grünen und das Christentum. Gespräch mit Vertretern der Landtagsfraktion von Bündnis 90/Die Grünen im September 2014.

(6) »›Solidarität und Nächstenliebe gehören eng zusammen‹ (Herbert Wehner, 1980) – ›mit der Bergpredigt kann man nicht regieren‹ (Helmut Schmidt, 1983) – Wieviel Christentum verträgt die SPD?« – Gespräch mit Vertretern der Landtagsfraktion der SPD und dem Fraktionsvorsitzenden Stefan Pauluhn am 25. September 2014.

(7) Abschlussveranstaltung »Im Zentrum der Macht« – Besuch der Saarländischen Staatskanzlei. Gespräch mit Ministerpräsidentin Annegret Kramp-Karrenbauer und Staatssekretär Jürgen Lennartz im Dezember 2014.

Für das Jubiläumsjahr 2017 übernahm Kirchenrat Hofmann gemeinsam mit der Rektorin der Hochschule für Bildende Kunst, Professorin Gabriele Langendorf, die Leitung der Untergruppe »Kunst und Kultur« der großen Vorbereitungsgruppe der evangelischen Kirchen im Saarland. Gemeinsam mit den »Urbanauten« aus München gestaltete er einen »urbanen Schwarm« in Saarbrücken unter dem Motto »Aus der Kutte springen«.[33] Es ist in der Kirchengeschichte umstritten, mit welchem Datum Luther den Bruch mit der altgläubigen Kirche vollzogen hat.[34] War es das Gespräch mit Thomas Kardinal Cajetan Mitte Oktober 1518? War es, als er am 10. Dezember 1520 die Bannandrohungsbulle »Exsurge Domine« am Elstentor in Wittenberg verbrannte? War es die Hochzeit der Zisterzienserin Katharina von Bora mit Luther am 13. Juni 1525? Am Ende geht es um den Symbolwert: Aktuelle und

Mit Ministerpräsidentin Annegret Kramp-Karrenbauer in der Staatskanzlei im Juni 2018. Foto: Fotosammlung Ev. Büro Saarbrücken

brisante Themen in Kirche und Gesellschaft wurden konzeptionell erarbeitet: Eine von der Evangelischen Akademie im Saarland angestoßene Aktion, dass Menschen selbst Thesen schreiben sollten zu dem, was heute zu sagen ist, wurde von der Evangelischen Studierendengemeinde aufgearbeitet und von den »Urbanauten« aufgenommen. Die Umsetzung der Thesen erfolgte in symbolischen Handlungen und einzelnen Flashmobs.

»Aus der Kutte springen« – Frank-Matthias Hofmann am St. Johanner Markt.
Foto: Fotosammlung Ev. Büro Saarbrücken

Im Nachgang zu dem Jubiläum wurde im Februar 2018 die größte Ausstellung in der Ludwigskirche organisiert unter der Überschrift »Überall Luthers Worte«. Die Ausstellung wurde von der Stiftung »Topographie des Terrors« in Berlin konzipiert. Der Direktor der Stiftung, Rabbiner Prof. Andreas Nachama, eröffnete persönlich die Ausstellung in der Ludwigskirche, die sich mit den Folgen des Antijudaismus Martin Luthers auseinandersetzte.[35] Kirchenrat Hofmann betonte in seiner Begrüßung: »Eine Konsequenz aus dem Geschehenen in der NS-Zeit unter Aufarbeitung dieser Schuldgeschichte nach 1945 ist es, dass die Evangelischen Kirchen im Saarland […] den Vorschlag eines Antisemitismusbeauftragten einbringen. Beide Kirchenleitungen in Düsseldorf und Speyer haben dies beschlossen und mich mit der Einbringung in die Arbeit der Koalitionsparteien, aber auch in den öffentlichen Diskurs hier im Saarland beauftragt. Wir erhoffen uns davon, dass das Thema ein prägnantes Gesicht und das Thema Aufarbeitung und Bekämpfung des Antisemitismus eine höhere Priorität im politischen Alltagshandeln erhält.«[36]

Mit den Vertretern des Katholischen Büros: Prälat Dr. Peter Prassel (li.) und Prälat Warnfried Bartmann
Foto: Fotosammlung Ev. Büro Saarbrücken

7.6 Die Verankerung evangelischer Kirche in Gesellschaft und Ökumene

2009 gründeten das Evangelische und das Katholische Büro, die Katholische Arbeitnehmer-Bewegung und der Kirchliche Dienst in der Arbeitswelt der evangelischen Kirche auf Initiative von Stefanie Nutzenberger, 2003 bis 2011 stellvertretende Landesbezirksleiterin im ver.di-Landesbezirk Saar, die »Allianz für den freien Sonntag«.[37]

Richard Bermann, der Vorsteher der Jüdischen Gemeinde, erklärte noch im selben Jahr – einmalig in Deutschland – den Beitritt der Synagogengemeinde Saar zur Allianz: »Am Schabbat ruht der gläubige Jude und lässt die Natur ruhen, so wie es G"tt gefordert hat. Aber nicht nur äußerlich verändert der Gläubige sein Verhalten, auch die Seele verändert sich. Die Heiligung des Schabbats bedeutet, dass der Mensch alle seine Sorgen und Nöte, die ihn während der Woche plagen, einen Tag lang vergisst [...] Würden alle Völker so wie das Volk Israel an einem Tag in der Woche ruhen, welch eine Erleichterung würde dies auch unserer Erde verschaffen. [...] Die gläubigen Juden heiligen den Schabbat nicht aus ökologischen Gründen, sondern weil sie Gottes Gebot befolgen. [...] Deshalb soll dieses Gebot der Ruhe auch für andere Religionen gelten, auch wenn dies der Sonntag ist. Insofern unterstützt die Synagogengemeinde Saar die Allianz für den freien Sonntag.«

Mit Gottesdiensten, Diskussionsveranstaltungen und Themenarbeiten wurde der Umgang mit dem Sonntag als »geschützter Zeit« in die öffentliche Wahrnehmung gebracht. 2013 wurden die ersten Adventsaktionen mit Prominenten gestartet, u.a. mit Christian Schwarzer, Alice Hoffmann, Eugen Roth und Annegret Kramp-Karrenbauer. Immer wieder übertrug der Saarländische Rundfunk Gottesdienste zum Thema – der Themenabend des SR 2022 wurde freilich verschoben – und schließlich konnte 2021 1.700 Jahre Sonntagsschutz gefeiert werden.

Die Frage, wieweit ein Mensch behindert ist oder durch die Strukturen einer Gesellschaft behindert wird, betrifft viele gesellschaftlich relevante Gruppen. Es ist das Verdienst von Kirchenrat Hofmann, dass der »Tag der Barrierefreiheit im Saarland« am 17. April 2010 in der Protestantischen Kirche in Kirkel ökumenisch gefeiert wurde. Für das Bistum Speyer wirkten Domkapitular Franz Vogelgesang, für die Rheinische Kirche Oberkirchenrat Klaus Eberl, für das Katholische Büro Saarbrücken Prälat Dr. Peter Prassel, für die Pfälzische Kirche Referent Stefan Dreeßen und für das Evangelische Büro Kirchenrat Frank-Matthias Hofmann mit. In der Verlautbarung hieß es: »Gemeinden ohne Menschen mit Behinderungen gibt es nicht. Wo Menschen mit Behinderung fehlen, sind Gemeinden behindert.«[38] Ziel der Veranstaltung war es, die Gemeindearbeit in allen Aktivitäten inklusiv zu gestalten und dadurch auch auf die Gemeinschaft aller bedacht zu sein. Bauliche Barrieren sollten aufgezeigt werden, und Menschen ohne Behinderung sollten lernen zu erfahren, was es heißt, auf Hilfsmittel angewiesen zu sein.[39]

Als im Jahre 2008 das Fest Christi Himmelfahrt und der »Tag der Arbeit« gemeinsam auf den 1. Mai fielen, hielt Oberkirchenrat Klaus Eberl am Vorabend im für den 1. Mai aufgebauten Festzelt eine Rede zur Arbeitsethik.[40] Das Thema »Ethik im Arbeits- und Wirtschaftsleben« war und ist für die Arbeit von Kirchenrat Hofmann von besonderer Bedeutung. Seit 2006 hielt er im »Sozialgipfel Saarland« regen Kontakt zum DGB. In der »Allianz für den freien Sonntag« war die Zusammenarbeit mit dem DGB, ver.di und NGG vorgegeben. Im Vorfeld zum Reformationstag 2017 fand seit 2014 eine öffentliche Diskussion statt, ob der Reformationstag aus Anlass der 500-Jahr-Feier des Thesenanschlages einmalig staatlicher Feiertag sein sollte. Bald wurde auch eine ständige Arbeitsgruppe »Kirche und Wirtschaft« durch Kirchenrat Hofmann und Prälat Dr. Peter Prassel ins Leben gerufen. Seitens der evangelischen Kirche waren die rheinischen Superintendenten, die pfälzischen Dekane und Vertreter des Diakonischen Werkes an der Saar neben Kirchenrat Hofmann beteiligt. Nach Dienstantritt von Ordinariatsdirektorin Katja Goebel 2018 waren auch die Bistümer mit entsprechenden Fachleuten vertreten.

7.7 Landesarbeitsgemeinschaft »Erinnerungsarbeit«

Am 6. September 2018 wurde die Landesarbeitsgemeinschaft »Erinnerungsarbeit« gegründet;[41] Kirchenrat Frank-Matthias Hofmann wurde der Gründungsvorsitzende und 2020 und 2022 im Amt bestätigt.[42] Zentral in der von Hofmann geleiteten Landesarbeitsgemeinschaft ist die enge Beziehung zur Synagogengemeinde Saar. Immer wieder muss im Blick auf den Holocaust oder aber auf die stets neu aufkeimende Saat des Antisemitismus Klartext geredet werden.

Die evangelische Kirche trägt einen erheblichen Teil an der Mitverantwortung, weil kein Geringerer als Martin Luther antijudaistische Schriften und Predigten verfasst hatte und damit zum Steigbügelhalter des Antisemitismus seit dem 19. Jahrhundert geworden war. So fand vom 27. Februar bis 18. März 2016 unter der Überschrift »Drum weg mit ihnen! – Luthers Sündenfall gegenüber den Juden« eine Ausstellung in der Ludwigskirche Saarbrücken statt. In einem Gottesdienst würdigten Kirchenrat Hofmann als Liturg und Pfarrer Dr. Martin Vahrenhorst als Prediger die jüdischen Wurzeln des christlichen Glaubens.

Der Sprecherrat der LAG Erinnerungsarbeit bei Landtagspräsident Stephan Toscani.
Foto: Fotosammlung Ev. Büro Saarbrücken

Weg des Gedenkens am 9. November 2018 mit Richard Bermann und Oberbürgermeisterin Charlotte Britz.
Foto: Becker & Bredel Saarbrücken

Und als sich die Reichspogromnacht zum 80. Male jährte, begrüßte Kirchenrat Frank-Matthias Hofmann als Sprecher der Landesarbeitsgemeinschaft »Erinnerungsarbeit« im Saarland unter dem Motto »Wachsam bleiben und nicht feige werden!« die über tausend Teilnehmenden zum Weg des Gedenkens am 9. November 2018 auf dem Bahnhofsvorplatz in Saarbrücken: »Wir dürfen der jüdischen Gemeinschaft dieses Gedenken nicht alleine zuweisen, sondern wollen heute zeigen: Ihr seid ein unabtrennbarer Teil von uns und niemand wird uns auseinanderdividieren. Deshalb ist es gut, dass wir uns erinnern, wie mitten unter uns und in unserer Stadt Menschen unmenschlich behandelt wurden. Deshalb ist es gut, dass wir heute Zeichen setzen. Deshalb ist es gut, dass es auch im Saarland künftig einen Beauftragten gegen Antisemitismus und für das jüdische Leben geben wird. Denn es ist nicht hinnehmbar, dass nach all dem furchtbaren Leiden und der brutalen Gewalt heute in Deutschland wieder antisemitische Äußerungen und Angriffe auf Juden zunehmen.«[43]

Das Leben der jüdischen Bevölkerung an der Saar ist aber untrennbar mit den Synagogen und Friedhöfen verbunden, die die Zerstörungen und den Vandalismus des Dritten Reiches überstanden haben. Ein solcher Fall war die Synagoge von Sankt Ingbert. Sie war am 14. Januar 1876 eingeweiht worden und gehörte der 1852 gegründeten »Israelitischen Kultusgemeinde Sankt Ingbert (Pfalz)«. Als nach dem Zweiten Weltkrieg nahezu keine Juden mehr in Sankt Ingbert lebten, wurden noch einmal drei Gottesdienste unter amerikanischer Protektion gehalten, bevor die Synagoge – seit 1947 – von der benachbarten evangelischen Martin-Luther-Kirche als Jugendraum genutzt wurde. Später kam es zur Rückübertragung an die Synagogengemeinde Saar, der die evangelische Kirche das Gebäude abkaufte. Dort fand das Religionspädagogische Institut der Pfälzischen Landeskirche seinen Sitz. Als 2021 die Rede davon war, das Religionspädagogische Zentrum in Sankt Ingbert aufzugeben, wurde die Synagoge zum Spekulationsobjekt.[44] Die Kirchengemeinde Sankt Ingbert Nord hatte Baukosten an der Martin-Luther-Kirche zu finanzieren und wollte das Gebäude abstoßen. Die Saarbrücker Synagogengemeinde selbst und auch die Stadt St. Ingbert hatten kein Interesse am Erwerb der ehemaligen Synagoge.[45] Da machte Frank-Matthias Hofmann den Vorschlag, einen Runden Tisch zu bilden mit Vertretern des Presbyteriums, der Bauabteilung der Landeskirche, des Landeskirchenrates, der Synagogengemeinde, des Landesdenkmalamtes sowie mit Dekan Peter Butz und Prof. Dr. Roland Rixecker, dem Beauftragten für jüdisches Leben im Saarland und gegen Antisemitismus. Roland Rixecker schrieb am 16. Juni 2021 an Hofmann, dass die Synagoge aufgelassen sei.[46] Nun habe die Kirchengemeinde aus Sicht der Öffentlichkeit frei zu entscheiden. »Spontan ist mir der Gedanke gekommen, das Gebäude als eine Art Begegnungsstätte der Religionen (›house of one‹) zu nutzen. Das würde allerdings [...] einen Träger für die Investitionskosten und vor allem für die laufende Unterhaltung erfordern.«[47] Im Sommer 2022 reifte der Vorschlag, das Schulreferat der Rheinischen Kirche in Heusweiler und das Religionspädagogische Zentrum Sankt Ingbert zu vereinigen und die Synagoge in der Josephstaler Straße 22 zu erwerben.[48] Die Protestantische Pfarrpfründenstif-

Das Redaktionsteam von »Protestanten ohne Protest«, v.l.n.r. Kirchenrat Hofmann, Oberkirchenrat Dr. Klaus Bümlein, Akademiedirektor Dr. Christoph Picker und Archivdirektorin Dr. Gabriele Stüber.
Foto: Fotosammlung Ev. Büro Saarbrücken

Übergabe des Buches »Protestanten ohne Protest« an Thüringens Ministerpräsident Bodo Ramelow. Foto: Fotosammlung Ev. Büro Saarbrücken

tung Pfalz jedenfalls kaufte das Gebäude der Kirchengemeinde St. Ingbert ab.

2016 erschien das zweibändige Werk »Protestanten ohne Protest«; zu den Herausgebern zählte auch Kirchenrat Frank-Matthias Hofmann. Er führte aus: »Die Evangelische Kirche der Pfalz im Nationalsozialismus hat sich erstmals und umfassend ihrer Geschichte zwischen 1933 und 1945 sowie der schwierigen Phase der Entnazifizierung nach 1945 angenommen. [Die Kirche] verhielt sich loyal zum neuen Staat und förderte ihn aktiv durch kirchenpolitische Maßnahmen etwa durch Zurverfügungstellung der Kirchenbücher für den sogenannten Ariernachweis und durch Unterstützung des Zweiten Weltkrieges in Predigten und Verlautbarungen der Landeskirche. [Aktionen] gegen die Entrechtung der Juden gab es nicht, Zwangsarbeiter wurden auch in Kirche und Diakonie eingesetzt.«[49]

Am 31. Mai 2016 wurde das Buch »Protestanten ohne Protest« in der Staatskanzlei des Saarlandes vorgestellt. Ministerin Monika Bachmann sprach namens der Landesregierung ein Grußwort und führte aus: »Die evangelische Kirche, vor fast genau 500 Jahren entstanden aus der Auflehnung gegen kirchliche und weltliche Missstände, schweigt zum Unrecht des NS-Staates. Die große reformatorische Kraft des deutschen Christentums, in ihrem Selbstverständnis eine Kirche der Toleranz, schweigt zum Terror des Regimes gegen Andersgläubige und Andersdenkende. [...] Was die Sache so schmerzlich macht, was sie heraushebt aus den vielfältigen Verstrickungen staatlicher und ziviler Organisationen und Institutionen in die verbrecherische Politik des sogenannten Dritten Reiches, ist ihre eigene Rolle als moralische

Instanz. Eine moralische Instanz, die zum Unrecht schweigt, hat eine fatale Wirkung auf diejenigen, die in sie ihr Vertrauen gesetzt haben, und auf die, die gerade in schwieriger Zeit Orientierung bei ihr gesucht haben.«[50]

Das Buchprojekt »Protestanten ohne Protest« wurde auch als Ausstellung konzipiert, die vom 15. Januar bis 29. Februar 2020 in der Ludwigskirche zu sehen war.[51] Ein besonderes Highlight der Ausstellung war eine Glocke mit Hakenkreuzen aus der evangelischen Erlöserkirche in Hanweiler.[52] Auf Anraten des Vorsitzenden des Historischen Vereins für die Saargegend, Professor Joachim Conrad, wurde die Glocke im Juni 2018 abgehängt und dem Historischen Museum Saar für die Dauerausstellung »Zehn statt tausend Jahre« geschenkt, die zur Zeit gerade neu konzipiert wird. So wanderte die Glocke zuerst in die Ausstellung »Protestanten ohne Protest«, wo ein Gesprächsabend zur Glockendiskussion stattfand. Ein für allemal wurde betont, dass die Inschriften von Glocken der Verkündigung dienen bzw. dass die Glocken für ihre Inschrift stehen. Eine Glocke mit Hakenkreuzen dürfe also nicht in liturgischem Gebrauch sein. »Am 12. Februar betonte der Initiator der Ausstellung, Kirchenrat Frank-M. Hofmann, dass die Hakenkreuzglocke als Symbol und Mahnmal nur in einordnenden, historisch-wissenschaftlich aufarbeitenden Kontexten gezeigt werden sollte. Der deutschlandweit umstrittene Umgang mit den NS-belasteten Kirchenobjekten [...] sei auch ein Hinweis dar-

Ministerratsgespräch, v.l.n.r. Präses Manfred Rekowski, Ministerpräsidentin Annegret Kramp-Karrenbauer, Kirchenpräsident Christian Schad und Ministerin Anke Rehlinger.
Foto: Fotosammlung Ev. Büro Saarbrücken

auf, dass der Nationalsozialismus und seine Gräueltaten im Familien und Kommunen noch stets ein Tabu-Thema seien, das es aber offen anzusprechen gelte.«[53]

Die Hüttenwerke des Saarlandes, allen voran das Röchlingsche Eisen- und Stahlwerk Völklingen, waren die Waffenschmiede des Dritten Reiches. Die Arbeit dort war eng verknüpft mit dem Einsatz von 12.393 Zwangsarbeitern – Männer, Frauen, Kinder – von denen 261 ums Leben kamen. In einer Zeit, in der die Völklinger Hütte als Weltkulturerbe im Fokus öffentlicher Wahrnehmung steht, ist es das Verdienst von Prof. Meinrad Maria Grewenig, der bis 2020 als Generaldirektor das Weltkulturerbe leitete und mit Leben füllte, dass der renommierte Künstler Christian Boltanski mit seiner Installation »Die Zwangsarbeiter« im Oktober 2018 einen Erinnerungsort schuf. Die Begrüßungsrede namens der LAG »Erinnerungsarbeit« hielt Kirchenrat Frank-Matthias Hofmann; er sagte: »Das war lange Zeit ein Beispiel kollektiver Verdrängungskunst und ein Lehrbeispiel dafür, wie Unfassbares nicht thematisiert wird. Es sollte wohl scheinbar ungeschehen gemacht oder als Verbrechen geleugnet werden.«[54] Der Leiter des Evangelischen Büros Saarland wollte nicht mit den Fingern auf andere zeigen, denn auch die Evangelische Kirche in Deutschland setzte sich erst seit den 1980er Jahren »für Würdigung und Entschädigung des Leidens der Zwangsarbeitenden ein. Vielerorts fehlte in Kirche und Diakonie das Bewusstsein für die Problematik. Viel zu lange ging man auch in den Kirchen davon aus, dass man nicht am nationalsozialistischen System der Zwangsarbeit teilgenommen hat. Erst nachdem am 12. August 2000 in Deutschland das ›Gesetz zur Errichtung einer Stiftung Erinnerung, Verantwortung und Zukunft‹ in Kraft getreten war, hat man auch in Kirche und Diakonie nach dem eigenen Mitwirken geforscht und kam zu erschreckenden Befunden.«[55]

2020 sorgte die Landesarbeitsgemeinschaft »Erinnerungsarbeit« dafür, dass die Deportation nach Gurs dem Vergessen entrissen wurde. Gemeinsam mit dem Kantor der Synagogengemeinde Saar, Benjamin Chait, hielt Kirchenrat Hofmann ein Gebet. Helmut Eisel sprach am 8. Mai 2020 mit der Klarinette durch die Performance »Be-Freilach« die Menschen über YouTube an.

Aber nicht nur Jubiläen waren Anlass für die Aktionen der Landesarbeitsgemeinschaft. So fand 2019 eine mit der Evangelischen Akademie im Saarland organisierte Fahrt zu den Westwallstätten und 2022 zur Dokumentationsstätte der Sinti und Roma in Heidelberg statt. Unter der Überschrift »Vom vernachlässigten Denkmal zum Lernort für Völkerverständigung und Frieden« führte Frank-Matthias Hofmann aus: »Der Westwall hat letztendlich den Krieg im Osten und die NS-Ideologie von der Gewinnung neuen Lebensraumes [...] absichern helfen. Damit wurden die Deportationen von Juden, Sinti und Roma und die Ermordung unliebsamer Menschengruppen in KZs und in Osteuropa ermöglicht. Viele Hunderttausende, die im Reich bei Todesmärschen und systematischen Ermordungen von Gefangenen ihr

Mit Ministerpräsident Tobias Hans auf der Landessynode 2019 in Bad Neuenahr.
Foto: Fotosammlung Ev. Büro Saarbrücken

Leben ließen, wären am Leben geblieben, wenn der Vormarsch der Amerikaner, Briten und Kanadier nicht ein halbes Jahr lang im Westen aufgehalten worden wären. Die Kämpfe im Westen wurden dann durch sinnlose Materialschlachten verlängert, was aber im Verlauf des Krieges – global betrachtet – nichts änderte.«[56]

7.8 Neue Wege wagen: Bewahrung der Schöpfung – Ende des Bergbaus

Seit vielen Jahren gab es im Saarland die Aktion »Autofasten«. Durch sie wurde das Thema »Bewahrung der Schöpfung« ein zentrales Anliegen der Kirche, das nicht nur in Sonntagspredigten in den Blick zu kommen hatte. Es ging um die Erhaltung der natürlichen Lebensgrundlagen für Mensch, Tier und Pflanze. »Zu viele haben im Saarland noch die Autofahrer-Brille auf: Alles, was mit der Autoindustrie zu tun hat, wird durch diese (rosarote?) Brille gesehen – und dadurch auch ethisch problematische Zustände gerechtfertigt. Die Aktion ›Autofasten‹ kann eine Hilfe sein, einmal die Radfahrerbrille aufzusetzen [...]. Zum einen wird der Wert des öffentlichen Nahverkehrs wieder stärker ins Bewusstsein gerückt, zum andern – und darauf will ich dieses Jahr den Schwerpunkt legen – soll auch zum Fortbewegen

Eröffnung der Aktion »Autofasten« mit Umweltministerin Anke Rehlinger 2017. Foto: Becker & Bredel, Saarbrücken.

aus eigener Kraft motiviert werden: entweder mehr zu Fuß gehen oder eben sich aufs Rad schwingen.«[57] Für die Beschäftigten in der Autoindustrie – sei es bei Ford Saarlouis, sei es bei ZF in Saarbrücken – war aber das Auto mehr als eine rosarote Brille: Existenzen hingen davon ab, die man nicht aus dem Blick verlieren durfte.

Nicht weniger relevant für die Bewahrung der Schöpfung war das Ende des Steinkohlenbergbaus im Saarland, nicht weniger – und dies über mehrere Hundert Jahre – war dieser Industriezweig Lebensader zahlloser Menschen der Region. Der Ausstieg musste seelsorglich begleitet werden. Kirchenrat Frank-Matthias Hofmann fuhr erstmals am 15. Februar 2007 in den Nordschacht des Bergwerks Saar bei Hoxberg ein.[58] 2007/08 war die Zeit der schweren Erderschütterungen und der damit verbundenen großen gesellschaftlichen Konflikten zwischen Bergbaubefürwortern und -gegnern. Das alles floss ein in einen ökumenischen Gottesdienst am 8. März 2008 in der Saarlouiser Kirche St. Ludwig, den der Trierer Weihbischof Robert Brahm und der rheinische Präses Nikolaus Schneider gemeinsam verantworteten.[59]

Ökumenischer Gottesdienst am 8. März 2008 in der Saarlouiser Kirche St. Ludwig, v.l.n.r. Prälat Warnfried Bartmann, Präses Nikolaus Schneider, Weihbischof Robert Brahm und Kirchenrat Hofmann.
Foto: Becker & Bredel, Saarbrücken

Grubenfahrt 2007.
Foto: Becker & Bredel, Saarbrücken

Prälat Warnfried Bartmann und Kirchenrat Hofmann leiteten von April 2008 bis 2012 immer wiederkehrende Gespräche der »Ökumenischen Initiativgruppe Bergbaukrise«.[60] Am 30. Juni 2012 war die Mettenschicht im Bergwerk Saar, und der Trierer Diözesanbischof Stephan Ackermann und Oberkirchenrätin Barbara Rudolph begingen einen gemeinsamen Gottesdienst zum Ende des Bergbaus an der Saar. Barbara Rudolph predigte über Hiob 28,1–14 und 22 unter dem Thema »Hiobsbotschaft und Gottes Weisheit«.[61] Prälat Dr. Peter Prassel und Kirchenrat Hofmann wurden in Gonnesweiler im Barbarastollen zu Ehrenhauern ernannt.[62]

Am 22. Juni 2011 gründete sich der Verein »BergbauErbeSaar – Förderverein zur Wahrung des Erbes des Bergbaus und der Bergleute an der Saar e.V.«.[63] Kirchenrat Hofmann nahm gegenüber Ministerpräsident a.D. Reinhard Klimmt Stellung zur Konzeption »Das Erbe« und betonte, dass auch die evangelischen Bergbautraditionen nicht unberücksichtigt bleiben durften, sollte die Ausstellung nicht nur Klischees bedienen wollen.[64] Parallel bat die Bergwerksdirektion im Saarland die Leiter das Katholische und des Evangelischen Büros darum, im neu gegründeten Verein »BergbauErbeSaar« mitzuwirken. Reinhard Klimmt sollte den Vorsitz übernehmen.[65] Der Bergbau kam zur Ruhe, nicht aber die Diskussionen, die sich in den folgenden Jahren um die Frage der Flutung der Bergwerke entzündete.

Glückauf

Landesverband der
Bergmanns-, Hütten- und Knappenvereine
des Saarlandes e. V.

Am, 12. Dezember 2014
wurde unter Wahrung der vorgeschriebenen,
alten und traditionellen bergmännischen Riten
an, Herrn Kirchenrat Frank-Matthias Hofmann
der Hauerschlag vollzogen.
zu Urkund dessen, wird dieser
Ehrenhauerschein
überreicht und der Inhaber ermächtigt, bei
feierlichen bergmännischen, Gelegenheiten
das Arschleder und den Fahrstock zu tragen.

St. Barbara-Stollen zu Gonnesweiler

Der Präsident

Ehrenhauerschein vom 12. Dezember 2014.
Foto: Fotosammlung Ev. Büro Saarbrücken

Bergmannsfeier am Saarpolygon.
Foto: Becker & Bredel, Saarbrücken

Anmerkungen

1 Vgl. mag, Mahnende Stimme der Kirche gefragt. Kirchenrat Hofmann als Beauftragter bei Landesregierung eingeführt, in: Evangelischer Kirchenbote Nr. 48 (2006), S. 4. Hofmanns Dienst wurde 2014 und 2022 jeweils um acht Jahre verlängert.

2 Vgl. Jürgen Henkys, eg 428 Komm in unsre stolze Welt, in: Liederkunde zum Evangelischen Gesangbuch Heft 17 (= Handbuch zum Evangelischen Gesangbuch Bd. 3), Göttingen 2012, S. 81-83.

3 Registratur des Ev. Büros. Antrittspredigt von Kirchenrat Frank-Matthias Hofmann in der Johanneskirche Saarbrücken am 6. September 2006 über »Komm in unsere stolze Welt«, S. 3.

4 Ebd. Brief von Frank-Matthias Hofmann an Annegret Kramp-Karrenbauer vom 30. September 2006, S. 1.

5 Ebd. Interview von Kirchenrat Frank-Matthias Hofmann durch Ursula Thilmany, SR 2 Sendung »Kirche und Welt« vom 16. Dezember 2007.

6 Ebd. Bericht des Beauftragten der Evangelischen Kirchen im Saarland 2006/07, S. 4.

7 RIC, 50 Jahre Saarland. Ökumenischer Festgottesdienst als Auftakt, in: chrismon plus rheinland kompakt 8 (2007), S. VI.

8 Ebd. Einladung zum 17. August 2007.

9 Pressemitteilung der Ev. Kirche im Rheinland. Öffentlichkeitsreferat Nr. 140/2007.

10 Registratur des Ev. Büros. Überlegungen zu einer Würdigung des Ministerpräsidenten Peter Müller durch die Kirchen.

11 Ebd.

12 Registratur des Ev. Büros. Bericht des Beauftragten der Evangelischen Kirchen im Saarland 2006/07, S. 12.

13 Ebd. Bericht des Landeskirchenrates für die Synodaltagung im November 2007, S. 1.

14 Ebd. eMail Von Frank-Matthias Hofmann an Karin Kessel und Christian Drägert vom 4. Juli 2007.

15 Vgl. Dietmar Klostermann, Mit Andacht in die Debatte? Parlamentarier diskutieren über Rückzugsraum im saarländischen Landtag, in: Saarbrücker Zeitung vom 22 Oktober 2012, S. B2.

16 Epd, Ruhepol in der Hektik des Alltags. Saar-Landtagsabgeordnete treffen sich im neuen Jahr regelmäßig zum Gebetskreis, in: Unsere Kirche. An der Saar vom 22. Dezember 2019, S. 21; dies.: Abgeordnete beten regelmäßig. Neues Angebot im Saar-Landtag – Ruhepol in der Hektik des Alltags, in: Evangelischer Kirchenbote der Pfalz Nr. 51/52 (2019), S. 4.

17 Registratur des Ev. Büros. Presseerklärung zum Kreuz im Kabinettssaal vom 8. August 2011; dazu: Art. Kreuz im Kabinettssaal, in: Saarbrücker Zeitung vom 9. August 2011.

18 Ebd. Protokoll der Sitzung des Vorbereitungsteams das Politischen Passionsweges 2008 vom 3. Dezember 2007, S. 1.

19 Ebd. Begrüßung anl. des Politischen Passionsweges.

20 Ebd. Aktennotiz zu wichtigen Themen im Landtag. Vgl. auch gp., Bonhoeffer auch heute noch aktuell. Präses Schneider und Landtagspräsident Ley eröffnen Wanderausstellung, in: Saarbrücker Zeitung vom 20. Januar 2009.

21 Vgl. Art. Evangelischer Kirchenrat widerspricht Kultusminister, in: Saarbrücker Zeitung vom 20. Juli 2007.

22 Vgl. Ulrike Klös, zu wenig Bibel im Unterricht?, in: chrismon plus rheinland kompakt 8 (2007), S. 1.

23 Registratur des Ev. Büros. Bericht des Beauftragten der Evangelischen Kirchen im Saarland 2006/07, S. 18.

24 Ebd. Bericht des Landeskirchenrates für die Synodaltagung im November 2007, S. 2.

25 Ebd. Aktennotiz von Jo Brandt vom 22. Dezember 2004.

26 Ebd. Protokoll des Fachausschusses für Bildung des Kirchenkreisverbandes An der Saar vom 12. Juli 2021, TOP 6.

27 Ebd. Brief von Frank-Matthias Hofmann an Sascha Haas um 20. Juni 2022, S. 1.

28 Ebd, S. 2.

29 Registratur des Ev. Büros. Brief von Christine Streichert-Clivot an Frank-Matthias Hofmann vom 10. März 2021.

30 Pressemitteilung der Ev. Kirche im Rheinland. Öffentlichkeitsreferat Nr. 102/2021.

31 Registratur des Ev. Büros. Kritik am Plan der Landesregierung, S. 6.

32 Ebd. Dekadenjahr 2014 »Reformation. Macht. Politik«.

33 Ebd. Exposé zum Motto »Aus der Kutte springen«, S. 2.

34 Tatsächlich nahm Luther, als er von der Wartburg zurückkehrte, sein altes Leben wieder auf und trug am März 1522 wieder die Kutte eines Augustiner-Eremiten und die sogar Tonsur. Der Magistrat der Stadt Wittenberg finanzierte die Kutte mit acht Gulden. Während Karlstadt und Bucer bewusst die Kleider wechselten, beharrte

Luther bis 1524 auf seine Kutte; vgl. Harald Meller (Hg.), Fundsache Luther. Archäologen auf den Spuren des Reformators, Halle (Saale) 2008, S. 220–221.

35 Vgl. Silvia Buss, Die Schattenseiten der Reformation, in: Saarbrücker Zeitung vom 26. Februar 2018, S. B1.

36 Registratur des Ev. Büros. Grußwort von Frank-Matthias Hofmann vom 25. Februar 2018.

37 Pressemitteilung der Synagogengemeinde Saar, August 2009. Vgl. auch: Leben ist mehr als Arbeit und Konsum. Adventsaktion mit prominenten Saarländern, in: Unsere Kirche. An der Saar, Nr. 50 vom 9. Dezember 2018, S. 17.

38 Registratur des Ev. Büros. Kirchliches Hintergrundpapier anlässlich des Tages der Barrierefreiheit am Samstag dem 17. April 2010 in Kirkel.

39 Vgl. B.R., »Es müssen die Barrieren in den Köpfen fallen«. Erster Ökumenischer Tag der Barrierefreiheit im Saarland, in: Der Pilger Nr. 17 vom 25. April 2010; Jürgen Neumann, Für ein Leben ohne Hindernisse, in: Saarbrücker Zeitung. Homburger Rundschau Nr. 88 vom 6. April 2010.

40 Registratur des Ev. Büros. Exposé »Gute Arbeit – den Himmel erden« von Frank-Matthias Hofmann.

41 Kirchenrat Hofmann zum Sprecher der »Landesarbeitsgemeinschaft Erinnerungsarbeit im Saarland« gewählt, in: Pressemeldung des Ministeriums für Bildung und Kultur vom 18. Oktober 2018.

42 Kommunikation stark halten. Frank-Matthias Hofmann zum Sprecher der »Landesarbeitsgemeinschaft Erinnerungsarbeit im Saarland« wiedergewählt, in: Unsere Kirche. An der Saar vom 15. November 2020, S. 19.

43 Registratur des Ev. Büros. Presseerklärung des Evangelischen Büros 2018.

44 Ebd. eMail von Stefan Meißner an Thomas Niederberger vom 28. Juni 2021.

45 Ebd. Aktennotiz vom 27. Mai 2021.

46 Ebd. eMail von Roland Rixecker an Frank-Matthias Hofmann vom 16. Juni 2021.

47 Ebd.

48 Registratur des Ev. Büros. Aktennotiz vom 13. Juli 2022.

49 Zitiert nach: sz, Protestanten stellen sich ihrer Geschichte. Evangelische Kirche der Pfalz arbeitet ihre Rolle im Nationalsozialismus auf – Autoren auch aus dem Saarland, in: Saarbrücker Zeitung Nr. 86 vom April 2016.

50 Registratur des Ev. Büros. Grußwort der Ministerin Monika Bachmann zur Buchvorstellung, S. 5.

51 Red./tt, »Protestanten ohne Protest«. Wanderausstellung zum Protestantismus und Nationalsozialismus in der Ludwigskirche, in: Die Woch vom 1. Februar 2020, S. 5.

52 Vgl. Joachim Conrad, Die »Hitler-Glocke« zwischen Glauben und Zeugnis. Historische Anmerkungen zum Hanweiler Glockenstreit, in: Saargeschichte|n. Magazin zur regionalen Kultur und Geschichte 3 (2018), S. 38–41.

53 Registratur des Ev. Büros. Grußwort der Ministerin Monika Bachmann zur Buchvorstellung, S. 5.

54 Ebd. Rede zur Eröffnung der Zwangsarbeiterausstellung im Weltkulturerbe Völklinger Hütte im Oktober 2018.

55 Ebd.

56 Registratur des Ev. Büros. Exposé »Vom vernachlässigten Denkmal zum Lernort für Völkerverständigung und Frieden« von Frank-Matthias Hofmann, 20. April 2022, S. 3.

57 Ebd. Statement von Frank-Matthias Hofmann, 2018, S. 1.

58 jd, Hofmann: »Bergleute verdienen die Solidarität, die sie vorgelebt haben, in: folio 4 (2007). Ausgabe DSK vom 15. Februar 2007, S. 50.

59 Registratur des Ev. Büros. Bericht des Landeskirchenrates zur Pfälzischen Landessynode 2009, S. 1.

[60] Beitrag zum sozialen Frieden. Kirchen begleiten Bergleute durch die Krise, in: neue bildpost vom 3. Juli 2008, S. 7.

[61] Registratur des Ev. Büros. Hiobsbotschaft und Gottes Weisheit. Predigt von Barbara Rudolph am 30. Juni 2012.

[62] Philipp Semmler, Bergleute feiern die Mettenschicht, in: Saarbrücker Zeitung Nr. 294 (2014).

[63] Registratur des Ev. Büros. Brief des Vereins BergbauErbeSaar an Frank-Matthias Hofmann vom 26. September 2011.

[64] Ebd. Brief von Frank-Matthias Hofmann an Reinhard Klimmt vom 12. September 2012, S. 2.

[65] Ebd. Brief von Frank-Matthias Hofmann an Karin Kessel und Christian Drägert vom 5. Dezember 2011, S. 1.

Auge Gottes im Strahlenkranz in der Ludwigskirche

Foto: Maurice Jelinski

8. Resumée

Der kleine Aufsatz zur Geschichte des Evangelischen Büros in Saarbrücken kann nicht abschließend die Arbeit des Büros würdigen, ist vielmehr der Auftakt, sich mit den Arbeitsschwerpunkten historisch auseinanderzusetzen. Die Parallelüberlieferung in der staatlichen Aktenführung ist nicht ausgewertet worden, auch wird ein zeitlicher Abstand helfen, einzelne Sachverhalte anders zu sehen und anders zu bewerten. Der vorliegende Aufsatz versteht sich daher nur als »erster Aufschlag« für eine kommende kritische Auseinandersetzung mit diesem kirchlichen Arbeitsgebiet.

Das Kapitel »Vorgeschichte« macht deutlich, dass die formale Gründung des Evangelischen Büros vor rund sechzig Jahren nicht der Zeitraum ist, über den geredet werden muss. Denn in der Zeit der Völkerbundsverwaltung von 1920 bis 1935 mussten die Interessen der evangelischen Kirche ebenfalls gewahrt werden – heute die Arbeit des Evangelischen Büros. Damals übernahm der Superintendent des Kirchenkreises Saarbrücken, Dr. Hubert Nold, die Arbeit nebenamtlich. Und in der Zeit des Saarstaates von 1945 bis 1955 gab es sogar das Amt des Bevollmächtigten, in dem Fall Kirchenrat Otto Wehr. Faktisch beschreibt also die vorliegende Festschrift nicht »60 Jahre Evangelisches Büro«, sondern eigentlich einhundert Jahre des ungewöhnlichen Verhältnisses zwischen Kirche und Staat in der Saargegend.

Die Darstellung förderte aber deutlich zutage, dass mit der Arbeit des Evangelischen Büros die evangelischen Kirchen im Saarland, also die Evangelische Kirche der Pfalz und die Evangelische Kirche im Rheinland, wichtige Beiträge geliefert haben zu zentralen Lebensfragen. Ob es der Bergbau war – und damit verbunden die Bergbauschäden –, ob es die Umbrüche in der Schule waren, der Umgang mit der Vergangenheit, die Kultur des Sich-Erinnerns – immer haben die Beauftragten inspiriert, gewarnt, vermittelt und damit Diskussionen angeregt, Versöhnung ermöglicht, Zukunft eröffnet. Unter dem »Klein-Klein« des Alltags zeigt der Aufsatz, was Last war und was Begeisterung ausgelöst hat, was am Ende zur Kirchen- und Landesgeschichte wurde.

Der Verfasser wünscht dem amtierenden Beauftragten, Kirchenrat Frank-Matthias Hofmann, aber auch allen anderen, die dieses Amt am Ludwigsplatz versehen, die Kraft des Glaubens, dazu Klugheit und Weisheit dieser Welt und den unbedingten Mut zur Wahrheit, dass diese Arbeit den Menschen diene, die kirchliche Teilhabe an der Gesellschaft fördere, und die gesellschaftlichen Kräfte bündele – zum Wohle aller, in Respekt vor jedermann und ad maiorem Dei gloriam.

Haus Am Ludwigsplatz

EXKURS

Berührung, Erinnern, Verstehen

Christian Boltanski und der Erinnerungsort an die Zwangsarbeiter in der Völklinger Hütte

Von Meinrad Maria Grewenig

Der Weltkünstler Christian Boltanski (1936–2021) hatte als letztes großes Werk seines Lebens 2018 in der Völklinger Hütte die berührende Installation »Die Zwangsarbeiter – Erinnerungsort in der Völklinger Hütte« geschaffen. Sie bildet das emotionale Zentrum des Museumskomplexes zur Geschichte der Völklinger Hütte. Dort, in der Sinteranlage von 1928/38 war einmal einer der härtesten und staubigsten, aber auch innovativsten Arbeitsplätze des Röchlingschen Eisenwerks Völklingen. Die Sinteranlage verteilte zur aktiven Zeit jeden Tag dreißig Tonnen Feinstaub durch den großen Schornstein über die Stadt Völklingen. Immer noch – fast vierzig Jahre nach der Stillsetzung der Völklinger Hütte – tragen viele Fassaden der Stadt die Anlagerungen des rotbraunen feinen Sinterstaubes.

Das Werk von Christian Boltanski in der Völklinger Hütte

Heute finden sich auf drei Geschossebenen der Sinteranlage das UNESCO-Besucherzentrum-Völklinger-Hütte in der obersten Ebene, die zentrale Multimediaeinführung zur Eisenhütte in der mittleren Ebene, die historische Museumsausstellung »Die Röchlings und die Völklinger Hütte« in der untersten Ebene und die Kunstinstallation von Christian Boltanski als Herzstück im Zentrum des Gebäudes. Dieses Werk ist direkt mit allen Ausstellungsbereichen optisch oder über Treppen verbunden.

Die Sinteranlage ist für das UNESCO Weltkulturerbe Völklinger Hütte ein schicksalhafter Ort. Vor Gründung der Trägergesellschaft Weltkulturerbe Völklinger Hütte war die Sinteranlage mit der Silostrecke auf der Rückseite vom Saarland »als nicht mehr rettbar aufgegeben.«[1] Das Festhalten an dieser Entscheidung hätte 1999 unweigerlich den Verlust des jungen UNESCO-Welterbestatus nach sich gezogen. Ein zentrales Ziel der folgenden Jahre war es,

Christian Boltanski | *1944 Paris – 2021 Paris

Die Zwangsarbeiter – Erinnerungsort in der Völklinger Hütte 2018

Mixed-Media, metallene Archivkästen, Kleidungsstücke, Licht, Sound
(die Namen der Zwangsarbeiter geflüstert) | 3,3 x 6 x 18 m
Foto: Hans Georg Merkel

diese Entscheidung rückgängig zu machen und den Ort für Besucher zu erschließen. So erscheint es folgerichtig, dass hier die zentralen Informationsbereiche für die Menschen angesiedelt sind, die das Weltkulturerbe Völklinger Hütte besuchen.

Die Besucher finden die Installation von Christian Boltanski im Rundweg direkt nach der zentralen Multimediaeinführung in die Völklinger Hütte. Alle Ausstellungs- und Vermittlungsbereiche thematisieren aus unterschiedlichen Perspektiven den Spirit, die Funktionsabläufe, die Bedeutung und die Geschichte der Eisenhütte auch mit ihren dunkelsten Seiten. Zwangsarbeit ist in allen Vermittlungsbereichen ein zentrales Thema. Große »Fenster« im Boden des UNESCO-Besucherzentrums, in dem Zwangsarbeit ein Thema ist, verbinden dieses optisch und visuell mit Christian Boltanskis »Die Zwangsarbeiter – Erinnerungsort in der Völklinger Hütte«. Durch die direkte Treppenverbindung am Ende der Installation können Besucher – ohne dem Besichtigungsrundgang durch die Hütte zu folgen – die Ausstellung »Die Röchlings und die Völklinger Hütte« erreichen, um dort weitere Dimensionen des Themas »Zwangsarbeit auf der Völklinger Hütte« zu erfahren.

Nimmt man die zahlreichen Publikationen zum Thema Zwangsarbeit in der Völklinger Hütte[2] zur Hand, eröffnet sich heute eines der am besten und umfänglichst erforschten und zugänglich gemachten künstlerischen und wissenschaftlichen Projekte zur Zwangsarbeit in Mitteleuropa.

Dieser historische Museumskomplex in der Völklinger Hütte erschließt in der Gegenwart – gut zwei bzw. drei Generationen nach dem Ersten und Zweiten Weltkrieg auf mehrfachen Erkenntniswegen das dunkelste Kapitel in der Geschichte dieser Eisenhütte. Diese sind geeignet, einen Zugang zu dem großen Thema Zwangsarbeit zu eröffnen, der durch die Berührung mit dem Werk Christian Boltanskis auch zu einer ständigen intellektuellen Auseinandersetzung mit dem Thema führt und einen umfassenden Einblick ermöglicht.

Christian Boltanski und die Völklinger Hütte

Seit Beginn der Entwicklungsarbeit der Völklinger Hütte zu einem Europäischen Zentrum für Kunstindustriekultur ab 1999 war das Thema »Zwangsarbeit« ein zentrales Forschungsanliegen. Zwangsarbeit in der Völklinger Hütte wurde zum vielfältigen Thema der Darstellungen und Vermittlung.[3] Von Anfang an war Christian Boltanski als der wichtigste Künstler im Segment der Rekonstruktion von Erinnerung und ihrer emotionalen Erschließung der Wunschkünstler für den Erinnerungsort für die Zwangsarbeiter in der Völklinger Hütte. Dieser Wunsch und der Weg zu seiner Verwirklichung mussten eine Reihe großer Hürden überwinden.

Die Forschungsarbeiten zur Zwangsarbeit in der Völklinger Hütte erwiesen sich als sehr viel komplexer, als dies die Literaturlage verheißen hat. In einem wissenschaftlichen Symposion[4], einer Ringvorlesung[5] und umfangreichen internen Recherchearbeiten[6] wurden die Arbeit und Fragestellungen vorangetrieben. Das Forschungsprojekt von Inge Plettenberg mit sehr vielen neuen und aufwendigen Archiv- und Quellenrecherchen zur Zwangsarbeit in der Völklinger Hütte wurde zur Drucklegung vorbereitet.[7]

Nicht zuletzt durch die Ausstellung »Die Röchlings und die Völklinger Hütte« in der Erzhalle[8] hat sich die ursprünglich große Distanz zu den Nachkommen der Gründerfamilie der Röchlingschen Eisen- und Stahlwerke zum Weltkulturerbe Völklinger Hütte deutlich verringert. Schließlich ist es gelungen, den Vorsitzenden der Aufsichtsgremien der aktuellen Röchling und SE & Co KG, deren Kerngeschäft schon lange nicht mehr Eisen und Stahl sind, sondern Kunststoff ist, Johannes Freiherr von Salmuth, für das Projekt zu überzeugen. Johannes von Salmuth warb begeistert in der Röchling-Familie für die Einrichtung des Erinnerungsortes für die Zwangsarbeit in der Völklinger Hütte von Christian Boltanski und der Darstellung der Zwangsarbeit-Thematik. So konnte durch das finanzielle Engagement der Röchling SE, der Röchling Stiftung, privater Spenden Röchlingscher Familienmitglieder sowie der Ulli-und-Uwe-Kai-Stiftung, die ebenfalls von Röchling-Nachkommen begründet wurde, die Finanzgrundlage zur Beauftragung des Werkes bei Christian Boltanski gelegt werden. Mit diesem Engagement stellen sich Nachkommen der Familie Röchling dem Thema »Zwangsarbeit in der Völklinger Hütte«.

Mit dieser finanziellen Zusage im Rücken begann ich meine Gespräche mit Christian Boltanski. Doch der Beginn war sehr ernüchternd. Wir trafen uns im legendären Künstler-Bistro »La Closerie des Lilas« im 6. Arrondissement in Paris am Stammplatz von Christian Boltanski. In der hölzernen Tischplatte war am Rand eine kleine Tafel aus Messing eingelassen, aus der zu entnehmen war, dass hier vor Zeiten der Maler und Dichter Max Jacob, der wichtigste Theoretiker des Surrealismus André Breton, der wichtigste schwedische Schriftsteller August Strindberg und der aus Kuba stammende französische Schriftsteller J.M. de Heredia einmal gesessen haben.

Das Gespräch zu einem Erinnerungsort für die Zwangsarbeiter in der Völklinger Hütte verlief sehr angenehm. Boltanski erzählte mir von aktuellen Projekten mit großen hörnernen Trichtern, aus denen gesprochene Töne langsam und leise dringen sollten. Er war an dem Thema sehr interessiert, aber er sagte mir am Ende – zu meiner großen Enttäuschung –, dass er das Projekt in Völklingen nicht machen könne, da er durch die anstehenden großen Ausstellungen unter anderem im Centre Georges-Pompidou Paris vollständig ausgelastet sei und leider keine Möglichkeit habe.

Enttäuscht fuhr ich nach Völklingen zurück. Mehrere intensive Telefonate und Besuche im Atelier mit langen Gesprächen folgten in den nächsten Monaten, bis mir Christian Boltanski Ende 2017 signalisierte, dass ihn das Thema gepackt habe, und er eine Idee für ein Werk habe. Wir tauschten Pläne und Fotos zum vorgesehenen Ort in der Sinteranlage der Völklinger Hütte und Entwürfe dazu aus. Schließlich besuchte Christian Boltanski im März 2018 ein gutes halbes Jahr vor der Einrichtung des Erinnerungsortes für die Zwangsarbeiter das Weltkulturerbe Völklinger Hütte zur Ortsbesichtigung mit dem Ziel, den Vertrag zur Realisierung zu unterzeichnen.

Christian Boltanski war sehr ergriffen, als er die großen Gasgebläsemaschinen der Völklinger Hütte sah. Er ließ sich diese minutiös erklären. Dabei bemerkte ich, dass ihn die zahlreichen Arbeiterspinde in der Gebläsehalle sehr fesselten. Er stellte viel Fragen zu ihrer Funktion und ihrem unterschiedlichen Aussehen.

Nach der Detailsondierung des zukünftigen Ortes, seiner vielfältigen inhaltlichen Bezüge und der Einbindung in das Ausstellungskonzept der Völklinger Hütte legten wir die weiteren Schritte fest mit dem Ziel, dass die Installation »Die Zwangsarbeiter – Erinnerungsort in der Völklinger Hütte« im Herbst 2018 – ein Jahr vor seiner großen Ausstellung »Faire son Temps«[9] im Centre Georges-Pompidou Paris eröffnet werden sollte. Christian Boltanski hatte ein gigantisches Archivsystem mit rostigen eisernen Kästen konzipiert, in das die Menschen hineingehen können. Das spärliche Licht, die geflüsterten Aussagen der Zwangsarbeiter und der übermenschenhohe schwarze Kleiderberg am Ende der Archivstrecke waren weitere Bestandteile des Projekts. Wir besprachen die weiteren Produktionsschritte und die Möglichkeiten der technischen Installation. Die Archivkästen sollten auf Papierzetteln Nummern als Verweissystem tragen. Die Anordnung der Nummern war willkürlich und unsystematisch. Dieses Verweissystem sollte auf die über 12.000 Einzelschicksale der Zwangsarbeiterinnen und Zwangsarbeiter verweisen, die im Ersten und Zweiten Weltkrieg in der Völklinger Hütte eingesetzt waren. Christian Boltanski war es als eine zentrale Voraussetzung wichtig, dass alle ermittelbaren und bekannten Namen der Zwangsarbeiterinnen und Zwangsarbeiter sowohl im Internet als auch in Buchform abrufbar waren. Dies deckte sich mit der Intension der Völklinger Hütte, allen Zwangsarbeitern ihren Namen und so weit wie möglich ihre persönliche Identität zu geben. Die jahrelange Detailforschung in den Archiven durch das Weltkulturerbeteam wurde hier zum Teil der Konzeption des Kunstwerks.

Wir unterzeichneten den Vertrag mit dem Ziel, Ende Oktober 2018 die Eröffnung des »Erinnerungsortes für die Zwangsarbeiter« zu fixieren. Am Ende seines Besuchs in der Völklinger Hütte nahm Christian Boltanski mich zur Seite und eröffnete mir, dass ihn das Projekt und auch der Ort Völklinger Hütte sehr bewege, und dass er in dem Projekt ein großes Ziel seiner Kunst verwirklicht sehe. »Ich mache Dir mit den Spinden, Licht und Aussagen der Arbeiter in dieser Fabrik eine weitere Installation als Erinnerung an alle Hüttenarbeiter der Völklinger Hütte, und ich verlange dafür kein Honorar.« Ich nahm dieses großartige Angebot sehr gerne an. Die Idee für »Erinnerungen | Souvenirs | Memories«[10] begann Wirklichkeit zu werden, neben der Vorbereitung des »Zwangsarbeiterprojektes« tauschten wir Vorschläge für passende Spinde und Zeitzeugenaussagen aus. Am 30. Oktober 2018 wurden beide Installationsprojekte von Christian Boltanski eröffnet.[11]

Am 14. Juli 2021 starb der Weltkünstler Christian Boltanski im Alter von 76 Jahren in Paris. Seine großen Themen waren die Vergänglichkeit und die Zeit, das Erinnern und der Tod. Dreimal war Christian Boltanski als Teilnehmer zur documenta nach Kassel eingeladen. 1971 lud ihn der Schweitzer Ausstellungsmacher Harald Szeemann (1933–2005) ein, um einen Beitrag zum Thema »Befragung der Realität – Bildwelten heute« zu leisten. Diese documenta 5 gilt bis heute als die wichtigste documenta. Manfred Schneckenburger (1938–2019) zeigte Christian Boltanski 1977 auf der documenta 6 und 1987 auf der documenta 8 in Kassel.

Zeit seines Lebens setzte sich Christian Boltanski in seinen Arbeiten mit der Erinnerung an den Holocaust auseinander. Er wurde als Sohn eines jüdischen Arztes aus der Ukraine und einer links-katholischen Mutter aus Korsika nach dem Ende der deutschen Besatzung im befreiten Paris geboren. Seine Werke sind weltweit in allen wichtigen internationalen Kunstsammlungen vertreten. Christian Boltanski gilt als Mitbegründer der Konzeptkunst »Spurensicherung« und ist einer ihrer Hauptvertreter. 2006 bekam er den »Praemium Imperiale«, den »Nobelpreis« der Künste. Immer wieder setzt er sich mit seiner eigenen Vergangenheit und ihrer Rekonstruktion intensiv auseinander.

»Schweigen, das einem Tosen gleicht«

hat Barbara Catoir ihre Besprechung des Werks von Christian Boltanski in der FAZ[12] vom 15. November 2018 übertitelt. »Denn das Geheimnis der Erlösung heißt Erinnerung: Der Künstler Christian Boltanski macht Zwangsarbeiter in Völklingen sicht- und hörbar«, schreibt sie weiter und verweist damit auf den besonderen Zugang, den dieses Kunstwerk leistet. Es ist eine vollständig andere Welt, die hier geschaffen ist. Die Besucher treten in die enge, sehr spärlich durch wenige elektrische Glühlampen beleuchtete Gasse, die sich aus den bis zur Decke übermannshoch gestapelten gleichgroßen Archivkästen bildet. Man befindet sich hier mittendrin im Archiv mit seiner imaginären Macht. Das Altern und die Vergänglichkeit haben auf den Archivkästen ihre Spuren hinterlassen. Hier herrscht eine Grabesruhe bis zu dem Moment, wenn die Flüsterstimmen die Namen der Zwangsarbeiter skandieren. Ein Schauer rennt über den Rücken und lässt die Kälte des Ortes sofort bewusst werden. Unweigerlich stellt sich die Vorstellung einer immer gleichartigen, aber vergangenen behördlichen Erfassung von Menschen ein, seien sie nun lebendig oder tot. Diese sich einstellende Vorstellung von Registrierung macht aus den Lebewesen Sachen.

Am Ende des langen Ganges weiten sich die Archivwände zu einem quadratischen Raum, in dessen Mitte ein großer Berg abgelegter Kleider aufgetürmt ist. Diese Gegenwelt packt den Menschen und bohrt sich wie ein fester Pfahl in das Bewusstsein. Dieses Berühren löst eine intensive Beschäftigung mit den Menschen aus, die an diesem Ort gezwungen wurden, eine Arbeit zu verrichten, die sie sich nicht ausgesucht haben. Im Zusammenhang mit den Vermittlungsangeboten zum Thema »Zwangsarbeit« entsteht eine ständige und umfassende Beschäftigung mit dem Thema, das sich vom Fokus »Zwangsarbeit in der Völklinger Hütte« weitet bis zur Gegenwart und eine Mahnung für die Zukunft darstellt.

Die beiden letzten Hauptwerke »Die Zwangsarbeiter – Erinnerungsort in der Völklinger Hütte«[13] und »Erinnerungen | Souvenirs | Memories«[14] von Christian Boltanski für das Weltkulturerbe Völklinger Hütte leisten einen wesentlichen Beitrag zur Erkenntnis unseres Selbst. Christian Boltanski verdichtete hier die Summe seiner künstlerischen Erkenntnis, die er bereits einzeln in früheren Installationen eingesetzt hat: die unendliche Zahl rostiger Metallkästen und deren Arrangement zu beklemmenden Mauern, die im gleichartigen Rhythmus platzierten Glühbirnen, die von der Decke hängen, und ein spärliches diffuses Licht erzeugen, das Flüstern und die ungetragenen schwarzen Mäntel.

Die Installation von Christian Boltanski wird an dem besonderen Ort der Völklinger Hütte mit ihrer brutalen Anmutung zum lauten Echoraum der Erinnerung an die 1.446 Zwangsarbeiter im Ersten Weltkrieg und die 12.393 Zwangsarbeiter im Zweiten Weltkrieg, die an diesem Ort ihre schwere menschenverachtende Arbeit verrichten mussten. Christian Boltanski hat bei hoher Ähnlichkeit in der Anmutung der eingesetzten Mittel einen Ort geschaffen, der wie ein verdichtetes Zentrum mitten hineingesetzt ist in diese Maschinenwelt und sich doch vollständig von ihr unterscheidet. Der Verweis auf die Einzelschicksale der Zwangsarbeiterinnen und Zwangsarbeiter, die einmal in dieser Völklinger Hütte gearbeitet haben, ist eindringlich unumkehrbar und sehr tief. Lässt man sich auf diese Installation ein, werden Dimensionen der Schwere dieser Zwangsarbeit, der Schicksale, des Eingebundenseins in diese brutale Mensch-Maschine-Konstellation, aber auch die Erinnerung an die Menschen, die vergangene Zeit und die Vergegenwärtigung heute direkt anschaulich und erlebbar.

Christian Boltanskis letzte großen Werke sind Mahnmale des Erinnerns und konstitutiver Teil unseres menschlichen Bewusstseins. Erinnerungen stehen gleichwichtig neben unseren Beobachtungen in der Welt, unseren rationalen Ableitungen von Zusammenhängen und unseren Fantasien und Träumen. Erinnerungen sind ähnlich wie die Liebe nicht im rational logischen Denken fundamentiert, sondern in einem Bereich unseres Menschseins angesiedelt, zu dem auch das seelische Empfinden, der Glaube und die Hoffnung zählen, die mit ihren Zielen weit in die Zukunft reichen.

Erinnerungen können für uns mächtige Wegzeiger für die Gegenwart und das Kommende sein. Sie geben Orientierung und damit Sicherheit, die weit über unsere Vorstellung von Gewissheit hinausgeht.

Erinnerungen können sich auf persönliche Erfahrungen beziehen und Grundlage unseres Urteilsvermögens sein.

Das Werk Christian Boltanskis liefert auf der Folie der wissenschaftlichen Erarbeitung des Themas Zwangsarbeit den entscheidenden Schlüssel zu ihrem Verständnis.

Prof. Dr. Meinrad Maria Grewenig ist 1954 in Saarbrücken geboren, verheiratet und hat drei Kinder. Er ist Präsident von ERIH – European Route of Industrial Heritage und Vorsitzender des Beirates der Stiftung Sayner Hütte. Meinrad Maria Grewenig lehrt Kulturmanagement an der Universität des Saarlandes und der htw – Hochschule für Technik und Wirtschaft des Saarlandes. Seit 2019 ist Meinrad Maria Grewenig freiberuflich tätig als Konzeptentwickler für Kultur und Ausstellungen sowie als wissenschaftlicher Autor. Von 1999 bis 2019 war er Gründungsgeneraldirektor und Leiter der Geschäftsführung des Weltkulturerbe Völklinger Hütte – Europäisches Zentrum für Kunst und Industriekultur GmbH, parallel dazu auch 2011 bis 2013 Geschäftsführender Vorstand der Stiftung Saarländischer Kulturbesitz und Direktor des Saarlandmuseums, von 1992 bis 1999 Direktor des Historischen Museums der Pfalz Speyer und Geschäftsführender Vorstand der Museumsstiftung. Von 1984 bis 1992 war er als Wissenschaftler am Saarlandmuseum Saarbrücken tätig, seit 1989 als Stellvertretender Direktor.
Seit 1972 erhielt er zahlreiche Auszeichnungen und Ehrungen, jüngst 2016 Chevalier dans l'Ordre national du Mérite de la République de France, verliehen für die außerordentliche Lebensleistung und die grenzüberschreitende kulturelle Arbeit vom Präsidenten der Republik Frankreich.
Meinrad Maria Grewenig hat mit seinen Teams seit 1984 mehr als 250 Ausstellungen von altägyptischer Zeit bis zur Kunst des 21. Jahrhunderts einschließlich fünf UrbanArt Biennalen® konzipiert und realisiert. Sein Schriftenverzeichnis umfasst mehr als 350 Publikationen, davon über einhundert verfasste bzw. herausgegebene Bücher.

Foto: Benny Dutka

Anmerkungen

1 So die Aussage der LEG Saar beim Erwerb und der Übergabe der Hochofenanlage der Völklinger Hütte 1999.

2 Zur wissenschaftlichen Literatur zur Völklinger Hütte mit Bezügen zur Zwangsarbeit in der Hütte in chronologischer Abfolge:

Meinrad Maria Grewenig (Hg.), Die Völklinger Hütte – Weltkulturerbe Völklinger Hütte, Europäisches Zentrum für Kunst und Industriekultur. Fotografien von Franz Mörscher, mit Beiträgen von Peter Backes (= Edition Völklinger Hütte), Ostfildern-Ruit, 2001; 2. ergänzte Auflage, Annweiler 2007.

Ders. (Hg.), Die Röchlings und die Völklinger Hütte, mit Beiträgen von Peter Backes, Meinrad Maria Grewenig, Hendrik Kersten, Inge Plettenberg und Christian Reuther, Annweiler 2014 [englische Übersetzung von James Rumball, Annweiler 2014].

Ders. (Hg.), Internationale wissenschaftliche Konferenz »Die Röchlings und die Völklinger Hütte« mit Beiträgen von Susanne Bauer, Marcel Boldorf, Patrick Fridenson, Meinrad Maria Grewenig, Hans-Christian Herrmann, Rainer Hudemann, Christian Jansen, Inge Plettenberg, Christian Reuther, Olaf Schmidt-Rutsch, Norbert Tempel, Martin Walter (= Edition Völklinger Hütte), Völklingen 2015.

Ders. (Hg.), Zwangsarbeit in der Völklinger Hütte – deutsche und europäische Bezüge, mit Beiträgen von Marcel Brüntrup, Gabriella Hauch, Hans-Christian Herrmann, Fabian Lemmes, Inge Plettenberg, Christian Reuther, Mark Spoerer (= Edition Völklinger Hütte), Völklingen 2018.

Inge Plettenberg, Zwangsarbeit in der Völklinger Hütte, hg. von Meinrad Maria Grewenig (= Edition Völklinger Hütte), Völklingen 2018.

Christian Reuther, Zwangsarbeit in Völklingen. Eine Bestandsaufnahme (= Fulcolingas. Beiträge zur Geschichte der Stadt Völklingen Bd. 4), Völklingen 2018.

Meinrad Maria Grewenig (Hg.), Christian Boltanski, Die Zwangsarbeiter – Erinnerungsort in der Völklinger Hütte. Erinnerungen, Souvenirs, Memories, mit Beiträgen von Peter Backes, Meinrad Maria Grewenig, Frank Krämer, Inge Plettenberg, Werner Spies (= Edition Völklinger Hütte), Esslingen 2018.

Ders. (Hg.), Die Zwangsarbeiter in der Völklinger Hütte im Ersten und im Zweiten Weltkrieg. Deutsch – Englisch – Französisch (= Edition Völklinger Hütte), Esslingen 2018.

[auch als kostenfreier Download: https://voelklinger-huette.org/assets/Historische-Dokumente/Text_PDF_Dateien/Zwangsarbeiterliste_01.pdf, aufgerufen 20. Juli 2022].

Ders./ Arno Harth(Michael Schley (Hg.), Weltkulturerbe Völklinger Hütte. Europäisches Zentrum für Kunst und Industriekultur: 1999–2019 – einer der spannendsten Orte der Welt, mit Beiträgen von Mira Anna-Weigand, Peter Backes, Daniel Bauer, Jeanette Dittmar, Meinrad Maria Grewenig, Arno Harth, Michael Schley (= Edition Völklinger Hütte in der Edition Cantz), Esslingen 2019.

Ders. (Hg.), Die Röchlings und die Völklinger Hütte, mit Beiträgen von Peter Backes, Meinrad Maria Grewenig, Hendrik Kersten, Inge Plettenberg und Christian Reuther (= Edition Völklinger Hütte in der Edition Cantz 2019), Esslingen 2019, erweiterte und veränderte Auflage von 2014.

3 Neben der in Fußnote 2 genannten Literatur zur Völklinger Hütte waren es auf vielfältige Weise seit dem Jahre 2000 die Multimediaeinführungen, die Informationshinweise und die Audioguides, die immer wieder das Thema »Zwangsarbeit auf der Hütte« ins Zentrum stellten.

[4] Vgl. Meinrad Maria Grewenig (Hg.), Internationale wissenschaftliche Konferenz »Die Röchlings und die Völklinger Hütte« mit Beiträgen von Susanne Bauer, Marcel Boldorf, Patrick Fridenson, Meinrad Maria Grewenig, Hans-Christian Herrmann, Rainer Hudemann, Christian Jansen, Inge Plettenberg, Christian Reuther, Olaf Schmidt-Rutsch, Norbert Tempel, Martin Walter (= Edition Völklinger Hütte), Völklingen 2015.

[5] Vgl. Meinrad Maria Grewenig (Hg.), Zwangsarbeit in der Völklinger Hütte – deutsche und europäische Bezüge, mit Beiträgen von Marcel Brüntrup, Gabriella Hauch, Hans-Christian Herrmann, Fabian Lemmes, Inge Plettenberg, Christian Reuther, Mark Spoerer (= Edition Völklinger Hütte), Völklingen 2018.

[6] Siehe besonders den Band von Meinrad Maria Grewenig (Hg.), Die Zwangsarbeiter in der Völklinger Hütte im Ersten und im Zweiten Weltkrieg. Deutsch – Englisch – Französisch (= Edition Völklinger Hütte), Esslingen 2018.

[7] Vgl. Inge Plettenberg, Zwangsarbeit in der Völklinger Hütte, hg. von Meinrad Maria Grewenig (= Edition Völklinger Hütte), Völklingen 2018.

[8] Mehr als 330.000 Besucher sahen diese Ausstellung während ihrer Laufzeit.

[9] Vgl. Christian Boltanski – Faire son Temps, im: Centre Pompidou Paris vom 13. November 2019 bis 16. März 2020.

[10] Vgl. Christian Boltanski (1944 Paris – 2021 Paris), Erinnerungen | Souvenirs | Memories 2018, Mixed-Media mit 91 historischen Arbeiterspinden der Völklinger Hütte, Licht, Sound (Erinnerungen an die Arbeit in der Völklinger Hütte von ehemaligen Hüttenarbeitern auch: https://guide.voelklinger-huette.org/de/ausstellungen/-/christian-boltanski-erinnerungen-souvenirs-memories/70 aufgerufen am 20. Juli 2022), 2,2 x 12 x 40 m (2018)

[11] Die Installation von Christian Boltanski »Erinnerungen | Souvenirs | Memories 2018« war zuerst in der Erzhalle zu sehen und wurde mit Autorisierung des Künstlers in die Möllerhalle transferiert.

[12] Vgl. Barbara Catoir, https://zeitung.faz.net/faz/feuilleton/2018-11-15/schweigen-das-einem-tosen-gleicht/230203.html?GEPC=s5 aufgerufen am 20. Juli 2022.

[13] Vgl. Christian Boltanski (*1944 Paris – 2021 Paris), Die Zwangsarbeiter – Erinnerungsort in der Völklinger Hütte 2018, Mixed-Media, metallene Archivkästen, Kleidungsstücke, Licht, Sound (die Namen der Zwangsarbeiter geflüstert | auch: https://guide.voelklinger-huette.org/de/ausstellungen/christian-boltanski-die-zwangsarbeiter-erinnerungsort-in-der-voelklinger-huette/ aufgerufen am 20. Juli 2022), 3,3 x 6 x 18 m; siehe dazu: Meinrad Maria Grewenig, Seite 34 – 57.

[14] Vgl. Christian Boltanski (*1944 Paris – 2021 Paris), Erinnerungen | Souvenirs | Memories 2018, Mixed-Media mit 91 historischen Arbeiterspinden der Völklinger Hütte, Licht, Sound (Erinnerungen an die Arbeit in der Völklinger Hütte), siehe auch Fußnote 10.

Der Blick vom himmlischen Jerusalem in die reale Politik – das Haus »Am Ludwigsplatz 11«

Von Thomas Bergholz,
Pfarrer der Ev. Kirchengemeinde Alt-Saarbrücken

Als Fürst Wilhelm Heinrich und sein genialer Baumeister Friedrich Joachim Stengel gemeinsam den Neubau der Ludwigskirche planten, stand von Anfang an fest, dass sie der Mittelpunkt eines neuen Platzes mit einer einheitlichen Bebauung nach dem Vorbild der französischen »places royales« sein sollte. Die kunsthistorische Bedeutung der Kirche beruht zu einem nicht unwesentlichen Teil auf dieser Gesamtkonzeption. So wie die Kirche im Innern das Zusammenspiel und zugleich das Gegenüber von Kirche und Staat nach dem theologischen Konzept der lutherischen Zwei-Reiche-Lehre in gebaute Architektur verwandelt, so ist auch die Ludwigskirche im Kontext der sie umgebenden Palais‘ der geistliche Mittelpunkt einer irdischen, von Menschen belebten und von der Politik gestalteten realen Welt.

Dr. Thomas Bergholz

Als Wilhelm Heinrich auf der Suche nach Bauherren für die von Stengel entworfenen Stadthäuser war, mussten die geistlichen Träger durchaus zu ihrem Glück gezwungen werden: Das Stift St. Arnual, die reformierte und die lutherische Gemeinde übernahmen den Bau je eines dieser Häuser. Im 19. Jahrhundert kam dann noch die Diakonie in Gestalt der »Herberge zur Heimat« hinzu. Und wenn nach einer neuen kunsthistorischen Deutung für den Ludwigsplatz nicht nur die weltlichen »places royales«, sondern auch das »himmlische Jerusalem« (so Stefan Heinlein) als Leit- und Vorbild dienen, dann kann es für die heutige Nutzung der Häuser kaum eine schönere Vielfalt geben, wie sie das Haus Nr. 11 bietet: Hier wohnen ganz ›normale‹ Menschen, hier arbeitet das Büro der Ev. Kirchengemeinde – und hier hält seit vielen Jahrzehnten das Evangelische Büro den Kontakt zwischen Kirche und Staat aufrecht, direkt gegenüber der Staatskanzlei.

In diesem Sinne grüßt die Ev. Kirchengemeinde als Erbauerin und Eigentümerin des Hauses Nr. 11 das Evangelische Büro zu seinem Jubiläum und wünscht den Mitarbeiter*innen, dass sie viele weitere Jahre und Jahrzehnte die Verbindung zwischen Geistlichem und Weltlichem fruchtbar pflegen können.

BLUMEN FÜR DAS EVANGELISCHE BÜRO

Grußworte
aus verschiedenen gesellschaftlichen,
politischen und kirchlichen
Bereichen/Arbeitsfeldern

Grußworte

ehemaliger und derzeitiger

kirchlich Verantwortlicher

Kompassfunktion, um das Saarland zu verstehen

Grußwort

Manfred Rekowski

Präses der Ev. Kirche im Rheinland von 2013 bis 2021

Die Evangelische Kirche im Rheinland ist ein ganz besonderes Gebilde. Ihr Gebiet erstreckt sich über vier Bundesländer: Nordrhein-Westfalen, Rheinland-Pfalz, Hessen und last, but not least, das Saarland. Naturgemäß lebt der Präses, der leitende Geistliche dieser Kirche, in dem Bundesland, in dem sich das Landeskirchenamt befindet: Nordrhein-Westfalen. Selbst wenn man regelmäßig das Saarland besucht und den Kontakt zu den beiden Kirchenkreisen im Saarland hält, ist man über die Landespolitik dieses Bundeslandes nur fragmentarisch informiert. Man nimmt insbesondere wahr, was aus diesem Bundesland überregional berichtet wird: Wahlen, wirtschaftliche Strukturveränderungen, herausragende Innovationen oder – eher selten – auch Krisen und Skandale.

Während meiner Amtszeit in den Jahren von 2013 bis Anfang 2021 hatte das Evangelische Büro im Saarland für mich die wichtige Funktion, die landespolitische Situation einzuschätzen und zu interpretieren. In dem recht übersichtlichen Bundesland, in dem Kontaktpflege und Beziehungen eine große Rolle spielen, nimmt das Evangelische Büro eine Kompassfunktion wahr. Das Auffinden von Tretminen steht wohl nicht in der Dienstanweisung des Beauftragten, war und ist aber auch eine seiner Aufgaben. Die Interpretation der besonderen Geschichte des Saarlandes durch den Beauftragten war mir auch regelmäßig eine große Hilfe in meiner Amtsführung.

Im saarländischen Bundesland sind zwei Landeskirchen tätig: neben der Evangelischen Kirche im Rheinland auch die Evangelische Kirche der Pfalz. Auch wenn beide Kirchen seit jeher sehr partnerschaftlich zusammenarbeiten, gab und gibt es doch auch immer wieder Abstimmungs- und Klärungsbedarf. Dies gilt auch für das Bistum Trier, zu dem

Foto: EKiR/Eric Lichtenscheidt

Grußwort — *Manfred Rekowski*

das katholische Saarland gehört. Der Beauftragte trägt viel zu einer abgestimmten Vorgehensweise der Kirchen im Saarland bei.

Ich bin für die Unterstützung durch das Evangelische Büro sehr dankbar. Am Ende meiner Amtszeit war ich sicher noch kein Saarland-Experte, aber ich wurde doch ansatzweise ein »Saarland-Versteher«.

Brückenbauer und Dolmetscher an der Schnittstelle von Staat und Kirche

Grußwort

Dr. h.c. Christian Schad

Kirchenpräsident der Evangelischen Kirche der Pfalz (Protestantische Landeskirche) von 2008–2021

23 Jahre habe ich Verantwortung in der Kirchenleitung der Evangelischen Kirche der Pfalz (Protestantische Landeskirche) übernommen. 10 Jahre als Oberkirchenrat mit den Schwerpunkten Liturgie und Diakonie, Seelsorge, Mission, Ökumene und Kirchenmusik, 13 Jahre als Kirchenpräsident. Fast an jedem Sonn- und Feiertag habe ich in dieser Zeit in pfälzischen und saarpfälzischen Gemeinden gepredigt und Gemeinschaft mit den Gemeindegliedern erlebt. Ich kenne die Situation vor Ort, auch vom westlichen Teil meiner Landeskirche. Dabei steht mir immer auch die wechselvolle Geschichte des heutigen Saarlandes vor Augen. Bereits 1919 einsetzende Versuche, hier eine eigenständige evangelische Landeskirche zu gründen, scheiterten am Widerstand der Gemeinden und ihrer Pfarrer. Auch nach dem 2. Weltkrieg waren die Bestrebungen, im Saarland eine eigene Landeskirche zu bilden, ohne Erfolg. Die bisherige Zuordnung blieb erhalten und geht bekanntlich über die politischen Grenzen hinweg. Das zeigt, wie sehr sich die ca. 38.000 Protestantinnen und Protestanten in den 32 saarpfälzischen Kirchengemeinden der Kirchenbezirke Homburg, Zweibrücken und Kusel mit der Evangelischen Kirche der Pfalz verbunden fühlen. Sie ist die Kirche zwischen Rhein und Saar. Entsprechend ist es meine Landeskirche gewesen, die vor 60 Jahren gemeinsam mit der Evangelischen Kirche im Rheinland das Amt des Beauftragten bei der Landesregierung in Saarbrücken wieder- bzw. neu eingerichtet hat. Seither ist das Evangelische Büro Saarland Ansprechpartner der beiden auf dem Gebiet des Saarlandes vertretenen evangelischen Landeskirchen. Es organisiert die Kontakte mit dem saarländischen Landtag, der Regierung und der Staatskanzlei, den politischen Parteien sowie den unterschiedlichen zivilgesellschaftlichen Organisationen, die auf Landesebene aktiv sind. Auch die regelmäßig stattfindenden Jahresempfänge der Landeskirchen werden durch das Evangelische Büro vorbereitet. Insofern die Verantwortung der Regierenden und Regierten, so die V. These der Barmer

Foto: Winfried Rothemmel

Grußwort — *Dr. h.c. Christian Schad*

Theologischen Erklärung von 1934, durch die Erinnerung »an Gottes Reich, an Gottes Gebot und Gerechtigkeit« bewusst gemacht und im Letzten begründet wird, muss es gerade inmitten der Unterscheidung von Kirche und Staat, von Glaube und Politik eine positive Beziehung und Zuordnung zwischen beiden geben – und eben kein gleichgültiges Nebeneinander. Dass ich im Saarland immer ein von wechselseitigem Vertrauen getragenes Miteinander von Staat und Religionsgemeinschaften angetroffen habe, im Bewusstsein der Verantwortung gegenüber den uns gemeinsam anvertrauten Menschen, ist auch das Verdienst des Beauftragten der Evangelischen Kirchen und seiner Mitarbeiterin. So sage ich an dieser Stelle ausdrücklich dem gegenwärtigen Amtsinhaber, Herrn Kirchenrat Frank-Matthias Hofmann, und seiner Mitarbeiterin von Herzen Dank für ihr außerordentliches Engagement als Brückenbauer und Dolmetscher an der Schnittstelle von Staat und Kirche beziehungsweise Glaube und Politik. Ich wünsche ihnen persönlich und für ihre verantwortungsvolle Arbeit weiterhin alles nur erdenklich Gute und in allem Gottes reichen Segen!

»Fürchtet Gott, ehrt den König« (1.Petr. 2,17)

Grußwort

Dr. h.c. Nikolaus Schneider

Präses der Evangelischen Kirche im Rheinland von 2003 – 2013

Ansprechpartner für Politik, Parteien und Verbände zu sein, das ist meist die »vornehme« Aufgabenbeschreibung von Lobbybüros. Dass das »Evangelische Büro im Saarland« einen anderen Anspruch hat, hängt mit der theologischen Grundlegung seiner Arbeit zusammen. Das oben genannte Bibelwort ist der 5. These der Barmer Theologischen Erklärung vorangestellt. In ihr wird das Verhältnis von Kirche und Staat nach ihren je eigenen Aufgaben bestimmt.

»Fürchtet Gott, ehrt den König« – das klingt nach einem Gebot vordemokratischer Zeiten. Und ein laut geäußerter öffentlicher Zweifel an der Ehrwürdigkeit von Regierenden gehört zum demokratischen Selbstwertgefühl vielen Menschen.

Und doch: Mit Gottesfurcht die Regierenden zu ehren, das scheint mir auch heute ein tragfähiger Ansatz für die Arbeit des »Evangelischen Büros« zu sein.

Regierende ehren, das heißt für mich zuerst und ganz grundsätzlich: die Arbeit der Verantwortlichen staatlicher Machtausübung auch als eine »Beauftragung« Gottes zu verstehen und zu respektieren. Regierende ehren, heißt dabei konkret: Das »Evangelische Büro« befragt den Alltag saarländischer Politik danach, inwiefern sie dem in »Barmen 5« formulierten Auftrag des Staates nachkommt, »...unter Androhung und Ausübung von Gewalt für Recht und Frieden zu sorgen«. Recht und Frieden sollen die Ziele politischer Machtausübung sein!

Um Maßstäbe zum Erreichen dieser Ziele ins Spiel zu bringen, »erinnert« das »Evangelische Büro« gemäß »Barmen 5« als Ausdruck der Ehrfurcht vor Gott je konkret »... an

Foto: Hans-Jürgen Vollrath/EKiR.de

Grußwort — *Dr. h.c. Nikolaus Schneider*

Gottes Reich, an Gottes Gebot und Gerechtigkeit und damit an die Verantwortung der Regierenden und Regierten«.

In dieser biblischen Bindung bereitet das Evangelische Büro die etwa bei Kabinettsgesprächen anstehenden Sachfragen auf und formuliert Ratschläge zur Form kirchlicher Argumentation. So vertritt das Evangelische Büro auch öffentlich die Belange der Landeskirchen und der Kirchengemeinden des Saarlandes. Dabei sind wir dessen gewiss, dass diese Form der Aufgabenwahrnehmung nicht lobbyistisch kirchliche Interessen zur Geltung bringt, sondern dem Wohl der gesamten Bevölkerung im Saarland dient. Und genau so habe ich in meiner Präseszeit das Wirken der »Beauftragten«, Jo Brandt und Frank-Matthias Hofmann, dankbar wahrgenommen.

Protestantische Präsenz und Garant für gute beratende Begleitung

Grußwort

Eberhard Cherdron

Kirchenpräsident der Evangelischen Kirche der Pfalz (Protestantische Landeskirche) von 1998–2008

Gerne grüße ich zum 60-jährigen Jubiläum die Mitarbeitenden im Ev. Büro Saarland. Mit dem Saarland war ich schon früh durch mein Vikariat in Homburg und Oberbexbach verbunden. Zudem studierte meine Frau an der Pädagogischen Hochschule in Saarbrücken und war auch kurze Zeit saarländische Lehrerin. Bei den späteren Besuchen im Ev. Büro wurde ich immer an diese Zeit erinnert, befand sich doch damals die Päd. Hochschule an dem Platz, an dem auch heute noch das Ev. Büro seine Heimstatt hat.

Aus dieser Zeit war ich dann auch schon mit dem späteren Kirchenrat Wilhelm Kentmann gut bekannt. Ich erinnere mich an viele interessante Gespräche, in denen es um die besondere saarländische Situation ging.

So richtete sich auch mit meiner Tätigkeit auf der landeskirchlichen Ebene als Landesjugendpfarrer mein Blick immer wieder zum Saarland, auch wenn natürlicherweise die landespolitischen Beziehungen nach Mainz deutlich dominierten. Das galt sicher auch für die Zeit meiner Tätigkeit in der Diakonie.

Mit der Tätigkeit in der Kirchenleitung verstärkte sich die Blickrichtung nach Saarbrücken, und ich lernte das Evangelische Büro als engagiertes Zentrum für die Interessen der Ev. Kirchen besser kennen. Für die Mitglieder der Kirchenleitungen aus Düsseldorf und Speyer war das Büro immer ein Ort des gemeinsamen Austauschs und der Pflege guter Beziehungen. Das galt tatsächlich zuerst einmal auch dem geschwisterlichen Miteinander, fand dann aber seine immer gut vorbereitete Fortsetzung in den Treffen und Gesprächen auf politischer Ebene.

Foto: Klaus Landry

Grußwort — *Eberhard Cherdron*

Die gute Vernetzung der Leiter des Ev. Büros in der saarländischen Politik und Gesellschaft war immer zu spüren und ein Garant für die gute beratende Begleitung. Die politischen Wechselfälle und Veränderungen in der saarländischen Politik waren immer zu beachten. Dazu gehörte, dass die Vertreter der Parteien und der Regierung im Wechsel der Wahlausgänge unterschiedliche Erwartungen an kirchliches Handeln hatten. Sicherlich ist das auch heute noch ein Thema. Doch war die grundsätzliche partnerschaftliche Zusammenarbeit nie in Frage gestellt. Auch dazu hat die Arbeit des Ev. Büros wesentlich beigetragen.

So denke ich gerne an die Zusammenarbeit durch all die Jahrzehnte zurück und bin im Rückblick all denen dankbar, die dort im »fernen« Saarbrücken so hervorragend protestantische Präsenz möglich machten.

Verlässlicher und engagierter (Gesprächs-)partner und Impulsgeber

Grußwort

Katrin Hatzinger

Oberkirchenrätin und Leiterin des EKD-Büros Brüssel

»Das Saarland liegt im Südwesten von Deutschland an der Grenze zu Frankreich und Luxemburg. Es ist von der Natur reich ausgestattet und überschaubar. Achtmal wechselte das Land in 200 Jahren seine Nationalität, nicht aber seine Identität.«

Nach jahrelangen Krisen, insbesondere in der Montanindustrie, hat sich das Saarland heute zu einer Modellregion für die Bewältigung des Strukturwandels entwickelt. Spitzenplätze im bundesweiten Vergleich – von der Rückführung der Arbeitslosigkeit bis hin zu zahlreichen Existenzgründungen – belegen diese positive Aufwärtsentwicklung. Das Saarland ist zukunftsgewandt, aufstrebend und selbstbewusst. Das zeigt es auch mit seinem Slogan »Großes entsteht immer im Kleinen«.

»Großes entsteht immer im Kleinen«, dieses Motto trifft nicht nur auf das Saarland zu, sondern auch auf die Arbeit des Evangelischen Büros, soweit ich sie aus der Ferne wahrnehmen kann. Das Büro ist klein, aber oho, und hat sich über die Jahre nicht nur im Saarland einen Ruf als verlässlicher und engagierter (Gesprächs-)partner und Impulsgeber erarbeitet.

Wie so oft im Leben, sind es die Menschen, die Stellen prägen, und daher wäre das Evangelische Büro nicht das, was es heute ist, ohne Frank-Matthias Hofmann. Vielleicht ist es die Arbeit im Dreiländereck zwischen Deutschland, Frankreich und Luxemburg, die seinen Blick über das Tagesgeschäft hinaus weitet für europäische Entwicklungen, den christlich-jüdischen Dialog oder für das Engagement in der Sonntagsallianz. Vielleicht ist es auch die Tatsache, gleich im Auftrag von zwei Landeskirchen, der Evangelischen Kirche im Rheinland und der Evangelischen Kirche der Pfalz, den Kontakt zu Landtag,

Grußwort — *Katrin Hatzinger*

Regierung und Ministerien zu pflegen, die dazu beiträgt, dass das Evangelische Büro im Saarland über (landeskirchliche) Grenzen hinausdenkt und arbeitet. Für einen »Grenzgänger« wie Frank-Matthias Hofmann ist die Kooperation über Konfessions- und Religionsgrenzen hinaus eine Selbstverständlichkeit, und der Strauß der Gratulanten spiegelt die Vielfalt seines Netzwerks wider.

Mein persönlicher Eindruck ist, dass im Laufe der Jahre bei dem Pfälzer Frank-Matthias Hofmann eine große Identifikation mit dem Saarland, seiner wechselvollen Geschichte und seinen Menschen, stattgefunden hat. Man spürt seine Verbundenheit mit Land und Leuten, die sich in seinen zahlreichen Kontakten in Politik, Kirche und Gesellschaft widerspiegeln. Zudem hat er sich in all den Jahren im kirchlichen Dienst erfreulicherweise einen frischen Blick bewahrt und die Bereitschaft, sich auf Neues einzulassen. Zudem ist er auch dafür bekannt, kirchliches Handeln immer wieder kritisch zu hinterfragen und nichts als gegeben hinzunehmen. Eine Eigenschaft, die (auch andere) davor bewahrt, in selbstgerechte Lethargie zu verfallen und Kirche wach und lebendig hält.

In diesem Sinne sage ich aus Brüssel ein herzliches Dankeschön für das Mit- und Querdenken aus Saarbrücken und allen engagierten Einsatz. Alles Gute und Gottes Segen für eine weiterhin segensreiche Arbeit, damit aus dem Kleinen weiter Großes wachsen kann.

Suchet der Stadt Bestes

Grußwort

Joachim Brandt

Kirchenrat i.R., Beauftragter der Evangelischen Kirchen für das Saarland von 1998 – 2006

Das Evangelische Büro Saarland feiert 60-jähriges Bestehen!

Gern blicke ich auf die Zeit meiner Tätigkeit dort zurück. Ich erlebte eine erfüllte Zeit voller Begegnungen und Herausforderungen, getragen von dem Bemühen konstruktiver Zusammenarbeit in kirchlichen und weltlichen Belangen auch in kritischen Fragen. Ich bin dankbar für diese Erfahrung, dankbar vor allem für die Hörbereitschaft und Offenheit von Seiten des Landes und öffentlichen Einrichtungen gegenüber kirchlichen Anliegen, dankbar auch für die ökumenische Zusammenarbeit. Mein besonderer Wunsch aus gegebenem Anlass ist: Mögen die, die jetzt und in Zukunft die Arbeit des Büros ausrichten, ermöglichen und begleiten, immer wieder solche aufbauenden Erfahrungen erleben, – auch in Zeiten, die für die Kirchen schwierig sind! Zu Beginn meiner Tätigkeit im Evangelischen Büro sagte mir ein engagiertes Gemeindeglied: »Ich finde Ihre neue Tätigkeit überflüssig. In Zeiten knappen Geldes könnte die Kirche hier sparen und sich auf ihre wesentlichen Aufgaben konzentrieren!« Dieser Auffassung konnte ich damals nur widersprechen, und tue es auch heute! Wozu ist die Kirche da? Kirche ist kein Selbstzweck. »Kirche ist nur Kirche, wenn sie für andre da ist«, so hat es Dietrich Bonhoeffer einmal formuliert. Darum engagiert sich Kirche mit ihrer Verkündigung, Seelsorge und Diakonie nicht nur im kirchlichen und persönlichen Bereich. Ihr Handeln ist ebenso ausgerichtet auf die Öffentlichkeit, auf den allgemein gesellschaftlichen und politischen Bereich unseres Zusammenlebens, – zum Wohle aller! »Suchet der Stadt Bestes« (Jeremia 29,7a), so hat es der Prophet Jeremia einmal dem Volk Gottes zugerufen und auch zugemutet. Er sagte dies, als Israel unter schweren Bedingungen in babylonischer Gefangenschaft leben musste! Ich denke, dieser Ruf gilt auch der Kirche heute und damit ebenso der Arbeit des Evangelischen Büros. Kirche bleibt ihrem Auftrag nur treu, wenn sie sich nicht auf sich

Grußwort — *Joachim Brandt*

selber zurückzieht. Im persönlichen wie im öffentlichen Leben ist sie gerufen, sich in den Prozess und in die Auseinandersetzungen verschiedener Meinungen einzubringen. Nicht um letztlich ihre Position zu sichern, sondern um als »Kirche für andre« und besonders für die Benachteiligten in Kirche und Gesellschaft da zu sein und gemeinsam nach Lösungen zu suchen. Kirche bringt sich ein, – »non vi, sed verbo«, in Wort und Tat. Sie tut dies mit der Stimme des Evangeliums im Ohr, das allen Geschöpfen Gottes voraussetzungslose Liebe zuspricht. In diesem Sinne wünsche ich dem Evangelischen Büro Saarland auch in Zukunft ein segensreiches Wirken.

Ad multos annos!

Diskret und im Hintergrund

Grußwort

Christian Weyer

Superintendent und Vorsitzender des Vorstands des Kirchenkreisverbandes An der Saar

Gibt man in einer Internet-Suchmaschine den Begriff »Evangelisches Büro« ein, sind die Funde nicht üppig. Das mag damit zusammenhängen, dass die Arbeit des Evangelischen Büros so angelegt ist, dass diese eher diskret und im Hintergrund stattfindet. Immerhin gibt es einen knappen Artikel bei Wikipedia, in dessen grundlegendem Teil (der auch wiederum nur aus wenigen Sätzen besteht) es heißt: »Der Beauftragte soll den Kontakt zu den Ministerien, Parteien und Organisationen halten und die EKD und Kirchen über aktuelle Entwicklungen informieren. Auf diese nimmt er Einfluss, indem er Stellungnahmen im Namen der EKD bzw. der Landeskirchen abgibt. Gleichzeitig besteht damit für die Politik ein einheitlicher Ansprechpartner zu ggf. mehreren Landeskirchen in einem Bundesland.« Im Saarland vertritt das Evangelische Büro die Evangelische Kirche im Rheinland und die Evangelische Kirche der Pfalz (Protestantische Landeskirche) gegenüber dem Landtag und der Landesregierung. Da ich erst seit 1991 im Saarland tätig bin, habe ich aus eigener Anschauung die Beauftragten Ohly, Brandt und Hofmann erlebt. Im Superintendentenamt und als Vorsitzender des Vorstands des Kirchenkreisverbandes An der Saar waren die Beauftragten für uns immer dann Ansprechpartner, wenn es um Angelegenheiten ging, die zwischen der evangelischen Kirche und dem Bundesland Saarland zu regeln sind. Das betraf vor allem den schulischen Bereich, aber z. B. auch die Förderung der kreiskirchlichen bzw. verbandlichen Jugendarbeit und der Jugendpfarrstelle, bzw. Diakonenstelle für Jugendarbeit.

Wir sind froh, in solchen Fragen immer wieder auf eine Kommunikation zwischen Kirche und Politik zu setzen, die sich im Laufe der Jahrzehnte bewährt hat. Es ist gut, eine Person als Ansprechpartner zu haben, die den Auftrag hat, in beide Richtungen kompe-

Foto: Thomas Seeber

Grußwort — *Christian Weyer*

tent und diplomatisch zu kommunizieren. In diesem Sinne gratuliere ich herzlich zum 60. Geburtstag des Evangelischen Büros Saarland und wünsche Gottes Segen für weitere Jahre und Jahrzehnte.

Nika Bakhia

Kreuz

Grußworte

ehemaliger und derzeitiger

politisch Verantwortlicher

Kampf für Frieden und gegen Antisemitismus

Grußwort

Oskar Lafontaine

Ministerpräsident des Saarlandes von 1985 – 1998

Anlässlich des 60. Jubiläums des Evangelischen Büros im Saarland möchte ich mich für die Zusammenarbeit herzlich bedanken. Als Abgeordneter, Oberbürgermeister von Saarbrücken und Ministerpräsident des Saarlandes erhielt ich von den Repräsentanten der evangelischen Kirche wertvolle Anregungen. Dabei ging es nicht nur um die für das tägliche Leben wichtigen sozialen Einrichtungen. Prägender für mich waren die politischen Beiträge der evangelischen Kirche. Als Student las ich mit Interesse die »Ost-Denkschrift« der evangelischen Kirche Deutschlands 1965, die die Aufgabe der Versöhnung in den Mittelpunkt der deutschen Außenpolitik rückte. Überzeugend fand ich in dieser Zeit die Beiträge des Pfarrers Hans-Dieter Osenberg im Saarländischen Rundfunk. Von der Friedensdenkschrift »Frieden wahren, fördern und erneuern« war ich regelrecht begeistert.

In der Friedensbewegung der achtziger Jahre lernte ich Helmut Gollwitzer kennen. Er war ein Mann der Bekennenden Kirche, der zur Nazizeit Widerstand leistete und verfolgten Juden half. Niemand konnte glaubwürdiger als er auf den großen Friedenskundgebungen vor allem den jungen Menschen vermitteln, wie wichtig in der Zeit des Kalten Krieges der Kampf für Frieden und Abrüstung war. In seiner Tradition steht auch der heutige Leiter des Evangelischen Büros Kirchenrat Frank-Matthias Hofmann, auch er wirbt engagiert für die Idee des Friedens und den nach wie vor überlebenswichtigen Gedanken der weltweiten Abrüstung. Der Kampf gegen den wieder aufkommenden Antisemitismus ist ihm ein besonderes Anliegen… »Schwerter zu Pflugscharen«, hinter diesem Banner müssen sich gerade in der heutigen Zeit, in der Krieg und Aufrüstung die Politik bestimmen, viele Menschen versammeln. Die Evangelische Kirche des Saarlandes wird sie dabei begleiten.

Seelsorge und Funktion als sozialer Kitt sind unverzichtbar

Grußwort

Reinhard Klimmt

Ministerpräsident des Saarlandes von 1998–1999
Vorsitzender der SPD-Fraktion im Saarländischen Landtag von 1985–1989

Als das Evangelische Büro im Saarland gegründet wurde, begann ich mein Studium an der Universität des Saarlandes. In den 60er Jahren stand die Überwindung der staatlichen Konfessionsschulen im Mittelpunkt der bildungspolitischen Auseinandersetzungen. Noch ohne politisches Mandat, als Chefredakteur der Studentenzeitung Speculum und dann als Jungsozialist warb ich schon 1964 mit Artikeln und in Veranstaltungen für die Änderung des Artikels 27 der saarländischen Verfassung. Heute erscheint uns die damals heftig ausgetragene Kontroverse eher kurios, ebenso wie die einst heftigen Konflikte bei der Führung von »Mischehen«. Von 1947 bis zum Jahre 1965 waren die Volksschulen im Saarland streng konfessionell getrennt. Der Unterricht erfolgte durch Lehrer der gleichen Konfession, die in zwei Pädagogischen Hochschulen, der Peter-Wust-Hochschule (kath.) und der Comenius-Hochschule (ev.) ausgebildet wurden. Mittelschulen und Gymnasien wurden als »christliche Gemeinschaftsschulen« geführt. Der Zeitgeist wehte aber aus einer anderen Richtung. 1965 wurde den Eltern in der Volksschule ein Wahlrecht zugestanden zwischen Konfessionsschule und christlicher Gemeinschaftsschule. 1969 kam es dann zur großen Verfassungsreform, die zuerst zu einem Reförmchen zu werden drohte, da sich SPD und CDU darauf verständigt hatten, zwar gemeinsame Schulen, aber mit konfessionell getrennten Klassen einzuführen. Dagegen liefen wir Jungsozialisten in der SPD Sturm, verbündet mit Günter Slotta, dem Rektor der Comenius-Hochschule, der sich wiederum immer mit Superintendent Eisenbeiß und dem Ottweiler Pfarrer Martin Ohly einig wusste. Es gehört zu den frühen Höhepunkten meiner politischen Laufbahn, dass wir damals im Parteirat der SPD diese Lösung zu Fall brachten und daraufhin neu verhandelt werden musste. Am Ende dieses Prozesses stand die Umorganisation der Volksschule in Grund- und Hauptschule und ihr Beitritt zu den Christlichen Gemeinschaftsschulen. Die beiden pädagogischen Hochschulen wurden zusammengeführt. All

Foto: privat

das war auch kirchenpolitische Schwerstarbeit. Allgegenwärtig schien uns Superintendent Erich-Werner Eisenbeiß, der später auch dem jungen Oppositionsabgeordneten bereitwillig für Gespräche – meist am Rande von den das Land zusammenhaltenden Empfängen – zur Verfügung stand.

Später war es für mich als Fraktionsvorsitzender eine Selbstverständlichkeit, bei Gesetzesvorhaben oder anderen politischen Entscheidungen, auch kirchlichen Rat einzuholen, und wenn es nur darum ging, eine abweichende Auffassung zumindest anzuhören. Gerne erinnere ich mich an den knorrigen Wilhelm Kentmann und natürlich an Kirchenrat Martin Ohly.

Als Ministerpräsident wurde ich dann zum offiziellen Dialog- und Verhandlungspartner. Das herzliche Verhältnis zu Joachim Brandt machte den Gedankenaustausch leicht und angenehm; nicht von ungefähr galt dies auch für die Zeit nach meinem Ausscheiden aus politischen Ämtern.

In den sechzig Jahren – exakt auch meine Zeit im Saarland – hat sich die Gesellschaft gewandelt. Die Kirchen verlieren an Mitgliedern, müssen die Strukturen anpassen. Die Aufgaben aber bleiben. Seelsorge und soziale Funktion sind unverzichtbar, sind sozialer Kitt, der für den Zusammenhalt unserer Gesellschaft sorgt. Das kommt nicht von selbst. Es bedarf der gesellschaftlichen und politischen Flankierung. Soweit ich es beurteilen kann, leistete und leistet dies das Evangelische Büro in vorbildlicher Weise.

Wichtiger Mahner und konstruktiver Wegbegleiter

Grußwort

Peter Müller

Ministerpräsident des Saarlandes von 1999–2011

Die Bedeutung der Arbeit des Evangelischen Büros reicht weit über den Kreis der Mitglieder der beiden evangelischen Kirchen im Saarland hinaus. Ich selbst durfte dies in meiner Arbeit zunächst als Oppositionspolitiker und später als Ministerpräsident des Saarlandes in vielfältiger Weise erfahren. Bei zahlreichen Gesprächen und Veranstaltungen ergab sich die Gelegenheit, das eigene Handeln, das allzu oft durch die Hektik der Tagespolitik geprägt und belastet war, zu reflektieren und am Maßstab ethischer Grundsätze und christlicher Wertvorstellungen zu überprüfen.

Gerade der Beauftragte der Evangelischen Kirche im Saarland hat immer wieder über den Tellerrand der Aktualität hinausweisende Gedanken und Vorschläge in die politische Debatte eingebracht. Das Einfordern der Wertebezogenheit des Handelns ist sicherlich nur eine Facette der Arbeit des Evangelischen Büros in unserem Land – für dessen politisches Denken und Handeln ist dieser Beitrag aber von unschätzbarem Wert. Das Evangelische Büro ist dadurch ein wichtiger Mahner, Begleiter und Mitgestalter des politischen, geistigen und sozialen Lebens. Dies verdient besondere Anerkennung.

Ich selbst habe den Austausch mit dem Evangelischen Büro im Saarland immer als ausgesprochen anregend und bereichernd erfahren. Die Kontakte waren Chance zur Selbstreflexion, zum Hinterfragen der eigenen Position, zum Bewahren und Wiederfinden der eigenen Mitte. Natürlich gab es nicht in allen Fragen nur Übereinstimmung. Aber das muss so sein. Schließlich ist, wenn zwei immer der gleichen Meinung sind, einer überflüssig. Umso mehr wünsche ich dem Evangelischen Büro im Saarland, dass es auch in der Zukunft seiner Rolle als Mahner und konstruktiver Wegbegleiter treu bleibt, frei nach der zwar anstrengenden, aber klugen und gerade in unserer Zeit wichti-

Foto: privat

gen Maxime von Günther Eich: »Seid unbequem; seid Sand, nicht das Öl im Getriebe der Welt.«

In diesem Sinne ein herzliches Dankeschön für die wertvolle Arbeit in der Vergangenheit und alles Gute und viel Erfolg in der Zukunft.

Dank für Herzblut und Liebe zum Saarland

Grußwort

Annegret Kramp-Karrenbauer

Ministerpräsidentin des Saarlandes von 2011–2018

Das Evangelische Büro Saarland oder wie es korrekt heißt, das Büro des Beauftragten der Evangelischen Kirchen für das Saarland, feiert seinen 60. Geburtstag. Dazu gratuliere ich ganz herzlich und verbinde es mit einem tief empfundenen Dank. Dank für die Verbundenheit der Evangelischen Kirche der Pfalz und der Evangelischen Kirche im Rheinland zum Saarland und seinen Menschen. Das war und ist nicht selbstverständlich. Auch wenn die Saarländerinnen und Saarländer in ihrer Mehrheit katholisch waren und nach wie vor sind, hat das die Evangelischen Landeskirchen nie davon abgehalten, eine aktive und selbstbewusste Rolle im Saarland einzunehmen. Und das war und ist auch gut so. Ich bin heute noch stolz auf die besonders aktive Gestaltung des Lutherjahres im Saarland. Das Evangelische Büro hat dabei immer eine besondere Rolle gespielt. Es war und ist eine Art »Transmissionsriemen« zwischen den Kirchenleitungen und den politisch Verantwortlichen im Saarland. Das sichtbarste Zeichen dieser Verbindungen sind sicherlich die jährlichen Gespräche zwischen den Spitzen der Kirchenleitungen und der saarländischen Landesregierung. Dies ist aber nur die Spitze des Eisberges. Dahinter liegt eine oft von der Öffentlichkeit unbemerkte intensive Arbeit des Büros selbst, das in den informellen und formalen politischen Diskussionen und Prozessen die protestantischen Positionen und Interessen formuliert und durchaus streitbar, aber immer konstruktiv und lösungsorientiert vertritt.

Das Evangelische Büro ist aber noch viel mehr. Es ist aktiver Teil der saarländischen Gesellschaft. Und dies in den guten genauso wie in schwierigen Zeiten. Von letzteren haben die Saarländerinnen und Saarländer in den zurückliegenden 60 Jahren einige erlebt, gerade was die wirtschaftliche Lage und damit die Sorge um die Arbeitsplätze anbelangt. Aber auch in Zeiten, in denen Terror, Krieg oder die Pandemie die Menschen zutiefst

Foto: Tobias Koch, tokography

verunsichern, war das Evangelische Büro immer ein Ort von Hilfe, Trost und Orientierung, auch über unsere Landesgrenzen hinaus.

Nun ist es den Saarländerinnen und Saarländern nicht gegeben, mutlos den Kopf in den Sand zu stecken. Im Gegenteil. Wir feiern das Leben. Und auch bei diesen Gelegenheiten war das Evangelische Büro immer ein verlässlicher Partner.

Ein Büro ist immer nur so gut wie die Menschen, die in ihm arbeiten. Das gilt für die Beauftragten selbst, aber auch für das gesamte Team.

Ihnen möchte ich besonders danken für ihr Herzblut und ihre Liebe zum Saarland. Es ist gut, dass es das Evangelische Büro gibt und hoffentlich noch lange geben wird.

In diesem Sinne Danke, alles Gute und Gottes reichen Segen.

Brückenkopf für gute Kooperation

Grußwort

Tobias Hans

Ministerpräsident des Saarlandes von 2018–2022

Als Ministerpräsident des Saarlandes habe ich auf die Zusammenarbeit mit den großen christlichen Kirchen immer sehr viel Wert gelegt. Das Christentum hat unsere deutsche Geschichte und die Geschichte des europäischen Kontinents nachhaltig geprägt. Auch heute bleibt die christliche Religion ein wichtiges Fundament unseres freiheitlichen Gemeinwesens. Auf diesen vom Christentum gelegten kulturellen und ethischen Grundlagen ruht unser Staat.

Vor diesem Hintergrund haben wir von Seiten der Landesregierung auch stets die Zusammenarbeit mit den christlichen Kirchen gefördert. So hat sich auch sowohl auf der Fachebene als auch auf den Ebenen der Spitzenvertreter zwischen der Evangelischen Kirche im Rheinland und der Evangelischen Kirche der Pfalz auf der einen Seite sowie der Landesregierung auf der anderen Seite eine Kultur der Zusammenarbeit entwickelt. Besonders intensiv habe ich diese Zusammenarbeit im Bereich der sozialen Dienste erlebt, in der Diakonie, der Flüchtlingshilfe oder bei der Erarbeitung und Fortentwicklung des »Reichtums- und Armutsberichts« im Saarland.

Die »Brückenköpfe« für diese gute Kooperation liegen in der Staatskanzlei und im Büro des Beauftragten der Evangelischen Kirche. Da weder die Evangelische Kirche im Rheinland noch die Evangelische Kirche der Pfalz ihren Sitz im Saarland haben, kommt dem Evangelischen Büro eine ganz besondere Rolle zu. Der Evangelische Beauftragte ist nicht nur der »Botschafter« seiner Kirchen im Saarland. Er ist auch Verhandlungspartner der Staatskanzlei und der Ministerien sowie Ansprech- und geschätzter Gesprächspartner der politischen Verantwortlichen in der Landesregierung und im Landtag des Saarlandes – auch über die Tagespolitik hinaus.

Das Büro des Beauftragten der Evangelischen Kirchen mag räumlich und personell klein sein, aber es entfaltet eine große Wirkung im politischen und gesellschaftlichen Leben unseres Landes.

An der Seite derer, die keine Lobby haben

Grußwort

Ulrich Commerçon

Vorsitzender der SPD-Fraktion im Saarländischen Landtag

60 Jahre Evangelisches Büro im Saarland – das sind 60 Jahre der vertrauensvollen Zusammenarbeit zwischen evangelischer Kirche und der Landespolitik. Es freut mich deshalb sehr, »meiner« Kirche zu diesem Jubiläum gratulieren zu dürfen und mich für die jahrzehntelange Arbeit als wichtiger gesellschaftlicher Akteur zu bedanken.

In dem »katholischsten« aller Bundesländer fristet die evangelische Kirche mitnichten ein Schattendasein. Als Betreiberin sozialer und pflegerischer Einrichtungen, als politischer Advokat für die Schwächsten in unserer Gesellschaft, nicht zuletzt als Ort der Seelsorge ist die evangelische Kirche in unserem Land unersetzlich.

Ich habe das Evangelische Büro auch immer als starke Stimme des interreligiösen Dialoges wahrgenommen. So erinnere ich mich gut an die Diskussionen rund um die Einführung des islamischen Religionsunterrichts im Saarland. Während manche gegen einen vermeintlichen Untergang des Abendlandes polemisierten, positionierte sich die evangelische Kirche klar für das Recht auf religiöse Bildung und die Möglichkeit der Auseinandersetzung mit der eigenen Glaubenstradition im geschützten Raum. Die Unterstützung »meiner« Kirche hat mir damals viel bedeutet, und sie hat auch bedeutsam zur Akzeptanz dieses Modellprojekts beigetragen.

Als Vorsitzender der sozialdemokratischen Regierungsfraktion im Landtag des Saarlandes nehme ich die wichtige Arbeit des Evangelischen Büros auch regelmäßig im parlamentarischen Gesetzgebungsverfahren wahr. Das Evangelische Büro ist ein sachkundiger wie engagierter und deshalb auch gern gesehener Gast im Rahmen des gesetzgeberischen Anhörungsverfahrens. Es steht dabei stets an der Seite derer, die »keine Lobby« haben:

Foto: Scheffen

Arme, Kranke, Menschen, die aufgrund von Krieg und Vertreibung ihre Heimat verlassen haben.

Ebenfalls mit Blick auf die Rechte von Arbeitnehmer:innen gibt es viele Überschneidungen zwischen evangelischer Kirche und der SPD-Fraktion. So wird auch unter der neuen Landesregierung nicht am Sonn- und Feiertagsschutz gerüttelt. Und auch mit Blick auf die steigende Inflation sehe ich die evangelische Kirche als wichtige Partnerin, wenn es um den Schutz und die Entlastung derer geht, die die steigenden Preise nicht mehr aus eigener Kraft stemmen können.

Was ich mir für die kommenden Jahrzehnte von »meiner Kirche« wünsche? Mischen Sie sich weiter ein. Erheben Sie weiterhin ihre Stimme für jene, die keine Stimme haben. Bleiben Sie offen für jene, die sich vom Glauben abgewendet haben, die zweifeln, angesichts des Übels dieser Welt, und die doch nicht aufhören, zu hoffen.

60 Jahre Evangelisches Büro – eine Erfolgsgeschichte

Grußwort

Stephan Toscani

Vorsitzender der CDU-Fraktion im Saarländischen Landtag, Landtagspräsident a.D.

Das Evangelische Büro Saarland hat mit seiner erfolgreichen Arbeit und der Bilanz der vergangenen 60 Jahre eine Erfolgsgeschichte geschrieben. Als ständiger Ansprechpartner der beiden evangelischen Landeskirchen im Saarland war und ist das Evangelische Büro Saarland mit seinem engagierten Wirken seit Jahrzehnten wichtige Schnittstelle zwischen Kirche, Politik und Gesellschaft im Saarland.

Zu dieser Erfolgsgeschichte und dem 60-jährigen Bestehen gratuliere ich dem Evangelischen Büro Saarland sowie allen Protestantinnen und Protestanten herzlich!

Mit Herrn Kirchenrat Frank-Matthias Hofmann, der seit 2006 als Beauftragter der Evangelischen Kirchen für das Saarland dem Evangelischen Büro Saarland erfolgreich vorsteht, verbindet mich seit vielen Jahren eine enge und vertrauensvolle Zusammenarbeit. Als früherer Landtagspräsident durfte ich Frank-Matthias Hofmann regelmäßig als Gast bei unseren Plenardebatten begrüßen, der die Arbeit unseres Landesparlamentes und seiner Fraktionen aktiv und konstruktiv begleitete, Ideen einbrachte und sich an vielfältigen Projekten beteiligte. So zum Beispiel auch bei den ökumenischen Gebetsfrühstückskreisen der Abgeordneten des Saarländischen Landtages, welche er gemeinsam mit seiner katholischen Kollegin Frau Katja Göbel mitgestaltet.

Eine besondere und positive Rolle spielt das Evangelische Büro Saarland auch beim interreligiösen Austausch im Saarland, ebenso im Rahmen der Erinnerungskultur, einem weiteren wichtigen Schwerpunkt, ein Herzensthema, welches Kirchenrat Frank-Matthias Hofmann zudem auch als ehrenamtlicher Sprecher der Landesarbeitsgemeinschaft Er-

Foto: Landtag

innerungsarbeit im Saarland (LAGE) seit Jahren maßgeblich vorantreibt und bei dem er sich immer wieder an Kooperationen mit dem Landtag des Saarlandes beteiligt.

Für das herausragende Engagement und die erfolgreiche Arbeit des Evangelischen Büros Saarland möchte ich mich herzlich bedanken und wünsche für die Zukunft weiterhin alles Gute, viel Erfolg und Gottes Segen.

Pablo Picasso

Friedenstaube

Reproduktion

Grußworte aus kirchlichen
und diakonischen Arbeitsbereichen

Kirche und Diakonie – zwei Seiten einer Medaille

Grußwort

Udo Blank

Diakoniepfarrer, Leiter der Verbindungsstelle Saarland der Diakonie Rheinland Westfalen Lippe e.V. von 1996–2022

Sie sind zwei Seiten der einen Medaille: das Evangelische Büro und die Verbindungsstelle Saarland der Diakonie Rheinland Westfalen Lippe. Die Verbindungsstelle geht auf die Neuordnung der Wohlfahrtspflege in Deutschland 1925 zurück und vertritt die diakonischen Einrichtungen im öffentlichen Raum, vor allem die Bereiche Jugendhilfe, Behindertenhilfe, Psychiatrie, Pflege, Arbeitsmarktpolitik und Armutsbekämpfung. Da auch das Evangelische Büro bei solchen Themen häufig angefragt ist, hat sich die enge Zusammenarbeit der beiden evangelischen Stellen bewährt.

Diese Zusammenarbeit hat sich 1989 mit der Berufung von Kirchenrat Ohly zum Beauftragten neugestaltet. Martin Ohly war der erste hauptamtliche Beauftragte, der ausschließlich für das Saarland zuständig war. Als ehemaliger Superintendent im Saarland brachte er ein großes Netzwerk in Politik und Gesellschaft mit ins Amt, zu dem politische und seelsorgerische Kontakte gehörten. Die Zusammenarbeit zwischen dem Evangelischen Büro und der Verbindungsstelle wurde enger, zumal Ohly aus seiner vorherigen Tätigkeit auch intensiv in sozialpolitischen Themen aktiv war. Oftmals genügten ihm einige Informationen aus der Diakonie, um daraus fachlich fundierte und sprachlich ansprechende Stellungnahmen zu formulieren. Die enge Zusammenarbeit konnte dann mit seinen Nachfolgern Joachim Brandt und Frank-Matthias Hofmann fortgesetzt werden.

Für die Wahrnehmung evangelischer Positionen im Saarland ist es wichtig, deutlich zu machen, dass es tatsächlich eine Medaille ist, die ihren Wert hat, auch wenn das Bild manchmal wechselt. Viele Themen werden von Evangelischem Büro und Verbindungsstelle gemeinsam vertreten wie Kindertageseinrichtungen und Armutsbekämpfung. Zuweilen gibt es getrennte Stellungnahmen mit unterschiedlichen Nuancierungen. Nicht

Foto: ????????

Grußwort — *Udo Blank*

selten übernimmt es die Verbindungsstelle bei speziellen sozialen Fragestellungen für die evangelische Seite zu sprechen. Doch bei all dem bedarf es einer intensiven Abstimmung und des gegenseitigen Vertrauens. Das ist bis heute in besonderer Form gegeben.

Dafür sind wir in der Verbindungsstelle der Diakonie dankbar und setzen darauf, dass das auch in Zukunft möglich ist. So bleibt evangelische Kirche in ihren beiden Grundformen als Kirche und Diakonie, als zwei Seiten einer Medaille, im Saarland weiterhin erkennbar.

Pflege eines stabilen Netzwerkes

Grußwort

Klaus Eberl

Pfarrer, Oberkirchenrat der Evangelischen Kirche im Rheinland von 2007 bis 2019

Naturgemäß stehen im Dialog von Kirche und Bundesländern Bildungsfragen ganz oben auf der Tagesordnung. Für die Evangelische Kirche im Rheinland ist dies eine besondere Herausforderung. Da ihre Grenzen der ehemaligen preußischen Rheinprovinz entsprechen, ist es nötig, sich auf die Spezifika von vier Ländern einzustellen. Im Saarland ist dieser Dialog regelmäßig von einer gewissen Nonchalance geprägt – liebenswürdig, unbekümmert, zielgerichtet. Der Weg von Düsseldorf nach Saarbrücken ist zwar weit. Was aber die Möglichkeiten des fachlichen Austauschs und der Bewältigung von Konflikten angeht, ist er kurz. Dazu trägt auch das stabile Netzwerk bei, das das Evangelische Büro intensiv pflegt.

In den letzten Jahren stand das Thema Inklusion ganz oben auf der Agenda der Bildungsverantwortlichen. Die Implementierung inklusiver Konzepte in Kita, Schule und Hochschule entspricht – gemessen an der UN-Behindertenrechtskonvention – nur unzureichend den gesetzten Zielen. Die Kirche bringt hier eigene Erfahrung und Kompetenz mit. Schon lange hat sie sich gemeinsam mit ihrer Diakonie auf den Weg gemacht, um die Teilhabemöglichkeiten von Menschen mit Handicap zu verbessern. In der Perspektive des christlichen Glaubens ist es normal, dass das Leben begrenzt und verletzlich ist. Eine Arbeitshilfe der EKiR hat den provozierenden Titel »Da kann ja jeder kommen!« Der Titel ist Programm: Wertschätzung der Vielfalt und Offenheit für jeden und jede!

Inklusion ist ein Generationenprojekt. Die meisten Bildungsinstitutionen haben noch erheblichen Nachholbedarf in der Umsetzung. Um das Thema aus Expertenrunden auf die Straße zu bringen, wurde im Saarland ein Landesinklusionstag durchgeführt. Denn Inklusion ist keine Sonderaufgabe von Bildungseinrichtungen, sondern ein Gesellschafts-

Grußwort — *Klaus Eberl*

konzept. Die saarländische »Nonchalance« und die Netzwerkkompetenz der Evangelischen Büros erleichtern es, dann auch die nötigen Bündnispartner aus Politik, Gesellschaft und Kirche zusammenzubringen.

»Gott, der Herr, ist Sonne und Schild« (Psalm 84)

Grußwort

Wilfried Pukallus

Ehemaliger Vorsitzender des Beirates für Polizeiseelsorge in der Evangelischen Kirche im Rheinland

Psalm 84 »Gott, der Herr, ist Sonne und Schild« ist der Leitgedanke der Polizeiseelsorge. Im nebenstehend dargestellten Logo, das dem Stern auf der Polizeimütze ganz bewusst ähnelt, kommt dies auch zum Ausdruck. Polizei ist keine anonyme Masse, sondern sie besteht aus Menschen mit eigener Geschichte, mit eigenen Bedürfnissen und Sehnsüchten. Im Arbeitsalltag bei der Polizei kommen diese Menschen mit vielen Schicksalen in Berührung, die sie nicht einfach kaltlassen. Neben immer wieder schönen Erlebnissen und manchmal sogar lustigen Episoden, sind es oft aber auch grausame Ereignisse, emotionsgeladene Begegnungen oder auch gefährliche Einsätze. Dabei darf der Mensch in Uniform oder in Zivil nicht vergessen werden. Und hierbei kommt die »Erste Hilfe für die Seele«, die unsere Polizeiseelsorge leistet, zum Tragen. Begleitung in schwierigen Situationen, regelmäßig auch danach, Beratung auch, aber nicht nur, in Fragen des Glaubens und des Lebens, berufsethische Unterstützung, meditatives Zusammensein, Gottesdienste, aber auch Amtshandlungen, umschreiben das weite Tätigkeitsfeld der Polizeiseelsorge.

Damit diese wichtige Aufgabe im Saarland stattfinden kann, erhalten bleibt und anerkannt wird, dabei sind wir auf Unterstützung, auch auf politischer Ebene, angewiesen. Insoweit sind wir für die Wertschätzung, die wir, die Polizeiseelsorge im Saarland, schon seit vielen Jahren durch das Evangelische Büro erfahren durften und weiter erfahren, sehr dankbar.

Mit »Komm, sag es allen weiter« (EG 225) laden wir im Gottesdienst zum Abendmahl ein. Das Evangelische Büro und die jeweiligen Beauftragten haben die ersten Zeilen dieses wunderbaren Kirchenlieds fortgesetzt mit »…, dass Polizeiseelsorge so wichtig ist«

Grußwort — *Wilfried Pukallus*

und unsere Passion, für die Menschen in der Polizei auch Sonne und Schild zu sein, weitergetragen.

Herzlichen Dank!

Leitungs- und Arbeitsebenen ins Gespräch bringen

Grußwort

Jörg Rauber

Akademischer Oberrat, Fachrichtung Evangelische Theologie an der Universität des Saarlandes

Die Fachrichtung Evangelische Theologie an der Universität des Saarlandes ist ein Produkt der res mixta zwischen der Landesregierung und den beiden im Saarland vertretenen Landeskirchen – und damit ein »geborener« Fall für das Evangelische Büro. Dieses war bereits an der Ausarbeitung des 1985 ratifizierten »Vertrags der Evangelischen Kirche im Rheinland und der Evangelischen Kirche der Pfalz mit dem Saarland über die Aus- und Fortbildung von Lehrkräften für das Fach Evangelische Religion und über die Erteilung evangelischen Religionsunterrichtes an den Schulen im Saarland« maßgeblich beteiligt. Und da bereits ein knappes Jahrzehnt später eine Reihe von Infragestellungen vonseiten der Landesregierung oder der Universität hinsichtlich ihres Umfangs oder gar ihrer Existenz einsetzte, blieben die Beauftragten gefordert, die Formulierung der kirchlichen Interessen zu koordinieren und sie gegenüber den Partnern zu vertreten.

Daraus ist eine zunehmend enge Zusammenarbeit erwachsen, die nicht nur die Leitungsebenen umfasst, sondern auch die Arbeitsebenen miteinander ins Gespräch bringt – jeweils moderiert durch den Beauftragten. Die jährlich stattfindenden »Bosener Gespräche« haben sich zu einer festen Institution rund um die evangelische Bildungsarbeit an Schulen und der Universität entwickelt. Die Wertschätzung durch die Partner drückt sich nicht zuletzt in den zuletzt regelmäßigen Teilnahmen der zuständigen Ministerin, bzw. zuvor des Ministers aus. Darüber hinaus lädt das Büro die in den Kirchen operativ Verantwortlichen zweimal im Jahr zur Vertiefung der Themen zur sog. »Zwischenroutinekonferenz Bildung«. Eine erwähnenswerte Frucht des darüber gewachsenen Vertrauens ist die geplante Zusammenlegung des Schulreferats der rheinischen Saarkirchenkreise mit dem Religionspädagogischen Zentrum der pfälzischen Kirche zu einem gemeinsamen Amt.

Foto: Joerg Puetz

Grußwort — *Jörg Rauber*

Für uns als Fachrichtung ermöglicht das Evangelische Büro die beschriebene enge Vernetzung maßgeblich. Dies ist vermutlich ein bemerkenswertes saarländisches Spezifikum. Und ohne seinen vielfältigen verstärkenden Einsatz für uns, gäbe es uns womöglich schon gar nicht mehr. Dafür unsere ausdrückliche Anerkennung und herzlichen Dank!

An der Grenze von Kirche und Politik Grenzen vergessen lassen

Grußwort

Wolfgang Schumacher

Kirchenrat und Leiter des Evangelischen Büros Mainz

Der Theologe Paul Tillich hat im Blick auf sein Leben, besonders für seine theologische Existenz, den Begriff der Grenze verwandt. Die Grenze ist für ihn der fruchtbare Ort der Erkenntnis. Wobei Grenze mehr auf das Verbindende als auf das Trennende hinweist. Kirchen sind in diesem Sinne Grenzgänger. Grenzgänger zwischen Heiligem und Profanem, Irdischem und Göttlichem.

An der Grenze von Kirche und Politik arbeitet das Evangelische Büro an der Saar, sucht das Verbindende, hält Verbindung und gestaltet diese. Dabei ist die Grenzsituation – um mit Paul Tillich zu sprechen – voller Spannung und Bewegung.

Wenig Bewegung, so scheint es, gibt es bei den geografischen Grenzen von Kirchen und Bundesländern. Die Grenzen längst untergegangener Fürstentümer und Königreiche bestehen in den Landeskirchen fort, und auch die Ländergrenzen kommen über den ein oder anderen kleinen Gebietstausch nicht hinaus. Zuletzt wurden 2003 55 Anwohner eines Straßenzugs im Saarland Bürger von Rheinland-Pfalz. Umso erstaunlicher, dass der erste Beauftragte der drei Landeskirchen in Rheinland-Pfalz einige Jahre zugleich der Beauftragte am Sitz der saarländischen Landesregierung war. Ländergrenzen spielten für die Kirchen dabei keine Rolle.

Heute arbeiten die beiden Beauftragten in Mainz und Saarbrücken grenzüberschreitend zusammen, im Bereich der Schulen ebenso wie bei Finanzfragen. Sollte es irgendwann wieder einen gemeinsamen Beauftragten geben, so müsste wohl der Dienstsitz nach Kaiserslautern verlegt werden, auf halber Strecke zwischen den Landeshauptstädten.

Foto: Markus Hoffmann

Grußwort — *Wolfgang Schumacher*

Vorerst bleiben wir aber in unseren Grenzen: der geografischen, aber vor allem der uns als Kirche gegenüber der Politik selbst gesetzten Grenze. Entscheidend bleibt, dass im Verhältnis von Kirche und Politik Kirche Kirche bleibt. Das bedeutet nicht, nur unter sich zu bleiben, denn unsere Verkündigung in Wort und Tat ist eine öffentliche Sache. Sie muss Position beziehen und das Wort ergreifen. Aber sie kann nicht aufgehen im politischen Geschäft. Nur so bleiben wir glaub-würdig.

In einer Hinsicht jedoch darf die Kirche und dürfen ihre Vertreterin und ihr Vertreter an der Saar sich gemein machen mit der Politik und der Gesellschaft, Grenzen vergessen lassen: beim Feiern. »Der Saarländer ist das Feierbiest unter den Deutschen« schrieb die nicht gerade für ihren Humor bekannte Frankfurter Allgemeine Zeitung. Wie gut, dass das Evangelische Büro in diesem Jahr einen Grund zum Feiern hat.

Gruß und Glückwunsch aus Jerusalem in ökumenischer Verbundenheit

Grußwort

Stephan Wahl

Priester und »Wanderprediger im Mediendschungel«

In guter Erinnerung an Saarbrücker Zeiten und gemeinsame Interessen gratuliere ich Herrn Kirchenrat Frank-Matthias Hofmann und dem Team des Evangelischen Büros Saar sehr herzlich zum Jubiläum aus Jerusalem. Ich grüße aus der Stadt, die durch die Vielfalt ihrer Religionen und facettenreichen Konfessionen eine einzigartige Stadt des Glaubens und der Gottsuche war und ist. Das Erleben des faszinierenden Reichtums der unterschiedlichen Traditionen wird allerdings oft getrübt durch immer wieder neue errichtete Mauern und unnötige Gräben zwischen den Menschen dieser heilig-unheiligen Stadt. Umso schöner, wenn sich bisweilen kleine Geschichten ereignen, die deutlich machen, dass es auch anderes geht und der Friede für Jerusalem nicht nur ein utopischer Traum sein muss. Eine solche handelt von einer Begegnung in der Nähe der Altstadt. Wenn ein Dichter diese Szene erfunden hätte, würde man wahrscheinlich sagen, jetzt übertreibt er aber. Aber sie hat genauso stattgefunden. So wie man täglich erleben kann, wie gläubige Juden im Gedränge der Straßenbahn unbeeindruckt still für sich ihre Gebete rezitieren, so kann man Muslime erleben, die eines ihrer fünf täglichen Gebete dort absolvieren, wo sie gerade sind – ob in der Moschee, in der Küche, im Bus, auf dem Gehweg oder sonst wo. Der Glaube gehört zum Alltag wie das Shisha rauchen oder der kleine arabische Kaffee mit Kardamom. So hielt ein muslimischer Taxifahrer um die Mittagszeit am Straßenrand, stieg aus, holte seinen kleinen Gebetsteppich aus dem Kofferraum und begann mit seinem Gebet. Dann fing es an zu regnen. In der Nähe eilte ein orthodoxer Jude in seiner schwarzen Kleidung mit schnellen Schritten vorbei. Mit einem aufgespannten Regenschirm. Nach einigen Metern hielt er an, drehte sich um, sah den knienden Mann auf seinem kleinen Teppich, ging zu ihm hin und hielt seinen Regenschirm so lange über den Betenden, bis der sein Gebet beendet hatte. Dann umarmten sich beide kurz und wortlos und jeder ging seiner Wege. Wie schrieb schon die

Foto: Annette Krumpholz

Grußwort — *Stephan Wahl*

Dichterin Marie Luise Kaschnitz in einem ihrer Gedichte: »Manchmal stehen wir zur Auferstehung auf. Mitten am Tage...« Ihnen allen in diesem Sinne hoffnungsvolle Grüße aus Jerusalem und Gottes Rückenwind und Segen für alles Kommende! In herzlicher ökumenischer Verbundenheit.

Johannes Calvin

Martin Luther

Grußworte

aus Wirtschafts- und Arbeitsleben

Anlaufstelle mit Herz und Verstand

Grußwort

Hans-Jürgen Becker

Bergbauerbe Saar e.V.

Zunächst möchte ich recht herzlich dem Evangelischen Büro des Saarlandes zu seinem 60-jährigen Bestehen gratulieren.

Ein Büro, das geprägt ist von Aufmerksamkeit, Fürsprache für die Probleme der Menschen hier im Saarland, das seinesgleichen sucht.

Für mich war und ist das Evangelische Büro eine Anlaufstelle, die mit Herz und Verstand Menschen zu einen versucht, die unterschiedlicher Meinung und Interessen sind.

Für mich persönlich war unser erschütterungsbedingter Stillstand 2008 so eine Situation. Beschäftigte und Bergbaugegner standen sich gegenüber mit ihren berechtigten Anliegen, die nicht unterschiedlicher sein konnten. Die Bergleute wollten arbeiten, und die Bevölkerung unseres Abbaugebietes wollte, dass der Bergbau im Saarland sofort beendet wird.

Eine Spaltung der Gesellschaft in unserem Saarland drohte.

Nur durch die Besonnenheit und das Mitgefühl aller Beteiligten an diesem Prozess gelang es, beide Seiten zu befrieden.

Ein denkwürdiger Tag für mich war der Ökumenische Gottesdienst auf Duhamel, an dem 10.000 Bergleute mit ihren Familien anwesend waren.

Foto: Becker&Bredel

Grußwort — *Hans-Jürgen Becker*

Zu uns sprach der Präses der Evangelischen Kirche im Rheinland, Nikolaus Schneider. Seine Worte der Aussöhnung und das Verständnis für die jeweilige andere Meinung waren ein Teil der Lösung für unser Ansinnen, den Bergbau nicht sofort zu beenden.

Sein Appell an die Politik, das Unternehmen RAG, die Gewerkschaft IG BCE, die Beschäftigten und die Menschen in den Abbaugebieten, sie alle sollten Teil einer Lösung sein, die allen gerecht werden kann.

Seine Worte haben mich damals sehr beeindruckt und mich Mut fassen lassen, dass wir diesen Konflikt gemeinsam lösen werden.

Nur durch den Einsatz des Evangelischen Büros und Herrn Kirchenrat Frank-Matthias Hofmann ist es uns gelungen, Präses Nikolaus Schneider zu diesem denkwürdigen Tag auf Duhamel zu gewinnen. Dafür meinen aufrichtigen Dank an alle Mitarbeiter des Evangelischen Büros im Saarland und namentlich an Kirchenrat Frank-Matthias Hofmann.

Glückauf!

Der Austausch zwischen Kirche und Wirtschaft ist zum gegenseitigen Vorteil

Grußwort

Oswald Bubel

Präsident der Vereinigung der Saarländischen Unternehmensverbände (VSU) Saar e.V.

Seit sechzig Jahren besteht das Evangelische Büro Saarland – und es leistet einen wichtigen Dienst. In unserer christlichen Gemeinschaft ist es von Bedeutung, dass sich die Kirche mit den relevanten gesellschaftlichen Gruppen austauscht. Dazu gehört die Politik ebenso wie die Organisationen der Wirtschaft.

Das Verhältnis zwischen Kirche und Wirtschaft war und ist nicht immer ungetrübt. Das mag auch in der unterschiedlichen Zieldefinition begründet sein. Während Unternehmen in erster Linie den wirtschaftlichen Erfolg suchen, fokussiert sich die Kirche auf das Wohlergehen des Einzelnen. Doch dieser Zielkonflikt birgt nur auf den ersten Blick einen Widerspruch. Unternehmen betrachten wirtschaftlichen Erfolg nicht als Selbstzweck, vielmehr geht es darum, über den wirtschaftlichen Erfolg das Wohlergehen der Beschäftigten zu sichern. Und noch mehr: Unternehmertum, wenn es richtig verstanden wird, ist dem Wohl der Mitarbeiterschaft ebenso verpflichtet wie dem Wohl der Gesellschaft. Letztlich ist das der Grundpfeiler unserer sozialen Marktwirtschaft, dass Unternehmen Menschen »lebensdienlich« sind. Weil Umsatz und Gewinn eben keine abstrakten Zahlen, sondern die Lebensgrundlage vieler Menschen sind. Marktwirtschaft ist ebenso wenig Selbstzweck wie das Soziale. Beides bedingt einander. Das Soziale kann jedoch nur zum Tragen kommen, wenn die Marktwirtschaft auch die entsprechenden Mittel erwirtschaftet.

Als Vertreter der Unternehmen sind wir seit vielen Jahren im fruchtbaren Dialog mit der Kirche. Dieser Dialog ist hilfreich, denn nur im Austausch können wir die Weltsicht des jeweils anderen in unsere eigenen Überlegungen einbeziehen. Vieles hat sich hier getan. Wirtschaftliches Handeln wird in Kreisen der Kirche heute anders beurteilt als noch

Foto: Oliver Dietze

Grußwort — *Oswald Bubel*

zum Ende des vergangenen Jahrtausends, als das biblische »Nadelöhr«-Zitat noch stärker im Vordergrund stand. Umgekehrt ist es auch im unternehmerischen Handeln hilfreich, Vorgänge und Entscheidungen auf Basis kirchlicher Ethik zu betrachten – und gegebenenfalls auch neu zu bewerten.

Wie nah das Handeln von Kirche und Wirtschaft häufig zusammenliegt, zeigt das Beispiel »Fördern und Fordern«, das Grundprinzip der marktwirtschaftlich orientierten Agenda 2010. Es ist auch das Prinzip der Entwicklungshilfe, die das gleiche Ziel verfolgt, Menschen durch das Fördern ihrer Eigeninitiative ein selbstbestimmtes Leben zu ermöglichen. In diesem Sinne freue ich mich auf viele Jahre konstruktiven Austauschs mit dem Evangelischen Büro.

Im Dialog mit der evangelischen Kirche

Grußwort

Dr. Hanspeter Georgi

Minister für Wirtschaft und Arbeit im Saarland von 1999–2007

Das Evangelische Büro Saarland war und ist für mich immer sichtbar, hörbar, wahrnehmbar und ansprechbar. Ob in meiner Funktion bei der IHK, in der Landesregierung oder als Privatperson, die Kontakte und Dialoge mit dem jeweiligen Beauftragten der Evangelischen Kirchen für das Saarland bleiben in guter Erinnerung.

Als ich 1972 mit meiner Familie ins Saarland kam und für die IHK tätig wurde, begegnete ich auch Erich Eisenbeiß, damals der Ansprechpartner für die evangelische Kirche, zugegeben waren Kontakt und Dialog nur flüchtig. Ich konnte nicht ahnen, dass seine Tochter mit ihrem Ehemann später bis zum heutigen Tag zum Kreis unserer besten Freunde zählen.

Sehr präsent ist mir Martin Ohly mit seinen Beiträgen im Rahmen der unter Ministerpräsident Lafontaine geschaffenen SaarGemeinschaftsInitiative (SGI). Ebenso der damals von Kirchenrat Joachim Brandt organisierte Meinungs- und Positionsaustausch mit Nikolaus Schneider, damals Präses der Evangelischen Kirche im Rheinland. Verabredet hatten wir nach der Besprechung der Landesregierung unter Leitung von Ministerpräsident Peter Müller mit der evangelischen Kirche meine Teilnahme an einer Wanderung auf dem Hugenottenweg (von Ludweiler auf die lothringische Seite und zurück) und eine Diskussionsrunde.

Bei der Diskussionsrunde im Pfarrhaus der evangelischen Kirche in Sulzbach, meinem Wohnort, ging es u.a. um die Frage, welchen Stellenwert die protestantische Ethik heute noch genießt. Auch diskutierten wir – auf der einen Seite ein von der Ordnungspolitik geprägter Geist, auf der anderen Seite Persönlichkeiten der protestantischen Theologie,

Foto: privat

Grußwort — *Dr. Hanspeter Georgi*

jeder mit unterschiedlichen Erfahrungen mit der und verschiedenen Perspektiven auf die Wirklichkeit – die Frage der sozialen Gerechtigkeit. Auch das Gedankengut des Kommunitarismus, wonach die Vorstellung von einem fairen Ausgleich zwischen Rechten im Sinne von Ansprüchen des Einzelnen an die Gesellschaft und Pflichten im Sinne von Ansprüchen der Gesellschaft an den Einzelnen wesentlich ist, suchte nach Überzeugungswirksamkeit. Die Positionen näherten sich kaum an, zumal der Begriff der sozialen Gerechtigkeit vieldeutig interpretierbar ist.

Unsere Aussprache nahm kürzlich Kirchenrat Frank-Matthias Hofmann wieder auf. Er hatte an manch einer gesellschaftspolitischen Aussage von mir Anstoß genommen. Wir erzielten Einigkeit darin, dass die Bildung, unabhängig von der Definition der sozialen Gerechtigkeit, bestimmend und prägend für das ist, was man möglichweise unter der sozialen Gerechtigkeit verstehen kann oder möchte. Bildung minus Wissen gleich Erziehung, über diese Gleichung sollten wir im Dialog bleiben, weil sie uns zu Fragen der Verantwortungsethik zurückführt.

Die Aussprache nutzte ich, um ein für mich aus den verschiedensten Gründen sehr wichtiges religionspolitisches Anliegen vorzutragen: den Konfessions- in einen wirklichen Religionsunterricht transformieren! Ganz im Sinne des Weltethos-Projekts von Hans Küng.

Den Menschen im Blick behalten und nach vorne schauen

Grußwort

Albert Hettrich

Präsident Verband der Saarhütten

Wohin gehen die Kirchen? »60 Jahre Evangelisches Büro Saarland« – zum einen ein Grund zur Feier, zum anderen, sich Gedanken zu machen über viele Themen, die zwischen der evangelischen Kirche und der Gesellschaft von Menschen stattgefunden haben. Dabei ist auch an die früher Verantwortlichen des Evangelischen Büros und die vielen Teilnehmer zu erinnern, die sich in diesen Jahren beteiligt haben. In den 60 Jahren hat sich die Welt dramatisch verändert, auch im Saarland. Damals lebten ca. 3 Mrd. Menschen auf der Erde, heute sind es ca. 8 Mrd. und die Zahl steigt weiter an. Das hat natürlich auch Wirkung auf unser Saarland. Die Veränderungen unserer Wirtschaft, Krieg und Frieden in der Welt, Energie und Klima, Wohlstand und Hunger, Freiheit und Unterdrückung und vieles mehr sind die Themen, die die Menschen bewegen. Sie sind auch Teil der Entwicklung der Kirchen. Parallel dazu ist die Bedeutung, die Wichtigkeit der Kirchen gesunken. Zurzeit gehören nicht mehr 50 % der Bevölkerung den Kirchen an. Dabei waren die Kirchen in Deutschland immer ein wesentlicher Teil dessen, was die Gesellschaft zusammenhält. Warum ist das so? Geht es den Menschen bei uns zu gut, ist das ein negatives Element unseres allgemeinen Wohlstandes? Oder ist diese Entwicklung ein Teil unserer fortschreitenden Wissenschaft? Ist die »Künstliche Intelligenz« so fortschrittlich, dass man nicht mehr »glaubt«? Was kann die evangelische Kirche, was können die Kirchen für die Zukunft tun? Jedenfalls nicht verzweifeln, den Menschen im Blick behalten, nach vorne schauen. Manche Regeln der Kirchen stammen aus Zeiten, die mit unserer nicht vergleichbar sind – oftmals rein »menschengemachte Regeln« und nicht Teil der christlichen Botschaft. Evangelische und katholische Kirchen müssen sich gemeinsam öffnen, enger zusammenarbeiten unter dem Blickwinkel der heutigen Zeit. Dann haben die Kirchen eine bessere Zukunft. Der »Glaube« geht nicht verloren, er wird Bestand halten.

Foto: privat

Glück auf!

Grußwort

Bernd Mathieu

Präsident des Landesverbandes der Bergmanns-, Hütten- und Knappenvereine des Saarlandes e.V.

Ich freue mich, dem Evangelischen Büro Saarland im Namen des Landesverbandes der Bergmanns-, Hütten- und Knappenvereine des Saarlandes e.V. zum sechzigsten Geburtstag gratulieren zu dürfen. Herr Kirchenrat Frank-Matthias Hofmann ist unser Ansprechpartner für die beiden evangelischen Kirchen im Saarland, wenn es um einen geistlichen Impuls, z. B. bei der zentralen Barbarafeier des Landesverbandes geht. Am Tag des Bergmanns, der immer am letzten Sonntag im Juni seit Beendigung des saarländischen Steinkohlebergbaus im Jahre 2012 stattfindet, hält er die Predigt des ökumenischen Gottesdienstes, jährlich im Wechsel mit seinem Gegenüber vom Katholischen Büro. An der guten Zusammenarbeit der beiden konfessionell unterschiedlichen Büros im Saarland gibt es aus unserer Sicht nichts zu verbessern. Bei unseren gemeinsamen Sitzungen freuen wir Außenstehende uns immer schon auf die ironischen Spitzen über Vorteil der eigenen Konfession, als Beispiel sei genannt die Heilige Barbara, zwischen den Leitern der Büros Frank-Matthias Hofmann auf der einen Seite und Ordinariatsdirektorin Katja Göbel auf der anderen Seite. Der Landesverband der Bergmanns-, Hütten- und Knappenvereine des Saarlandes e.V. ist froh, im Evangelischen Büro Saarland einen kompetenten Ansprechpartner gefunden zu haben, der bei Angelegenheiten die evangelische Konfession betreffend immer mit Rat und Tat an unserer Seite steht. Wir bauen weiterhin auf gute Zusammenarbeit und gehen gelassen dem siebzigsten Geburtstag des Evangelischen Büros entgegen. Glück auf!

Unverzichtbarer Stützpfeiler zwischen Kirchen, Gesellschaft und Politik

Grußwort

Eugen Roth

Vorsitzender DGB Saarland von 1998 bis 2021

Mit dem Büro der Evangelischen Kirchen im Saarland kann ich auf eine langjährige, gute und vertrauensvolle Zusammenarbeit zurückblicken: Bereits 1998 hatte ich als Landesbezirksvorsitzender des damals eigenständigen DGB Landesbezirks Saarland über die von der Landesregierung einberufene Saar-Gemeinschaftsinitiative (SGI) Kontakt mit dem Beauftragten der evangelischen Kirchen im Saarland, Martin Ohly. Bei der Aufgabe, ein breit entwickeltes Konzept für den Strukturwandel nach dem bereits absehbaren Ende des Bergbaus zu entwickeln, wehrten wir gemeinsam unsinnige Vorschläge zur angeblichen Verbesserung der Standortattraktivität des Saarlandes wie beispielsweise die Abschaffung des Feiertages Mariä Himmelfahrt am 15. August ab. Mit dabei war auch der Leiter des Katholischen Büros im Saarland, zunächst Prälat Hermann Stillemunkes und dann Prälat Warnfried Bartmann. Unsere enge Kooperation ging auch mit Kirchenrat Joachim Brandt und danach besonders eng mit Kirchenrat Frank-Matthias Hofmann weiter. Im »Saarland Sozialgipfel«, einem Sozialbündnis, das auf Basis des gemeinsamen Sozialwortes der katholischen und evangelischen Kirchen 1996 gegründet wurde, konnten gemeinsame Projekte zur Jugendbeschäftigung und zur Armutsbekämpfung vorangetrieben werden. Ein Höhepunkt war 2007 eine Veranstaltung zum Zehnjährigen mit Präses Nikolaus Schneider und Bischof Reinhard Marx in der Arbeitskammer des Saarlandes. Das Projekt »Bildung gegen Armut« in der Stadt Neunkirchen, ein dauerhaft geförderter, öffentlicher Beschäftigungssektor im Saarland, bekannt unter »Arbeit für das Saarland (ASaar)« wie auch der Aktionsplan zur Armutsbekämpfung sind drei Meilensteine unserer Kooperation. Unvergessen auch der gemeinsame Gottesdienst am Vorabend des 1. Mai, am 30. April 2008 in den Saarwiesen beim Staatstheater. Aus diesen Kooperationen konnte ich viele Ideen und Energie mitnehmen, auch für die Arbeit als religionspolitischer Sprecher der SPD-Landtagsfraktion.

Foto: privat

Grußwort — *Eugen Roth*

Das Evangelische Büro und seit längerem Kirchenrat Frank-Matthias Hofmann war dabei ein intellektueller Ratgeber und Initiator für viele Veranstaltungen und Projekte, ein unverzichtbarer Stützpfeiler zwischen Kirchen, Gesellschaft und Politik. Vielen Dank dafür und alles Gute für die Zukunft!

Die Ruhe bewahren – den Sonntag schützen – Allianz für den freien Sonntag

Grußwort

Alexander Sauer

Gewerkschaftssekretär im ver.di Fachbereich Handel

Kirche und Gewerkschaft – ein besonderes Bündnis zwischen dem Evangelischen Büro Saarland und dem Fachbereich Handel im ver.di Bezirk Region Saar Trier.

Aktiv für den Sonntagsschutz seit 2006. Die Allianzen für den freien Sonntag gibt es seit 2006. Wir setzen uns dafür ein, dass der Sonntag ein arbeitsfreier Tag bleibt, und dass Ladenöffnungszeiten begrenzt bleiben. Uns gibt es nicht nur als Bundesallianz, sondern auch in vielen Ländern und Regionen in Deutschland. Im Saarland besteht diese starke und besondere Allianz seit 2009. Und darüber hinaus: Stark ist auch die Allianz in Österreich sowie als Zusammenschluss auf europäischer Ebene als European Sunday Alliance.

Zugegeben waren die Allianzbildungen in Deutschland nicht immer Selbstläufer-Veranstaltungen, jedoch und insbesondere im Saarland waren die evangelische und die katholische Kirche von Sekunde eins überzeugte PartnerInnen des Deutschen Gewerkschaftsbundes DGB und der Vereinten Dienstleistungsgewerkschaft ver.di für den Schutz des Sonntages und der Begrenzung der Ladenöffnungszeiten. Das gemeinsame Verständnis der Träger der Allianz für den freien Sonntag, dass es feste wie planbare Zeit für Freizeit, Familie, Hobby, Kultur und Glaube im Saarland braucht, ist seither unerschütterlich.

Denn aus vielen anderen Bundesländern in Deutschland können wir erkennen, dass verlängerte Ladenöffnungszeiten und Sonntags-Shopping-Events die grenzenlose »GEIZ ist GEIL und NO Limit Shopping« Mentalität fördert. Diese ist wiederum auch dafür verantwortlich, dass wichtige Werte wie zum Beispiel die Nächstenliebe, die Solidarität und das Vertrauen in das Gute im Menschen angegriffen werden. Wie bedeutsam diese

Foto: Petra Simon

Grußwort — *Alexander Sauer*

genannten Werte sind, müssen wir in Zeiten der Pandemie, Katastrophen wie vor einem Jahr im Ahrtal, in diesen Krisenzeiten und einem vor Jahren noch undenkbaren Angriffskrieg feststellen können. Um diese großen Herausforderungen meistern zu können, ist es essenziell, dass wir als Allianz für den freien Sonntag, heute wie auch in Zukunft, uns überall an den Stellen laut einmischen, an denen Lebenszeit zur Ware gemacht werden soll.

Unsere gemeinsamen Aktivitäten, bei denen sich bereits zum Beispiel schon zwei Ministerpräsidenten und eine Ministerpräsidentin aktiv an Adventsaktionen beteiligt haben, sind ein sehr starkes Zeugnis für unsere geleistete Arbeit im letzten Jahrzehnt. Mittlerweile haben unzählige Gottesdienste mit aktiven GewerkschafterInnen zum Thema Sonntagsschutz im ganzen Saarland stattgefunden, und das nicht nur am und um den 3. März »Internationaler Tag des freien Sonntages« herum. Ebenfalls konnten wir schon bekannte Saarländer wie den Intendanten des saarländischen Staatstheaters Bodo Busse und Interrail Champion Martin Schädler als Unterstützer für unsere Forderungen gewinnen. Auch mit einer eigenen Kurz-Clip-DVD konnten wir gemeinsam für unser Anliegen bereits breit werben.

Allem voran haben wir uns deutlich gegen die zunehmenden Zugriffe durch den Einzelhandel unter den fadenscheinigen Vorwänden der Pandemie auf die Feiertage wie Ostern und Mariä-Himmelfahrt gewehrt. Auch wenn es in Einzelfällen nicht gelungen ist, einige Ladenöffnungen zu verhindern, so konnten wir doch eine spürbare Debatte an der Saar organisieren und in den Folgejahren wieder zu dem richtigen Status quo zurückkehren.

Hier gebührt insbesondere dem Beauftragten der evangelischen Kirchen im Saarland, Kirchenrat Frank-Matthias Hofmann, unser aufrichtiger Dank. Mit seinem unermüdlichen Einsatz sowie den Verbindungen in viele gesellschaftliche Strukturen und immer im professionellen Einklang mit der saarländischen Spitze der katholischen Kirche waren diese wichtigen Erfolge erst möglich.

Voller Freude, großer Verbundenheit und unerschütterlicher Zuversicht freue ich mich auf unseren weiteren gemeinsamen Weg im Dienste der Saarländerinnen und Saarländer.

Pablo Picasso

»La bouteille« von 1957

Original-Lithografie

Grußworte

aus politischen und

gesellschaftlichen Arbeitsfeldern

Mehr als dreißig Jahre gemeinsame Problemlösungen

Grußwort

Dr. Wolfgang Bach

Ministerialdirigent a. D.

In mehr als der Hälfte seiner bisher erreichten Jahre hatte ich das Glück, mit dem Evangelischen Büro Saarland persönlich zusammenzuarbeiten. Dabei ging es in den 1990er Jahren um Bildungsthemen in den allgemeinbildenden, zwischen 2000 und 2005 auch in den beruflichen Schulen, danach bis 2013 um die Evangelische Theologie an der Universität des Saarlandes, entsprechend meiner dienstlichen Zuständigkeit zunächst für die Schulen, dann für die Hochschulen – im Kultusministerium, Bildungsministerium, Wissenschaftsministerium und in der Staatskanzlei des Saarlandes.

Mögen sich in all den Jahren auf staatlicher Seite Behördenname und Ressortverteilung geändert haben – auf kirchlicher Seite blieb das Evangelische Büro am Saarbrücker Ludwigsplatz der beständige Partner. Die gemeinsamen Anliegen betrafen die Entwicklung des Religionsunterrichts, aber auch Problemlösungen bei Veränderungen der Schullandschaft, der Rekrutierung von Religionspädagogen, dem Aufkommen des Faches Ethik, der Schulseelsorge und der Platzierung der Evangelischen Theologie in einer sich wandelnden Universität.

Eine langjährige Dienstzeit hat mir ermöglicht, mit vier Beauftragten vertrauensvoll zusammenzuarbeiten: den Kirchenräten Wilhelm Kentmann, Martin Ohly, Joachim Brandt und Frank-Matthias Hofmann. Ich hatte aufgrund der ehrenamtlichen Arbeit als Ausschussvorsitzender der rheinischen Landessynode viele Jahre die Möglichkeit, die verschiedenen Fragestellungen von staatlicher ebenso wie von kirchlicher Seite zu sehen. Bei unseren gemeinsamen Bemühungen kam es letztlich allein auf Verbesserungen für die Kinder, Schülerinnen und Schüler, Auszubildenden und Studierenden an, und zwar unabhängig von gerade aktueller parteipolitischer Regierungscouleur oder amtskirchlicher Opportunität.

Foto: Holger Diderich

Grußwort — *Dr. Wolfgang BAch*

Kirchenrat Kentmann hat einmal gesagt, der sichtbare Erfolg sei der größte Feind des Beauftragten. Das stimmt, wenn damit die erforderliche stille Diplomatie im Auftrag der Kirchenleitung gemeint ist – oder gar die Vermeidung eitlen Stolzes und damit die Zähmung des bösen Hundes, vor dem schon Luther gewarnt hat. Es stimmt nicht ganz, weil auch der sichtbare Erfolg viele Väter haben darf. Die »Sichtbarkeit« der Kirche war und ist das konkret überzeugende Arbeitsergebnis der Verantwortlichen in Kirchengemeinde, Kirchenkreis, Diakonie, Kindertagesstätte, Schule, Universität, Akademie, Medien und nicht zuletzt der Kirchenleitung mit ihrem herausgehobenen Mandat zur Repräsentation. Möge, um mit Kant zu sprechen, auch die »unsichtbare« Kirche der Religionsgläubigen ihre Wirkung entfalten. Der demografische und säkulare Wandel ist nicht alles. Das Saarland und die Evangelischen Kirchen im Rheinland und in der Pfalz können weiterhin an einem Strang ziehen, gerade bei den Aufgaben über den Tag hinaus. Dem Evangelischen Büro sei für seine unverzichtbare Hilfe dabei mit allen guten Wünschen gedankt.

Das Evangelische Büro unterstützt auch andere Institutionen

Grußwort

Diana Bastian

Vorsitzende des Landesverbands Deutscher Sinti und Roma Saarland e.V.
Vorstandsmitglied beim Zentralrat Deutscher Sinti und Roma

Im Jahr 2020 traten wir an den Beauftragten der Evangelischen Kirchen im Saarland heran mit der Bitte, ob er Möglichkeiten sieht, uns bei der Einrichtung und Finanzierung einer Geschäftsstelle für unseren Verband zu unterstützen. Und wir hatten Erfolg. Das gute Netzwerk des Beauftragten half mit, dass das Land ab dem Jahr 2021 in seinen Haushaltsplan einen Beitrag zur finanziellen Unterstützung für unsere Arbeit einplant. Dafür sind wir dem Evangelischen Büro Saarland sehr dankbar.

Auch die Gottesdienste auf Landesebene, die das Evangelische Büro gestaltet, sind gehaltvoll und sprechen auch jüngere Generationen an.

Insbesondere im Bereich Erinnerungsarbeit gibt es auch eine gute Zusammenarbeit mit dem Evangelischen Büro Saarland, das derzeit die Geschäftsstelle der Landesarbeitsgemeinschaft Erinnerungsarbeit im Saarland ist, da Herr Hofmann deren Sprecher ist. Für all die vertrauensvolle und gute Zusammenarbeit in den verschiedenen Bereichen danken wir sehr herzlich und wünschen dem Evangelischen Büro Saarland weiterhin Erfolg in seinem Engagement für die Belange der Kirchen und auch anderer Institutionen, die das Gemeinwohl voranbringen wollen.

Foto: privat

Engagement für die Militärseelsorge

Grußwort

Volker Bertel

Oberst a.D., Letzter Kommandeur Verteidigungsbezirkskommando 46 – Saarland und Erster Kommandeur Landeskommando Saarland

60 Jahre – fast drei Generationen – sind in dieser schnelllebigen Zeit eine gefühlte Ewigkeit. Meine Verbindung zu und Zusammenarbeit mit dem Evangelischen Büro währte nur eine kurze Wegstrecke von fünf Jahren. Erstaunen, Freude und Dankbarkeit empfand ich, als mich die Bitte um ein Grußwort erreichte. Fast 15 Jahre nach dem Ausscheiden aus dem aktiven Dienst kann das auch eine gewisse Herausforderung bedeuten. Unterlagen über konkrete Projekte stehen für einen funktionalen Rückblick nicht mehr zur Verfügung. Was bleibt nach so langer Zeit in Erinnerung? Sofort kommt die Erinnerung zurück an vielseitige, kurze, aber meist intensive Gespräche in unterschiedlicher Umgebung. Bei meinem Dienstantritt im Jahr 2003 liefen Vorbereitung und Durchführung politischer und militärischer Reaktionen auf die Anschläge vom 11. September 2001 auf Hochtouren. Evangelische Kirche und Militär sind nicht zwangsläufig eineiige Zwillinge. Meine konkreten Erfahrungen ergaben sich bislang aus hitzigen, vorwiegend emotional und ideologisch geführten Debatten auf Ebene örtlicher Kirchengemeinden in den 1970er und 1980er Jahren, damals zur Wehrpflicht und dem NATO-Doppelbeschluss. Hier im Saarland waren – für mich völlig neu – Gespräche über den sehr realen Einsatz militärischer Mittel, wie zum Beispiel in Afghanistan, von hoher Sachlichkeit und gegenseitigem Respekt geprägt. Diese respektvolle Ernsthaftigkeit der Gespräche und gleichzeitige herzliche zwischenmenschliche Beziehung sind bleibende Erinnerungen.

Eng verbunden damit war mitten in einer Einsatzperiode der Fallschirmjäger die intensive Unterstützung bei den Bemühungen um eine möglichst zügige Nachbesetzung der vakanten Stelle des evangelischen Militärpfarrers. Vor allem in Einsätzen hat der Militärpfarrer eine sehr wichtige Brückenfunktion zwischen dem Leben nach Glaubens-

Foto: privat

grundsätzen und der realen Wirklichkeit von meist brutaler Gewalt. Für das tatkräftige Mitwirken des Beauftragten bin ich heute noch dankbar.

Tolerante Offenheit zwischen allen Bereichen ist ein Alleinstellungsmerkmal einer demokratischen, freiheitlichen Gesellschaft. Am freundschaftlichen Miteinander aller gesellschaftlichen Bereiche – auch bei unterschiedlichen Auffassungen und sogenannten Sachzwängen – und vor allem der festen Integration der Soldaten im Saarland hat der Beauftragte der evangelischen Kirche bedeutenden Anteil. Als Nicht-Saarländer durfte ich das intensiv erleben.

Herzlichen Glückwunsch zum 60-jährigen Jubiläum! Ich wünsche dem Beauftragten und dem Büro der evangelischen Kirche im Saarland weiterhin viel Erfolg bei seiner wichtigen Aufgabe und Gottes Segen!

Das Evangelische Büro setzt Akzente und übernimmt Verantwortung

Grußwort

Roman Glauben

Referatsleiter a.D. Grundsatzfragen/Kirchenfragen Staatskanzlei

Die Wege im Saarland sind ja bekanntlich kurz. Aber so nahe an der saarländischen Staatskanzlei wie das Büro des Beauftragten der Evangelischen Kirchen sitzt keine andere Interessenvertretung in unserem Bundesland. Das Büro und die Staatskanzlei sind Nachbarn. Es ist nur ein kurzer Weg über den Platz an der Ludwigskirche vorbei vom Büro der Ministerpräsidentin zum Büro des Beauftragten. So wird die Korrespondenz zwischen der Landesregierung und den evangelischen Kirchen zuweilen nicht in die Post gegeben, sondern schnell mal über den Platz getragen und persönlich ausgehändigt. Und statt zu telefonieren kann man auf dem Weg in die Mittagspause an die Fensterscheibe von Kirchenrat Hofmann klopfen und das Anstehende sozusagen en passant besprechen. Die Zusammenarbeit über den Platz hinweg ist vertrauensvoll – ohne die eigenen Positionen zu verwässern und ohne die andere Seite zu überfordern.

So wie das Büro räumlich eingebettet ist in die saarländische Regierungsarchitektur, so eng ist der Beauftragte auch eingebunden in das religiöse, politische, soziale und gesellschaftliche Leben im Saarland. Er setzt Akzente und übernimmt Verantwortung. Die Spannbreite reicht dabei vom interreligiösen Dialog bis zur Landesarbeitsgemeinschaft Erinnerungsarbeit, von der Allianz für den freien Sonntag bis Reichtums- und Armutsbericht.

Und wie das im Saarland so ist: Am Montagabend begegnen sich dann der für Kirchenfragen zuständige Referatsleiter der Staatskanzlei und der Evangelische Beauftragte im nahen Ludwigsgymnasium zur Probe des »Eltern-Lehrer-Schüler-Chors«. Auch da gibt es in der Regel keinen Missklang zwischen dem katholischen Bass und dem evangelischen Tenor. Nach der Probe sitzt man oft in leidenschaftlich diskutie-

Foto: Birgit Pfeifer, Staatskanzlei

render Runde vorm »Feuchten Ludwig«, einer Kneipe direkt neben dem Büro des Beauftragten. So fügen sich Politik und Religion, Arbeit und Leben, vita activa und vita contemplativa zwischen evangelischer Kirche und Staatskanzlei im Saarland, dem Land der kurzen Wege.

Nähe zu den Menschen im Saarland herstellen

Grußwort

Martin Grasmück

Intendant, Saarländischer Rundfunk (SR)

Das Evangelische Büro Saar und den Saarländischen Rundfunk verbindet das konsequente und kontinuierliche Bestreben, Nähe zu den Menschen im Saarland herzustellen sowie ihnen eine Stimme und eine Heimat zu geben. Dies geschieht in unterschiedlichen Rollen und Ausprägungen und dennoch mit dem gleichen Ziel, nämlich den Dialog zu fördern, die Gesellschaft zu einen und zum gesellschaftlichen Zusammenhalt beizutragen. Diese Verbindung geht weit über die Zusammenarbeit im SR-Rundfunkrat hinaus, in dem die evangelische Kirche ihren berechtigten Platz findet und die Gremienarbeit nachhaltig befruchtet.

Auch persönlich besteht eine gute Verbindung – so denke ich zum Beispiel an die Begleitung im Trauerfall unseres ehemaligen Intendanten Fritz Raff, der Anfang des Jahres 2011 im Amt verstorben war. Als damaliger Leiter der Intendanz war ich in engem Austausch mit Kirchenrat Frank-Matthias Hofmann und habe die bestmögliche Unterstützung erhalten und konnte so helfen, eine würdevolle Trauerfeier zu organisieren. Für diese Verbindung bin ich noch heute sehr dankbar.

Das Evangelische Büro Saar erfüllt seit nun mehr als 60 Jahren die wichtige Funktion, bei unterschiedlichsten Anliegen unmittelbar für die Menschen da zu sein. Zum diesjährigen Jubiläum und für die Zukunft wünsche ich alles Gute!

Foto: Oliver Dietze, SR

Den Menschen sehen

Grußwort

Cornelia Hoffmann-Bethscheider

Präsidentin des Sparkassenverbandes Saar

Unsere Gesellschaft lebt vom Miteinander. Grundvoraussetzung ist dabei das persönliche Gespräch. Ganz gleich, ob man der gleichen Meinung ist, dem gleichen Glauben angehört – der Austausch ist stets die Basis für ein gutes Zusammenleben.

Insoweit ist das Evangelische Büro Saarland seit 60 Jahren gelebtes Miteinander. Als Ansprechpartner für Politik, Wirtschaft, Gesellschaft und Kultur bringt das Büro das protestantische Profil in die Diskussionen und die gesellschaftlichen Entscheidungsprozesse ein und gestaltet Gesellschaft aktiv mit. Dabei versteht sich das Büro nicht nur als »diplomatische Vertretung« bei der saarländischen Landesregierung, sondern als Teil der Gesellschaft. Zahllose Kontakte mit allen gesellschaftlich relevanten Gruppen werden gesucht und gepflegt. Ich selbst durfte immer wieder erleben, wie wertschätzend, befruchtend und lösungsorientiert diese Zusammenarbeit war und ist.

Den Menschen sehen – immer im Fokus: das Wohl der Menschen. Ganz gleich welcher Religion oder Hautfarbe.

Das Evangelische Büro setzt dabei ganz gezielt auf den Dialog mit allen gesellschaftlichen Akteuren. Denn wer den Menschen sehen will und sich für ihn stark macht, muss sein Handeln entsprechend ausrichten. Dieser Aufgabe hat sich das Büro und die handelnden Personen stets gestellt und bestens bewältigt.

Herzlichen Glückwunsch zum 60-jährigen Bestehen und viel Erfolg bei der zukünftigen Arbeit in Politik und Gesellschaft. Ich bin sicher, die gute Arbeit der Vergangenheit wird auch in Zukunft fortgesetzt und trägt zu einem positiven Miteinander im Saarland bei.

Foto: Barbara Heinz/B. Jochum Fotografie

Von der Aufgabe des Büros überzeugt

Grußwort

Karl-Josef Jochem

Vizelandtagspräsident von 2009–2012,
Mitglied der FDP-Fraktion im Saarländischen Landtag,
1992–1994, 2004–2012

Mit dem Evangelischen Büro Saarland bin ich erstmals im Jahre 2000 in Kontakt gekommen, als ich damals als frischgekürter Landesvorsitzender der FDP den Kontakt mit den Kirchen suchte.

Mit dem damaligen Leiter, Herrn Brandt, gab es einen sehr informativen Austausch über die Aufgaben als Beauftragter seiner Kirche für das Saarland, den ich sehr gerne auch in meiner Landtagsarbeit (u.a. als Religionspolitischer Sprecher meiner Fraktion) fortgesetzt habe.

Mit Herrn Frank-Matthias Hofmann als Nachfolger im Amt wurden die Kontakte (auch mehrere Veranstaltungen) weiter intensiviert.

Gerne erinnere ich mich an die Gespräche mit beiden Beauftragten und war auch jederzeit bereit, sie im Rahmen meiner Möglichkeiten tatkräftig zu unterstützen, da ich von ihrer Aufgabe überzeugt bin.

Ich wünsche ihnen zum 60-jährigen Jubiläum des Evangelischen Büros Saarland alles Gute.

Foto: K. Spang

Friedensarbeit an Schulen intensivieren

Grußwort

Klaus Kessler

*Minister für Bildung im Saarland,
November 2009 bis Januar 2012*

Zum 60-jährigen Geburtstag des Evangelischen Büros im Saarland gratuliere ich ganz herzlich. Es ist zwar schon eine Weile her, aber gerne erinnere ich mich an die anregenden und konstruktiven Gespräche, die ich als Minister für Bildung mit den Vertretern der evangelischen Kirche, insbesondere mit Kirchenrat Frank-Matthias Hofmann, über die Bedeutung und Verantwortung der Kirche für die schulische Friedenserziehung geführt habe. Dies hat dazu beigetragen, dass die Kooperationsvereinbarung zwischen dem saarländischen Bildungsministerium und der Bundeswehr aus dem Jahr 2009 überarbeitet wurde und u.a. eine Öffnungsklausel erhielt, wonach auch Vertreter anderer Vereinigungen und Institutionen in der Friedensarbeit an Schulen tätig werden können. Die am 11.04.2011 von mir unterzeichnete neue Vereinbarung eröffnete somit auch der evangelischen Kirche die Möglichkeit, in Anknüpfung an die bestehenden Lehrpläne und den aktuellen Unterricht, friedenspolitische Themen zu erörtern.

Aktuell erhält das Thema Friedenssicherung eine besondere Bedeutung durch den schrecklichen Krieg in der Ukraine. Angesichts der vorherrschenden Diskussion über Waffen und militärische Strategien darf die Debatte über Wege zu Verhandlungen und einer dauerhaften Friedensgestaltung nicht zurückgedrängt werden.

In dieser Hinsicht hat auch die evangelische Kirche eine besondere Aufgabe und Verantwortung, in der Schule zu informieren. Wenngleich es durch die von der Politik proklamierte »Zeitenwende« komplexer und schwieriger geworden ist, Rüstungsmaßnahmen und Friedensaktivitäten miteinander zu vereinbaren, so wichtig und notwendig bleibt es doch, die aus kirchlicher Sicht christliche Botschaft zum Thema Frieden zu vermitteln.

Foto: privat

Grußwort — *Klaus Kessler*

Darüber hinaus nimmt das Evangelische Büro gleichsam als »diplomatische Vertretung« gegenüber den Parteien, der Regierung und dem Landtag sowie gesellschaftlich relevanten Organisationen eine wichtige Aufgabe wahr, die Interessen der evangelischen Landeskirchen zu vertreten – aus meiner Sicht erfolgreich und das mittlerweile seit 60 Jahren. Mein besonderer Dank für die gute Zusammenarbeit während meiner Amtszeit als Minister und meiner Zeit als Abgeordneter im Saarländischen Landtag gilt Kirchenrat Frank-Matthias Hofmann, der seit 2006 das Evangelische Büro im Saarland leitet.

Kontakte auf Augenhöhe

Grußwort

Heike Kugler

Mitglied der Fraktion DIE LINKE im Saarländischen Landtag, 2009–2017

Mein erster Kontakt zum Evangelischen Büro geht in das Jahr 2009 zurück, in die Zeit vor den damaligen Landtagswahlen. Bundesweit taten sich die »alten« Parteien noch schwer im Umgang mit der neuen Partei. Die Linke war noch nicht im Landtag vertreten, hatte aber gute Chancen, den Einzug zu schaffen.

Der Parteivorsitzende Rolf Linsler, Klaus-Eckhard Walker und ich in meiner Eigenschaft als kirchenpolitische Sprecherin und stellv. Vorsitzende der Linken waren einer Einladung von Kirchenrat Frank-Matthias Hofmann in das Evangelische Büro gefolgt. Als Vertreter der Kirchenkreise Saar Ost und West waren die beiden Superintendenten Gerhard Koepke und Christian Weyer anwesend. Thema war die Positionierung der Linken zu den Kirchen, aber auch mögliche gemeinsame Standpunkte. Viele soziale Themen zeigten ähnliche Sichtweisen, beispielsweise die Einschätzung der Hartz-IV-Gesetze und deren fatale Wirkung auf viele Menschen, aber auch das Schicksal von Flüchtlingen und der Umgang mit ihnen. Mit diesem Treffen wurden nicht nur Positionen ausgetauscht, es half gleichzeitig, politische Mauern zu überwinden.

Kirchliche Anliegen fanden auch auf Landesparteitagen Gehör. Die Initiative »Allianz für den freien Sonntag«, die von Kirchen, Gewerkschaften und sozialen Verbänden initiiert wurde, stieß in der Partei auf so große Resonanz, dass die Linke die Forderungen der Allianz auf dem Landesparteitag sogar mit einem einstimmigen Votum unterstützte.

Foto: Nikas Weit

Mit dem Einzug der Linken in den Landtag konnte die Arbeit der GEE (Gemeinschaft Evangelischer Erzieher) in den Räumlichkeiten des Landtages stattfinden. KR

Grußwort — *Heike Kugler*

Frank-Matthias Hofmann unterstützte die GEE bei der Suche nach Fachreferenten für die Jahresversammlungen. So ermöglichte er beispielsweise die Einladung des Pfarrers Michael Landgraf, der als »Druckermeister aus der Reformationszeit« berichtete. Kirchenrat Hofmann stand ebenfalls als Referent zur Verfügung und dies zum Thema »Johannes Calvin« im Anschluss an das Jubiläumsjahr 2009.

Die Treffen mit kirchlichen Vertretern in der Fraktion ermöglichten, dass im Büro des Fraktionsvorsitzenden Oskar Lafontaine nicht nur ein Foto von Papst Benedikt hing, sondern auch ein Porträt von Dr. Martin Luther, das KR Frank-Matthias Hofmann anlässlich eines Besuchs überreicht hatte. Es fand seinen Platz neben dem Papst – auf Augenhöhe.

Sechzig Jahre nahe bei den Menschen

Grußwort

Jo Leinen

Minister für Umwelt im Saarland 1985–1994,
Mitglied des Europäischen Parlaments 1999–2019

Von den 60 Jahren habe ich die Arbeit des Evangelischen Büro Saarland in den letzten 40 Jahren kennen- und schätzen gelernt. Die Stimme des Protestantismus war bei den Themen, die mich begleitet haben, stets hörbar und ein wichtiger Beitrag zur Reflexion wie auch zum Dialog. Früher als andere haben sich Kirchengemeinden dem Thema der Nachhaltigkeit und des Umweltschutzes gestellt. Die Bewahrung des Naturhaushaltes und der Ökosysteme war und ist Gegenstand etlicher kirchlicher Veranstaltungen. Für das Umweltministerium war das Evangelische Büro oftmals ein Ratgeber und Gesprächspartner. Die ›Friedensarbeit‹ im weiteren Sinn stand immer auf der Agenda der protestantischen Gemeinden und ihrer Landesvertretung. Legendär sind die vielfältigen Aktivitäten gegen eine immer exzessivere militärische Aufrüstung und insbesondere gegen die Existenz von Atomwaffen.

Friedensarbeit aber insbesondere zwischen den Menschen, und das unabhängig von ihrer Herkunft. Das Ev. Büro war oftmals eine wirksame Stimme gegen Ausgrenzung, Diskriminierung oder Rassismus. Respekt und einen humanitären Umgang mit Menschen aus anderen Ländern einzufordern, ist fester Teil der Arbeit des Büros. Vor diesem Hintergrund liegt es nahe, dass das Evangelische Büro im Saarland die grenzüberschreitende Zusammenarbeit mit unseren Nachbarn in Lothringen und Luxemburg unterstützt. Als Europa-Abgeordneter war mir das Bekenntnis der protestantischen Gemeinden für das europäische Einigungswerk und die Integration der Völker und Staaten in der Europäischen Union sehr wichtig, gerade in schwierigen Momenten, in denen die Versuchung eines übersteigerten Nationalismus und der Abschottung um sich greift.

Foto: privat

Grußwort — *Jo Leinen*

Fazit: Meinen Dank und auch Anerkennung für die wertvolle Arbeit, die das Evangelische Büro für den Zusammenhalt der Menschen und die Fortentwicklung der Gesellschaft im Saarland in den letzten 60 Jahren geleistet hat. Für die Zukunft wünsche ich dieselbe Offenheit im Umgang mit den Herausforderungen der Zeit und ein erfolgreiches Wirken im Saarland.

»Auf sein Werk musst Du schauen, wenn dein Werk soll bestehn.« *(Paul Gerhardt)*

Grußwort

Volker Oberhausen

Landesvorsitzender des Evangelischen Arbeitskreises der CDU Saar, Mitglied der CDU-Fraktion im Saarländischen Landtag, 2017–2022

Die erste Begegnung mit Frank-Matthias Hofmann fand für die meisten Mitglieder des Evangelischen Arbeitskreises exakt am 400. Geburtstag von Paul Gerhardt statt. Die Tageslosung, die sich sonst immer auf die Losungen der Herrnhuter Brüdergemeine bezog, hatte ich dem großen Theologen und Kirchendichter gewidmet. Ich war damals der Einzige, der den neuen Beauftragten in der Nachfolge von Kirchenrat Brandt kannte. Unser Lebensweg hatte uns beide vorher in die Stadt Ludwigshafen geführt.

Den Pfarrer nach Rheingönheim, den Diplom-Kaufmann in die Ludwigshafener Innenstadt. Der Mitarbeiter einer Steuerberatungsgesellschaft engagierte sich ehrenamtlich in der Kirche. Deshalb traf der Referent der Evangelischen Männerarbeit am Dekanatsmännersonntag in Rheingönheim den dortigen Pfarrer. Es war nur eine kurze Begegnung. In Saarbrücken war das etwas anderes.

Zwei ehemalige Ludwigshafener treffen sich wieder. Neben der gemeinsamen Zeit in der Stadt am Rhein hatten wir auch viele gemeinsame Bekannte. Das Fundament für eine freundschaftliche Zusammenarbeit wurde 2006 gelegt und besteht bis zum heutigen Tag. Frank-Matthias verkörpert das, was die Arbeit des Evangelischen Büros auszeichnet. Der Kirchenrat hat immer ein offenes Ohr für die Anliegen seiner Mitbürger. Gesegnet mit musikalischen und sportlichen Talenten ist er stets im Dienst – im Konzertsaal, in der Sporthalle und auf der Kanzel.

Wir haben allen Grund, Frank-Matthias und seinem Team von Herzen zu danken.

Foto: privat

Intensiver Austausch über zentrale Zukunftsfragen

Grußwort

Claudia Willger

Mitglied der Fraktion Bündnis90/Die Grünen im Saarländischen Landtag, 2004–2012

Gerne nutze ich diesen »Runden Geburtstag« um Danke zu sagen für den wertvollen Austausch mit dem Beauftragten für die evangelischen Kirchen, Herrn Frank-Matthias Hofmann. Als Abgeordnete des Landtags in der Zeit von 2004 bis 2012 waren seine engagierten Stellungnahmen zu der parlamentarischen Arbeit ebenso hilfreich wie sein großes Engagement in allen gesellschaftlichen Belangen. Das christliche Menschenbild und der unbedingte Einsatz für die Würde eines jeden Menschen haben diesen Dialog entscheidend geprägt.

Wir standen in intensivem Austausch in vielen zentralen Zukunftsfragen wie der Überwindung von Armut, insbesondere von Kinderarmut. Gerade im Hinblick auf die wachsende Kinderarmut wurde so Politik beständig aufgefordert, diesen gesellschaftlichen Skandal endlich zur Kenntnis zu nehmen und ihm entgegenzuwirken. Der Ausgleich von Benachteiligungen, das Entwickeln von Chancengerechtigkeit und die soziale Gestaltung der Zukunft in dieser einen Welt wurden immer wieder angesprochen und auch entsprechende politische Initiativen unterstützt. Die wichtigen Erfahrungen über den Alltag von Menschen in schwierigen Lebenslagen, die überall dort gemacht werden, wo Kirche als »freier Träger« staatliche Aufgaben wahrnimmt, wurden ebenso in politische Entscheidungsprozesse eingebracht. Gerade auch die regelmäßige Sozialberichterstattung in dem Armuts- und Reichtumsbericht wurde gemeinsam auf den Weg gebracht, um neue Handlungsoptionen erkennbar werden zu lassen.

Foto: Barbara Dietl

Beständig wurde durch das Evangelische Büro auf die Verantwortung für die Schöpfung und die Verantwortung gerade gegenüber zukünftigen Generationen im Hinblick auf die immer dramatischeren Folgen des Klimawandels hingewiesen und ein Umsteuern eingefordert.

Besonders hilfreich war das Einfordern von einem fairen und respektvollen Umgang miteinander, gerade dann, wenn Interessengegensätze sehr groß sind. Dies war sehr eindrücklich im Februar 2008, als nach dem bergbaubedingten Erdbeben in der aufgeheizten Situation und dem Konflikt zwischen den Bergbaubetroffenen und den Bergleuten gerade von kirchlicher Seite die existenziellen Anliegen beider Seiten jeweils eingebracht und deren Berücksichtigung eingefordert wurde.

Angesichts immer drängender Zukunftsfragen und der Zunahme von Krisen werden die engagierten und eindeutigen Worte der Kirchen immer wichtiger. Daher wünsche ich dem Evangelischen Büro zum Wohle von uns allen weiterhin eine erfolgreiche, kraftvolle und segensreiche Arbeit.

Ein Wort vom (Saarländischen Pflege-) Beauftragten zum Beauftragten der Ev. Kirchen für das Saarland

Grußwort

Jürgen Bender

Pflegebeauftragter des Saarlandes

Für was soll das Evangelische Büro mit seiner Beauftragung gut sein?

Es soll

jedem, den es angeht, die **Mein**ung sagen,
meinetwegen auch mal deftig
auf allen Ebenen zur **Mein**ungsbildung beitragen
den **Mein**ungsaustausch fördern,
ohne den **Mein**ungsstreit zu scheuen
sich mit niemandem ge**mein** machen
ökumenische Ge**mein**schaft pflegen
über dem **Mein**
das **DEIN** Andersdenkender nicht vergessen.

Braucht man sowas? Ich **mein**e schon!

Foto: privat

Grußworte

aus den Bereichen Kunst,

Kultur und Soziales

Den Armen eine gute Nachricht bringen

Grußwort

Wolfgang Edlinger

Vorsitzender der Saarländischen Armutskonferenz, 2011–2022

Die Berührungspunkte der Saarländischen Armutskonferenz und dem Beauftragten der evangelischen Kirche Frank-Matthias Hofmann beruhen auf der Zusammenarbeit bei der Erstellung des Armuts- und Reichtumsberichts.

Wie habe ich als Vorsitzender der Armutskonferenz die letzten 10 Jahre dieses Amt, diese Funktion des Beauftragten erlebt? Wo liegen Impulse für die Zukunft? Beim Blick in die Bibel gibt es zahlreiche Aussagen über arme Menschen und wie mit ihnen umzugehen ist. Die individuelle, mildtätige Haltung dominiert bis heute. Die Bedürftigen mit Almosen, Spenden und materiellen Hilfen (Tafeln, Kleiderkammern, Kältehilfen) von uns bessergestellten Bürger*innen zu versorgen, ist ein nicht zu unterschätzendes soziales Engagement, was viele Christ*innen praktizieren.

Die Bibel aber weist darüber hinaus: »Der Herr hat mich gesandt, damit ich den Armen eine gute Nachricht bringe.« Hier liegt meines Erachtens eine große Chance eines Beauftragten, der in den politischen Raum agiert. Er kann über das politische Alltagsgeschäft hinaus die Würde und die Einzigartigkeit armer Menschen in den Fokus rücken. Nur aus dem Verstehen der je eigenen Lebenswirklichkeit dieser Menschen und nicht aus der Beurteilung unserer Wertvorstellungen über arme Menschen (»sie sind selbst schuld an ihrer Misere«) kann Armut strukturell bekämpft werden.

Kirche und ihr Beauftragter können laut und deutlich ohne parteipolitische Rücksichtnahme ihre Stimme erheben und notwendige Veränderungen anstoßen.

Ich wünsche dem Beauftragten in diesem Sinne Beharrlichkeit und Gottes Segen.

Foto: privat

Wenn es das Büro nicht gäbe, müsste man es erfinden

Grußwort

Dr. Regina Görner

Vorsitzende der BAGSO – Bundesarbeitsgemeinschaft der Seniorenorganisationen, Ministerin für Arbeit, Frauen, Gesundheit und Soziales im Saarland von 1999–2004

In einem kleinen Bundesland wie dem Saarland kann man leicht den Eindruck haben, dass man per se dicht dran ist an den Bürgerinnen und Bürgern, aber der direkte individuelle Austausch ist nur ein Teil der Kommunikation, die man als PolitikerIn braucht, um gut im Gespräch zu sein, Hintergründe und Zusammenhänge zu erfahren und zu verantwortbaren Entscheidungen zu gelangen. In einer demokratischen Gesellschaft ist immer auch der Kontakt mit der organisierten Zivilgesellschaft, mit den Vereinen und Verbänden notwendig, die Meinungen in ihrem Umfeld bündeln, Positionen bewerten und mit anderen in Austausch bringen.

Das Evangelische Büro im Saarland hat dafür einen besonderen Stellenwert, denn es vertritt ja nicht nur die Einzelinteressen der beiden protestantischen Kirchen im Saarland, sondern es versteht sich eben auch als Sprachrohr für die Menschen, die in der Aufmerksamkeit der Zivilgesellschaft unterzugehen drohen, die nicht so laut werden können und deren Belange im demokratischen Wettbewerb leicht verloren gehen können. Insofern unterstützt das Evangelische Büro PolitikerInnen bei der Definition dessen, was als Gemeinwohl verstanden werden kann – und diese Funktion fehlt in unserer Gegenwart viel zu häufig.

Ich habe das während meiner Zeit als Sozialministerin immer als hilfreich erfahren – in regelmäßigem Austausch zu sein mit Menschen, die eine Vision von einer guten Gesellschaft haben, die alle mitnimmt, und in der die Schwachen starke Fürsprecher haben. Fürsprecher, die sich um wirkliche Sachkenntnis bemühen, sich nicht vom Hin und Her der Meinungen treiben lassen und Vertrauen verdienen. Ein Teil der Öffentlichkeit also, mit dem man gemeinsam kritisch nachdenken kann, ohne vorschnelle Schlagzeilen fürchten zu müssen.

Foto: Herby Sachs

Es war immer eine persönliche Freude, Kirchenrat Joachim Brandt und sein Team zu treffen. Das Evangelische Büro Saarland war und ist auf jeden Fall eine Bereicherung des gesellschaftlichen Dialogs, auf den man als PolitikerIn in der Zeit von sich selbst bestätigenden Informationsblasen dringend angewiesen ist.

Wenn es Sie nicht gäbe, müsste man Sie erfinden. Alles Gute und Gottes Segen für die nächsten 60 Jahre.

Neue Ziele für die Zukunft entwickeln

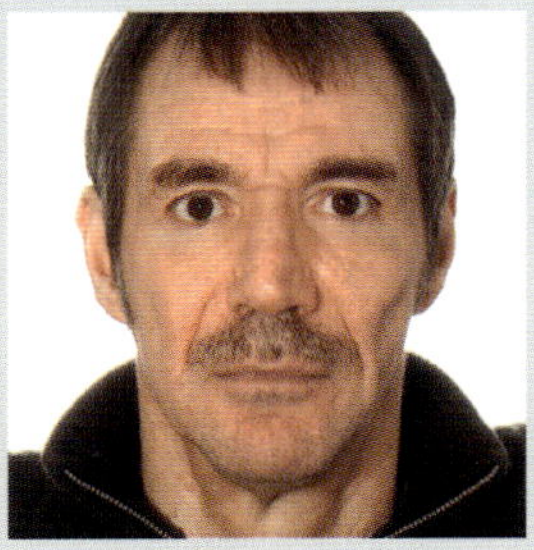

Grußwort

Wolfgang Gütlein

Behindertenbeauftragter der Landesregierung von 1987–2016

»60 Jahre Evangelisches Büro Saarland« bedeutet sowohl auf die geleistete erfolgreiche Arbeit zurückzublicken als auch neue Ziele für die Zukunft zu entwickeln. Die Konzeption ist aufgegangen. Das Büro der Evangelischen Kirche im Saarland und der Landesbehindertenbeauftragte arbeiteten eng zusammen. Ein großes gemeinsames Projekt war das Kino-Open-Air vor dem Saarbrücker Schloss, das im zweijährigen Turnus stattgefunden hatte. Der große Zuspruch von Besuchern hat gezeigt, dass der Weg, ein solch großes Projekt in Angriff zu nehmen, richtig war. Weiterhin hat die Filmauswahl bspw. »Jenseits der Stille«, »Ziemlich beste Freunde«, »Verstehen sie die Béliers?«, mit zu dem großen Erfolg der Kinoserie beigetragen. Insgesamt waren bei den Veranstaltungen ca. 7.000 Besucher.

Foto: privat

60 Jahre Evangelisches Büro im Saarland – ein Blick zurück von einem Wegbegleiter

Grußwort

Armin Lang

Vorsitzender des Sozialverbands VdK Saarland

Herzlichen Glückwunsch zum 60! Und damit Dank und Anerkennung für die Evangelische Kirche im Rheinland und die Evangelische Kirche der Pfalz (Protestantische Landeskirche) für diese zukunftsweisende Initiative und das gelungene gemeinsame Projekt im Saarland.

Fast 50 dieser 60 Jahre habe ich das Evangelische Büro zwar in unterschiedlichen Funktionen, aber immer recht nahe erlebt.

1973 nahm ich meine berufliche Tätigkeit im Diakonischen Werk zunächst als Referent für soziale Planungs- und Öffentlichkeitsarbeit und danach als Mitglied und Vorsitzender der Geschäftsführung auf.

Zugegeben: Bei der Bewältigung der damals großen sozialen Herausforderungen im Saarland, denen sich auch das Diakonische Werk mit wegweisenden Innovationen und nachhaltigen Initiativen stellte, nutzte uns das »Büro des Beauftragten« zunächst recht wenig.

Jugendarbeitslosigkeit und Jugendberufsnot, der überfällige Reformbedarf in der Heimerziehung, das verdrängte soziale Elend in vielen Stadtquartieren und die ersten Hilferufe geflüchteter Menschen im Land mussten wir alleine bewältigen.

Die diakonische Dimension in der Arbeit des Beauftragten der Evangelischen Kirchen im Saarland bekam erst 1990 mit Kirchenrat Martin Ohly ein Gesicht.

Foto: VdK Saarland

Grußwort — *Armin Lang*

Als langjähriger kreativer Gemeindepfarrer in Ottweiler, als Superintendent des damals gleichnamigen Kirchenkreises, als Mitglied der Leitungsorgane der Diakonie im Saarland und ganz besonders als Mitinitiator und Gesellschafter der Neuen Arbeit Saar war er kundig und geprägt und konnte so in seiner »Botschafter- oder besser Interessenvertreterfunktion« als Beauftragter glaubwürdig Partei für die Menschen ergreifen, die nicht auf der Sonnenseite der Gesellschaft lebten. Martin Ohly mischte sich wirkungsvoll in den gesellschaftlichen und politischen Diskurs ein. Er praktizierte den Widerspruch. Er lebte seine Leidenschaft für den Nächsten. Er war in Politik und Gesellschaft präsent und so nicht nur ein verlässlicher Botschafter seiner Kirchen, sondern auch ein glaubwürdiger, öffentlich wahrgenommener Repräsentant der evangelischen Christen im Land.

Unvergessen ist mir ein kerniger Satz aus einer Rede zur Lage arbeitsloser Menschen: »Ja wir wissen, alles Geld, welches verteilt werden soll, muss erst erwirtschaftet werden. Wir wissen aber auch, alles Geld, welches erwirtschaftet wird, muss einigermaßen gerecht verteilt werden!«

Kirchenrat Joachim Brandt folgte 1998 auf Martin Ohly. Er praktizierte einen anderen Stil. Er hörte interessiert zu, half gerne mit, Lösungen bei komplexen Problemen zu finden, moderierte zielgerichtet, um unterschiedliche Positionen und Argumente zusammenzuführen und ergriff Partei, wenn eine eindeutige Position der Kirchen gebraucht wurde.

Ich begegnete Joachim Brandt immer gerne und erinnere mich an viele nachdenkliche, aber auch weiterführende Gespräche im saarländischen Landtag.

Mit Kirchenrat Frank-Matthias Hofmann übernahm 2006 ein »Pfälzer« das Evangelische Büro im Saarland. Mit neuen Themen und Problemsichten überraschte er schnell die saarländische Öffentlichkeit.

Gegen die neue gesellschaftliche Zerklüftung anzugehen, Gewalt und Fremdenfeindlichkeit als Bedrohung für den sozialen Frieden zu benennen, Erinnerungsarbeit als Zukunftsarbeit zu definieren und zu praktizieren, dies sind nur einige Themen, mit denen Kirchenrat Hofmann die evangelische Kirche im Saarland nicht nur repräsentiert, sondern auch interessant und anziehend macht.

Mit seiner friedensstiftenden sozialen Leidenschaft habe ich Frank-Matthias Hofmann auch immer gerne in meiner Funktion als Landesvorsitzender des Sozialverbandes VdK wahrgenommen und in Überzeugung mit ihm kooperiert.

Es waren Menschen, die das »Evangelische Büro« in den sechzig Jahren seines Bestehens ausgestalteten und prägten und damit dem Büro ein Gesicht gaben.

Für die Saarländerinnen und Saarländer sind aber auch die Botschaften wichtig, die von diesen Repräsentanten ausgehen. In diesen sehr unübersichtlichen Zeiten, in denen wir derzeit leben, brauchen wir »verstehbare Vordenker und glaubwürdige Mitnehmer«. Auch diese Chance sollten die »evangelischen Botschafter« im Land nutzen.

Kunst und Kirche, Nachbarn am Ludwigsplatz in Saarbrücken

Grußwort

Prof. Gabriele Langendorf

Rektorin der Hochschule der Bildenden Künste Saar (HBK Saar), 2013–2021

Das Evangelische Büro des Saarlandes und die Hochschule der Bildenden Künste Saar sind Institutionen, die auf den ersten Blick nicht unmittelbar in Zusammenhang gebracht werden. Es gibt eine naheliegende Verbindung, und das ist die Lage unserer Standorte am Ludwigsplatz in Saarbrücken. Wir sind Nachbarn. Dieser schöne Umstand ermöglichte spontane Begegnungen, die zu einem herzlichen Austausch geführt haben. Ich habe es als ehemalige Rektorin stets geschätzt, dass seitens des Beauftragten großes Interesse und Respekt an der Arbeit der Kunsthochschule entgegengebracht wurde. Unsere Ausstellungen wurden regelmäßig besucht. Ich erinnere mich gerne an gemeinsame Gespräche mit Ideen für Kooperationen zwischen beiden Häusern und fand immer ein offenes Ohr. Fragen wurden unkompliziert beantwortet, und man hat sich gegenseitig geholfen. Selbstverständlich habe ich nicht gezögert, als ich angefragt wurde, in der Steuerungsgruppe zur Vorbereitung des 500-jährigen Lutherjubiläums 2017 mitzuwirken. Die Vorbereitungszeit ermöglichte mir Einblicke in die Welt der evangelischen Kirche. Besonders wertvoll empfand ich den Austausch mit der vom Evangelischen Büro initiierten Arbeitsgruppe Kunst.Kultur.Musik. Der künstlerische Beitrag, ein urbaner Schwarm zum Reformationsjubiläum wurde mit Kolleg*innen aus dem kulturellen Leben der Stadt Saarbrücken initiiert und entwickelt.

Rückwirkend war die Zusammenarbeit mit dem Evangelischen Büro in meiner Amtszeit immer wohlwollend und konstruktiv. Es war eine Bereicherung und hat mir und der Hochschule neue Kontakte ermöglicht. Ich gratuliere sehr herzlich zum 60-jährigen Bestehen und hoffe, dass die gute Partner- und Nachbarschaft auch zukünftig erhalten bleibt.

Foto: Ingeborg Knigge HbK Saar

Denkprozesse anregen und ästhetische Impulse in die Gesellschaft geben

Grußwort

Prof. Wolfgang Mayer

Rektor der Hochschule für Musik (HfM Saar) von 2012–2020

Die Hochschule für Musik Saar ist fest in der saarländischen Gesellschaft verankert und wirkt neben ihrer Hauptaufgabe in der universitären Lehre durch künstlerische Aktivitäten, pädagogische Befruchtung und wissenschaftliche Begleitung in die Region. Für diesen verantwortungsvollen Kontakt und engen Austausch mit unterschiedlichen gesellschaftlichen Gruppen bedarf es auch entsprechender Partner.

In meiner langjährigen Tätigkeit im Amt des Rektors der HfM Saar hatte ich das Glück, in Kirchenrat Frank-Matthias Hofmann und dem Evangelischen Büro Saarland einen hoch kompetenten Partner für die Musikhochschule zu finden. In zeitlich regelmäßigem Turnus haben wir uns nicht nur über die Bedeutung der Studiengänge Kirchenmusik und deren inhaltlich zeitgemäßen und zukunftsorientierten Weiterentwicklung ausgetauscht (als Stichworte zu nennen wären die verstärkte Einbindung der Popularmusik in die Ausbildung und somit Überlegungen über Wege und Methoden der Integration in den Gottesdienst und die Gemeinde- und Jugendarbeit.). Darüber hinaus ging es uns beiden um einen Ideenaustausch, um ästhetische Impulse in die Gesellschaft zu geben und bei den Menschen Denkprozesse anzuregen.

Ein herausragendes Projekt war sicherlich das von Kirchenrat Hofmann initiierte und 2017 im Rahmen des Reformationsjubiläums mit der Performancegruppe «Die Urbanauten" realisierte Schwarmprojekt «Aus der Kutte springen", das als gemeinsames Kunstprojekt mit der Hochschule für Bildende Künste Saar, der Landeshauptstadt Saarbrücken, dem Saarländischen Staatstheater, dem Saarlandmuseum und der Hochschule für Musik Saar verwirklicht wurde. Die Impulse zu Themen wie Freiheit, (Selbst-) Verantwortung, Wahrheit, Miteinander, Demokratie und Gleichheit sind unverändert wichtig gebliebene Themen.

Foto: Kai Westensee

Grußwort — *Prof. Wolfgang Mayer*

Im Namen der Hochschule für Musik Saar gratuliere ich herzlich zu «60 Jahre Evangelisches Büro Saarland", einem starken und unverzichtbaren Partner im Saarland.

Starke Stimme in der Diaspora

Grußwort

Andreas Storm

Chef der Staatskanzlei und Minister für Bundesangelegenheiten 2011–2012, Minister für Soziales, Gesundheit, Frauen und Familie im Saarland von 2012–2014

Annegret Kramp-Karrenbauer berief mich – den evangelischen Neu-Saarländer mit hessischen Wurzeln – im August 2011 zum Chef der Staatskanzlei des Saarlandes. Unser schönes kleines Bundesland hat den höchsten Bevölkerungsanteil katholischer Christen im gesamten Bundesgebiet. Umso erfreuter war ich, dass bereits zu Beginn meiner Amtszeit in der Staatskanzlei am Saarbrücker Ludwigsplatz eine erste Begegnung mit Frank-Matthias Hofmann stattfinden konnte. Es war der Beginn einer sehr intensiven und persönlichen Arbeitsbeziehung, die nach meinem Wechsel ins Ministerium für Soziales, Gesundheit, Frauen und Familien sogar noch vertieft wurde.

Das Saarland gilt gemeinhin als das Land der kurzen Wege – jeder kennt jeden. Diese sprichwörtliche Nähe wird auch in der Landespolitik erlebbar. Wenn die 51 Abgeordneten des saarländischen Landtages einmal im Monat zusammenkommen, sind auch regelmäßig etwa ein Dutzend Stammgäste auf den Zuschauerreihen anzutreffen. Einer, den man dort immer trifft, ist der Leiter des Evangelischen Büros Saarland. Frank-Matthias Hofmann hat es sich während meiner landespolitischen Zeit in der ersten Hälfte des letzten Jahrzehnts fast nie nehmen lassen, am gemeinsamen Mittagessen mit Abgeordneten, Regierungsmitgliedern und Gästen im Landtagsrestaurant teilzunehmen. Mehr Nähe zu Themen und Entscheidungsträgern ist kaum möglich.

Auch wenn das Saarland das »katholischste« Bundesland ist, so kommt doch der evangelischen Kirche eine weithin sichtbare Rolle und Bedeutung zu. Die Saarbrücker Ludwigskirche ist nicht nur ein bedeutendes Wahrzeichen der Landeshauptstadt, sondern fällt durch die unmittelbare Nähe zur Staatskanzlei des Saarlandes jedem Besucher des Ludwigsplatzes sofort ins Auge. Mit großer Freude denke ich deshalb auch an die Zeit zurück, als ich im

Grußwort — *Andreas Storm*

Kuratorium der Ludwigskirche mitwirken durfte. Die Diskussionen in diesem Gremium waren stets von großem Engagement und viel Sachverstand geprägt und haben trotz oder gerade wegen der Probleme, die es zu bewältigen galt, viel Freude bereitet.

Nach 60 Jahren ist das Evangelische Büro Saarland ein kleiner, aber wichtiger Teil der landespolitischen Identität geworden. Dabei stellt die Aufteilung des Saarlandes auf zwei Landeskirchen eine ganz besondere Herausforderung dar. Die Schaffung eines gemeinsames Evangelischen Büros auf der Landesebene war deshalb eine folgerichtige Entscheidung. Es lebt und wird geprägt durch die handelnden Akteure. Deshalb gilt hier ein ganz großer Dank an Frank-Matthias Hofmann, der – so kann man es durchaus formulieren – »das Gesicht« der evangelischen Kirche im Saarland geworden ist.

Hilfreicher Mitstreiter für eine neue Sonntagskultur

Grußwort

Egbert Ulrich

Hauptamtlicher Landesbezirkssekretär der KAB Saar (1989–2008). Ehrenamtlicher Vorsitzender der CDA (2007–2017), Ehrenamtlicher Vorsitzender der Saarländischen Armutskonferenz (1996–2011), Ehrenamtlicher Mitarbeiter in der Allianz für den freien Sonntag (2008 bis heute)

In ganz unterschiedlichen Funktionen bin ich viele Jahre mit dem Evangelischen Büro im Saarland und ihren Beauftragten zusammengekommen. Als Landesbezirkssekretär der Katholischen Arbeitnehmer-Bewegung im Saarland haben wir gemeinsam themenbezogene ökumenische Gottesdienste (Sonntag, Arbeitslosigkeit, Bergbau etc.) gefeiert, aber waren auch Teilnehmer mit Grußworten auf Demonstrationen wie zum Beispiel der damaligen HBV (Gewerkschaft Handel-Banken-Versicherung). Als ehrenamtlicher Landesvorsitzender der Christlich Demokratischen Arbeitnehmerschaft (CDA) waren die Beauftragten gern gesehene Gäste auf unsren Betriebsräteempfängen und den Delegiertentagen. Als Vorsitzender der Saarländischen Armutskonferenz war die Evangelische Kirche im Saarland und ganz besonders der Beauftragte Frank-Matthias Hofmann ein wichtiger, kluger und engagierter Mitstreiter für die Anliegen der Ärmsten in der Gesellschaft. Und schließlich durfte ich viele Jahre mit dem Beauftragten Hofmann in der Lenkungsgruppe der »Allianz für den freien Sonntag im Saarland« gegen Sonntagsöffnungen und für die Freiheit von Feiertagen und Sonntagen im Saarland mobil machen. Bei Gottesdiensten, politischen Gesprächen, Kundgebungen und Veranstaltungen war das Evangelische Büro mit seinem Beauftragten hilfreicher Mitstreiter für eine neue (alte?) Sonntagskultur.

Ich wünsche dem Evangelischem Büro weiterhin viel Engagement beim Einsatz für die vielfältigen Fragen der Menschen. In diesem Tun wird Kirche sichtbar und erfahrbar. Danke!

Foto: privat